THINK TANK
智库论策

U0870479

上海文化创意产业园区政策发展史

History of Policies for Cultural and Creative Parks in Shanghai

王兴全 著

上海社会科学院出版社
SHANGHAI ACADEMY OF SOCIAL SCIENCES PRESS

目　录

导　言

从20世纪90年代至今，上海的文化创意产业园区（简称“文创园区”）已从中心城区的空间更新实验，发展为规模庞大、形式多样的园区集群；至2020年6月底，上海经认定的市级文化创意产业园区达137家，实际数量估计超过400家。这些由腾空的厂房、仓库、码头、民居等转化而成的园区，曾作为土地使用性质严格约束下的“制度创新”，为大量中小企业提供了经济型和特色化的商务空间，支持了上海的城市转型。然而近10年来，随着土地进一步集约使用和城市功能进一步转变，文化创意产业园区定位面临更高要求，上海的大量文创园区因而变得颇具争议：支持者认为其为上海的文化创意产业提供了发展空间，支撑了城市的文化繁荣和空间更新；诟病者认为诸多文创园区处于粗简物业阶段，文创园区式的城市更新模式变得越来越平淡无奇，乃至陷入有名无实的“圈地运动”。文创园区要走出争议、成为一种可持续的发展形式，需要精准的政策引导和支持，而这又需要厘清上海文创园区发展的政策沿革、政策背景和政策文本。

现有文献对文创园区的研究多集中于2005年前后政策密集出台的时期：历史建筑保护避免了大拆大建的一刀切问题①，很多老厂房、老仓库、老住宅被保留下来②；“三个不变五个变”原则初步解决了工业用地性质的制度制约③④，利用这些建筑集聚创意产业成为工业用地非正式更新的一种重要途径⑤，苏州

---

① 张松、陈鹏：《上海工业建筑遗产保护与创意园区发展——基于虹口区的调查、分析及其思考》，《建筑学报》2010年第12期，第12—16页。

② 褚劲风、高峰：《上海苏州河沿岸创意活动的地理空间及其集聚研究》，《经济地理》2011年第10期，第1674—1679页。

③ 王慧敏：《文化创意产业集聚区发展的3.0理论模型与能级提升——以上海文化创意产业集聚区为例》，《社会科学》2012年第7期，第33—41页。

④ 栾峰、王怀、安悦：《上海市属创意产业园区的发展历程与总体空间分布特征》，《城市规划学刊》2013年第2期，第70—78页。

⑤ 冯立、唐子来：《产权制度视角下的划拨工业用地更新：以上海市虹口区为例》，《城市规划学刊》2013年第5期，第23—29页。

河沿河和黄浦江滨江逐渐包含了两个明显的创意带①;由此凸显的政策问题包括快速授牌中的鱼龙混杂②,管理部门和管理指标需要匹配园区多元化发展③,以及过度的地产模式使园区徒具美学外表④;等等。既有研究多注重政策应然模式,对上海文创园区发展的长周期政策背景并无专门探讨。

本书以20余年来涉及上海文创园区的政策实践为研究对象,从政策文件、研究文献、年度皮书、研究报告等着手,选取国家和上海层面的200余项政策作为桌面调研基础,并将作者16年间访问的60余家上海文创园区作为实地调研基础,解读政策在不同的阶段如何设定上海文创园区的发展路径和模式。

本书未囿于狭义的"文创园区政策",而是将文创园区作为多种政策汇聚的焦点。这些政策包括大量与文化创意产业、文化产业、创意产业等相关的产业政策;与土地划拨使用权、工业用地更新、集约用地、城市更新等相关的土地政策;与工业遗产、不可移动文物、优秀历史建筑等相关的文物保护政策;与文化发展、国际文化大都市建设等相关的文化发展政策;与税收落地、城区氛围相关的区级政策;等等。这些出于多门的政策因素在各自语境之下,共同造就了文创园区的上海特征与模式。考虑到整个行业的信息体系极度分散,本书特别注意对基本政策文本和数据的整理,以及对其准确度把握;为了避免敏感信息的问题,本书采用的数据均为公开数据。

本书将上海文创园区的发展沿革划分为相互交错的6个阶段:都市工业园区、创意产业集聚区、文化产业园区、文化创意产业园区、集约化文创园区、复合化文创园区;4条政策主线交替贯穿其中:土地划拨使用权的转让、划拨/工业用地用于服务业和文创产业、跨部门协调机制和行业推进机制的建立和完善、集约用地和城市更新。在4条政策主线的持续作用之下,一个基本尊重发展实践的政策体系逐步完备。由此形成的政策认识,对上海和其他城市文创园区发展的决策者和实践者而言,在引导园区转型升级、推进空间功能复合、实施城市更新、评估土地绩效等诸多方面,具有不同程度的启示意义。

---

① 方田红、曾刚:《上海创意产业园区空间分布特征及空间影响》,《社会科学家》2011年第8期,第59—63页。

② 王兴全、孙洁:《上海发展创意产业的战略分析》,《社会科学》2009年第7期,第44—52,188页。

③ 孙洁:《创意产业空间集聚的演化:升级趋势与固化、耗散——来自上海百家园区的观察》,《社会科学》2014年第11期,第50—58页。

④ O'Connor J, Gu X, "Creative industry clusters in Shanghai: a success story?", *International Journal of Cultural Policy*, 2014, 20(1): 1-20.

第一章

缘起：都市工业园区（2000 年前后）

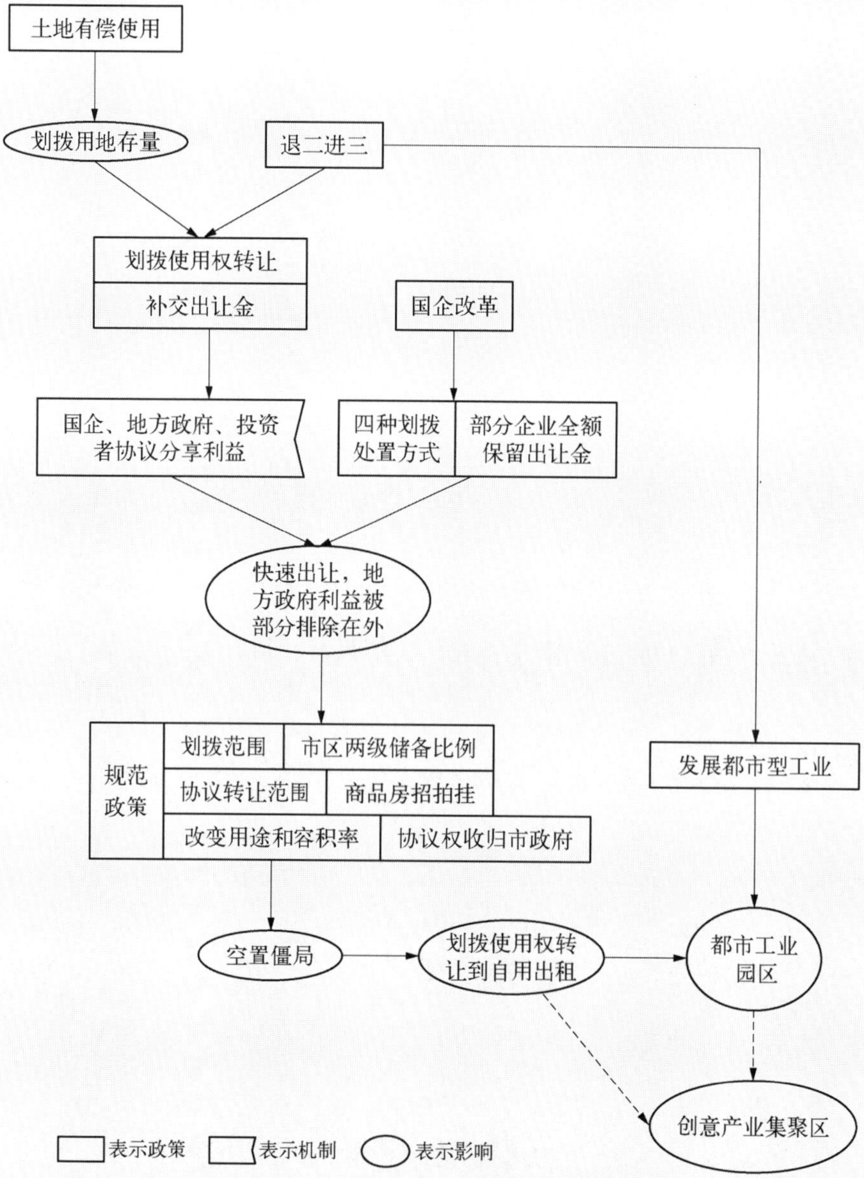

图 1.1　都市工业园区(2000 年前后)

第一节　产业和土地政策的时代背景

一、产业结构“退二进三”

中心城区产业“退二进三”的历史性进程，是贯穿上海文创园区发生阶段的时代背景。1992 年 10 月，中共十四大召开，会议要求“以浦东开发开放为龙头，尽快把上海建成国际经济、金融、贸易中心之一，带动长江三角洲和整个长江流域地区经济的新飞跃”①。对于我国最大的工业城市上海而言，这样的定位和功能意味着完全不同的产业结构，亦即上海的产业结构要有质的调整。同年 12 月，中共上海市第六次党代会召开，确定上海经济结构进行战略性调整；在提高质量、优化结构、增进效益的基础上，到 2000 年，全市国民生产总值要超过 2 000 亿元，年均递增 10%左右，其中第三产业占国民生产总值的比重提高到 45%以上②。从统计指标来看，在制定产业结构调整目标之前的 1991 年，上海生产总值为 893.77 亿元③，工业占生产总值的比重为 57.60%，即 514.79 亿元，第三产业占比为 34.58%，即 309.07 亿元。按照会议确定的发展目标，到 2000 年实现生产总值超过 2 000 亿元，第三产业超过 900 亿元。

浦东开发开放带来了巨大的经济动力，这是在制定生产总值和第三产业发展目标时没有预见到的。实际上，在 1995 年，上海的生产总值就已经达到 2 518.08 亿元，工业占比降为 52.38%，即 1 318.93 亿元；第三产业占比提升为 40.82%，即 1 027.79 亿元；生产总值和服务业总值提前完成了中共上海市第六次党代会提出的相关目标。1996 年 2 月公布的《上海市国民经济和社会发展“九五”计划与 2010 年远景目标纲要》④进一步明确，上海的产业结构从适

---

① 参见《加快改革开放和现代化建设步伐　夺取有中国特色社会主义事业的更大胜利——在中国共产党第十四次全国代表大会上的报告(1992 年 10 月 12 日)》。

② 参见《解放思想、把握机遇，为把上海建设成为社会主义现代化国际城市而奋斗——在中国共产党上海市第六次代表大会上的报告》,《解放日报》1992 年 12 月 22 日。

③ 本节相关数据来自《2018 年上海统计年鉴》表 4.1“上海市生产总值(1978—2017)”。

④ 1996 年 2 月 9 日上海市第十届人民代表大会第四次会议批准。

应性调整转向战略性调整，以“三、二、一”产业作为调整导向，三次产业比例为2∶53∶45。在内环线以内地区，实行“退二进三”战略，即重点建设中央商务区和中心商业区；在内环线两侧地区，形成以工业和第三产业为主体的功能区；在外环线以外地区，重点建设若干个制造业中心和六大农业生产基地。实践证明，对第三产业空间范围划定的“舞台”远不能匹配产业结构调整的“大戏”。

至2000年，上海实现生产总值4 551.15亿元，工业占比继续下降至44.44%，即2 022.53亿元；第三产业占比继续上升为50.63%，即2 304.27亿元，与1991年相比，年复合名义增长率为24.98%，大幅度超出前期目标①。由此可见，优先发展第三产业、积极调整第二产业、稳定提高第一产业的“三、二、一”产业发展方针，在上海实施的强度之大和范围之广。在2001年2月公布的《上海市国民经济和社会发展第十个五年计划纲要》②，强调继续深化“三、二、一”产业发展方针，要求市区体现繁荣繁华，郊区体现实力水平，整体优化经济布局，促进产业结构升级。按照同时期的《上海市城市总体规划(1999—2020年)》③，上海仍将坚持“三、二、一”产业发展方针，中心城工业外迁，内环线以内区域以第三产业为主，适当保留都市型工业。2004年前后，上海基本明确了600平方千米的中心城区优先发展现代服务业、6 000平方千米的郊区优先发展先进制造业的“两个优先”战略方针。这一方面为文化创意产业园区的发展提供了内城的土地和空间，另一方面为文化创意企业提供了适配的经济条件和政策背书，成为文化创意产业园区兴起的先决条件④⑤。

二、土地划拨使用权历史存量

在产业结构调整过程中，土地实质上还处在早期粗放的政策管理体系之下。文化创意产业园区缘起时期的土地政策焦点，主要源自计划经济时期的大量成因复杂的划拨工业用地，即这些划拨工业用地在新的产业结构中如何

---

① 考虑到20世纪90年代是高增长、高通胀的时期，这一增幅实际上来自经济增长和货币现象的共同作用。

② 2001年2月12日上海市第十一届人民代表大会第四次会议通过。

③ 沪府〔2000〕12号，2001年5月国务院正式批复并原则同意。

④ 厉无畏：《文化创意产业集聚区建设——以中国文化创意产业先行区上海为例》，《甘肃社会科学》2014年第3期，第1—6页。

⑤ 王谡萍、潘瑾：《上海创意产业园区的发展现状与战略研究》，《中国市场》2009年第40期，第54—57页。

合理使用的问题。在计划经济条件下，我国城市土地实行行政划拨制度，其分散利用均通过无偿划拨方式进行。改革开放之后，1986 年 6 月颁布的《中华人民共和国土地管理法》[1]，开始明确规定国家依法实行国有土地有偿使用制度，无偿划拨体系开始动摇。1994 年 7 月颁布的《中华人民共和国城市房地产管理法》[2]，第二十二条对划拨用地进行了明确的规定，共包含三个要点。第一是关于土地划拨使用权的定义，即指县级以上人民政府依法批准，在土地使用者缴纳补偿、安置等费用后将该幅土地交付其使用，或者将土地使用权无偿交付给土地使用者使用的行为。第二是规定了划拨使用权的期限，即以划拨方式取得土地使用权的，没有使用期限的限制；该条同样适用于存量划拨使用权和新增划拨使用权。第三是明确了划拨使用权的范围，即国家机关用地和军事用地，城市基础设施用地和公益事业用地，国家重点扶持的能源、交通、水利等项目用地等，可以由县级以上人民政府批准划拨；如同商业用地和住宅用地一样，工业用地从此不在划拨使用权范围之内，而原有的土地划拨使用权成为特殊的历史存量。

2001 年 10 月颁布的《划拨用地目录》[3]，进一步明确了新的土地划拨使用权范围，形成的目录包括 4 个大类，即国家机关用地和军事用地，城市基础设施用地和公益事业用地，国家重点扶持的能源、交通、水利等基础设施用地，法律、行政法规规定的其他用地；4 个大类共包含 19 个中类[4]、121 个小类。至 1994 年所形成的存量划拨用地的处置模式，特别是划拨使用权的转让模式，成为这个时代的重要利益聚焦点，也成为文化创意产业园区在上海发展的起点。由于这些土地划拨成因复杂、利益主体多元、使用方式多样，所以相关的法律和规范性文件难以有效约束，从某种程度上来说呈现各种乱象。

第二节　划拨使用权转让乱象

对于如何处置这些划拨使用权土地，法律和政策均给出了较为简单明确

---

① 1986 年 6 月 25 日，第六届全国人民代表大会常委会第十六次会议通过；其后经过 1988 年和 2004 年两次修正，以及 1998 年和 2019 年两次修订。

② 中华人民共和国主席令 8 届第 29 号；其后经过 2007 年、2009 年和 2019 年三次修正。

③ 国土资源部令第 9 号。

④ 党政机关和人民团体用地，军事用地；城市基础设施用地，公益性科研机构用地，非营利性邮政、教育、体育、公共文化、医疗卫生、社会福利设施用地；石油天然气、煤炭、电力、水利、铁路交通、公路交通、水路交通、民用机场设施用地；监狱等特殊用地。

的执行原则,但是这种原则在具体执行之时因为情形千差万别而难以实施。1990 年 5 月发布的《城镇国有土地使用权出让和转让暂行条例》(简称《条例》)[①],规定土地使用权出让可以采取协议、招标或拍卖方式。划拨土地使用权和地上建筑物、其他附着物所有权可以转让、出租、抵押的条件为:土地使用者为公司、企业、其他经济组织和个人,领有国有土地使用证,具有地上建筑物、其他附着物合法的产权证明,签订土地使用权出让合同,向当地市、县人民政府补交土地使用权出让金,或者以转让、出租、抵押所获收益抵交土地使用权出让金。《条例》还规定,对未经批准擅自转让、出租、抵押划拨土地使用权的单位和个人,市、县人民政府土地管理部门应当没收其非法收入,并根据情节处以罚款;如因迁移、解散、撤销、破产等原因而停止使用,市、县人民政府应当适度补偿建筑物和其他附着物,无偿收回划拨土地使用权。这些规定在规范划拨土地的各种处置方式的同时,也从原则上保障了地方政府在其中的职权,以及从划拨使用权土地处置中捕获收益的权益。当然《条例》规定的具体化也便利了划拨使用权的转让。

1992 年 3 月发布的《划拨土地使用权管理暂行办法》[②],针对划拨使用权进一步规定,土地使用权出让金,区别土地使用权转让、出租、抵押等不同方式,最低不得低于标定地价的 40%。标定地价由所在地市、县人民政府土地管理部门根据基准地价,按土地使用权转让、出租、抵押期限和地块条件核定。这种核定基准地价乘以 40%的底价,与产业结构调整和城市空间转型所设定的市场价格之间,存在巨大的差异和寻租空间。对于通过协议转让进行寻租的行为,之后的法律和政策"对症下药"继续完善,一方面对转让进行更为复杂的审批,另一方面更为严格地区分和限定转让后的用途。

我国《城市房地产管理法》(1994)第 12 条规定,土地使用权出让可以采取拍卖、招标或者双方协议的方式,商业、旅游、娱乐和豪华住宅用地,有条件的必须采取拍卖、招标方式;没有条件的可以采取双方协议的方式,出让金不得低于按国家规定所确定的最低价。由此可见,由于仅仅有条件地排除了商旅和豪华住宅用地,所以协议转让仍然在很大范围内适用。该法第 39 条具体规定了划拨土地使用权转让的流程要求:报有批准权的人民政府审批,人民政府准予转让的,由受让方办理土地使用权出让手续,并按规定缴纳土地使用权出让金;人民政府

① 国务院令第 55 号。

② 中华人民共和国土地管理局令第 1 号;2019 年 7 月公布的中华人民共和国自然资源部令第 5 号《自然资源部关于第一批废止和修改的部门规章的决定》废止了该规章。

决定可不办理出让手续的，转让方应按规定将所获收益中的土地收益上缴国家。

这基本给出了划拨土地使用权转让的制度框架，也给出了划拨使用权工业土地转为商业、住宅用地的参照路径。不难看出，这一框架对存量划拨土地使用权转让的管理是原则性和相对宽松的；但在土地资源价值再发现和快速升值的20世纪90年代，转让方式和使用方式中蕴含着巨大的利益空间。持有划拨使用权的国有企业、房地产投资者和地方政府三方形成了一种微妙平衡，即以远低于市场水平的协议出让价格，以分配从划拨到市场之间的巨大利益。以1993—1996年的上海市静安区为例，这种三方协议类型的再开发占全区总数的48.8%①。

改变这一利益结构的是1998年2月发布的《国有企业改革中划拨土地使用权管理暂行规定》(简称《规定》)②。此时市场经济中的国有企业举步维艰，国家土地管理局出台土地政策，在支持国有企业改革的同时，推行土地有偿使用制度，加强土地资产管理。《规定》分门别类给出了国有土地使用权出让、国有土地租赁、国家以土地使用权作价出资(入股)和保留划拨土地使用权4种处置方式。特别值得一提的是，《规定》中对破产企业属国务院确定的企业优化资本结构试点城市③范围内的国有工业企业，土地使用权出让金应首先安置破产企业职工；属于特殊行业的国有企业，其土地收益可全额留给企业，用于安置企业职工以及偿还企业债务。这在一定程度缓解了当时国有企业改革的困境，也激发了国有企业实施使用权转让的动力，加速了上海中心城区大量已关停并转的工业企业用地向居住、商业、办公功能的转变。国有企业、投资者、地方政府三方利益机制，在很大程度上让位于国有企业和投资者的两方利益机制，地方政府在很多情况下被排除在利益格局之外。土地意识日益强烈的地方政府在此轮划拨用地处置中的部分缺位，产生了多个方面的问题，比如地方政府经济利益受损、整体规划缺乏导向、用地结构功能比较随意等问题，这直接导致政策随后开始收紧④。

---

① 朱介鸣：《模糊产权下的中国城市发展》，《城市规划学刊》2001年第6期，第22—25页。

② 国家土地管理局第8号令；2019年7月公布的中华人民共和国自然资源部令第5号《自然资源部关于第一批废止和修改的部门规章的决定》，废止了该规章。

③ 参见《财政部关于"优化资本结构"试点城市国有工业企业补充流动资本有关问题的补充通知》(财工字〔1996〕63号)。18个试点城市：上海、天津、齐齐哈尔、哈尔滨、长春、沈阳、唐山、太原、青岛、淄博、常州、蚌埠、武汉、株洲、柳州、成都、重庆、宝鸡；另有32个扩大试点城市。

④ 冯立、唐子来：《产权制度视角下的划拨工业用地更新：以上海市虹口区为例》，《城市规划学刊》2013年第5期，第23—29页。

第三节 划拨使用权转让的集中规范

一、国家的上位政策

来自国家的上位法规开始着手解决三方或两方协议转让带来的经济和社会问题。2001 年 4 月下发的《国务院关于加强国有土地资产管理的通知》①,主要从 4 个方面防止土地资源流失,加强国有土地收益的征收管理:一是针对原划拨用地,如果因为发生土地转让、出租或改变用途后不再符合划拨用地范围的,应依法实行出让等有偿使用方式;二是针对所鼓励的出让形式,要求各地大力推行土地使用权招标和拍卖;三是严格限制协议出让土地的范围,对于确实不能采用招标、拍卖方式的,方可采用协议方式,采用协议方式供地的,必须做到在地价评估基础上,经过集体审核确定协议价格,再将协议结果向社会公开,以保证协议价格的公允;四是针对改变土地用途、容积率的出让土地,要求应按规定补交不同用途和容积率的土地差价。

2002 年 5 月发布的《招标拍卖挂牌出让国有土地使用权规定》②,进一步进行了严格规定,特别要求商业、旅游、娱乐和商品住宅等各类经营性用地,必须以招标、拍卖或者挂牌方式出让。对于最终用途为住宅的土地而言,招标、拍卖或者挂牌的形式从豪华住宅扩大到一般商品住宅。对于有可能出现的后续转变土地用途的问题,2004 年 8 月公布的《土地管理法》(第二次修正)③规定,建设单位使用国有土地的,应当按照土地使用权出让等有偿使用合同的约定或者土地使用权划拨批准文件的规定使用土地;确需改变该幅土地建设用途的,应当经有关人民政府土地行政主管部门同意,报原批准用地的人民政府批准。其中,在城市规划区内改变土地用途的,在报批前,应当先经有关城市规划行政主管部门同意。这一三方确认的框架,规范了出让或划拨后改变土地用途的行为。国家层面的这一系列政策法规,从现用途、预用途、使用方式、转让方式、定价方式、审批机构等多个方面,对土地划拨使用权形成了极为严格的法律和政策要求,划拨用地使用权转向商业、旅游、娱乐和商品住宅的通

---

① 国发〔2001〕15 号。

② 国土资源部令第 11 号。

③ 中华人民共和国主席令第 28 号。

道被从紧规范，寻租可能性越来越小。

二、上海的政策实践

在上海市层面，本地的法规和政策对国家上位文本进行了回应和因地制宜的补充，特别是将划拨用地纳入集中收储，并给出了集中收储的规范办法。2004年6月发布的《上海市土地储备办法》①明确规定，拟调整为经营性建设用地的原划拨国有土地，应当纳入土地储备范围。2004年11月发布《上海市土地储备办法实施细则》②，规定土地储备机构拟储备原划拨的国有建设用地的，应当持与原土地使用权人达成的收购储备意向或者与区政府指定机构签订的有关协议，向市房地资源局备案，列入土地储备年度计划后，方可按规定实施储备。市土地储备中心和区县土地储备机构联合储备土地的，储备征收后实行出让的原农村集体所有土地的，市土地储备中心与区县土地储备机构所占比例各为50%；除农村集体所有土地以外，市土地储备中心所占比例为30%，区县土地储备机构所占比例为70%。

作为全国性的工业城市，上海对工业用地划拨使用权性质的改变作了进一步明确规定。2004年4月上海市规划管理局印发的《加强中心城内改变土地使用性质规划管理的暂行规定》③，要求在工厂、仓储等第二产业用地上，新建、改建、扩建建设项目，应严格按经批准的规划执行，未按规定程序、改变土地使用性质的建设项目不予审批；在编制规划时，应严格控制此类用地改性为住宅用地；在资源整合中利用上述用地拟建项目的，主要用于新建、改建、扩建公共服务设施建筑，改建住宅项目原则上不予审批。2005年10月发布的《关于进一步加强本市规划管理若干意见的通知》④在此基础上进一步强调，对建设项目确需改变土地使用性质的，必须经规划论证，并按照法定程序审批，以确保地区规划和各专业规划之间的综合平衡。这两项政策，从原则上杜绝了改变土地性质特别是从工业用地改为住宅用地所造成的利益寻租现象。

2008年11月公布的《上海市土地使用权出让办法》(第二次修正)⑤进一

---

① 上海市人民政府令第25号。

② 沪府发〔2004〕41号。

③ 沪规法〔2004〕355号。

④ 沪府办发〔2005〕33号，上海市城市规划管理局。

⑤ 上海市人民政府令第8号。

步明确，用于商业、旅游、娱乐、金融、服务业、商品房等项目的土地使用权出让，应当通过招标、拍卖方式进行，但经市人民政府批准以协议方式出让土地使用权的特殊情形除外。以划拨方式取得土地使用权的，转让房地产时，应当以出让方式取得土地使用权的，由房地产转让的受让人与出让人签订出让合同，并在按规定支付土地使用权出让金后，取得土地使用权。这对划拨使用权转让的去向和协议可能进行了严格限制。

中央和上海层面的一系列规定，对于新的土地使用权出让而言，起到了非常积极的规范作用；对原有的划拨用地使用权而言，最大限度压缩了规避土地出让金、协议转让、用途变更、容积率变更、游说公关等寻租空间，平衡了主要利益关系。但是从政策逻辑来看，“堵”远多于“疏”，所以新的系列规定并未为划拨土地使用权人提供利益引导途径。从 2001 年起，持有划拨土地使用权的国有企业陷入观望状态，虽不能继续通过协议出让方式获利，但并无意愿进入高成本且不可控的土地收储和“招拍挂”程序。这显然背离了政府希望通过支付合理的补偿金，收回划拨用地的初衷。于是，上海中心城区的大批划拨使用权工业用地处于闲置状态，作为土地所有者的政府和作为土地占有者的国有企业陷入“两败俱伤”的困局①。在严格的土地性质管理和出让规则之下，保有划拨使用权，并通过自用或租赁方式进行更新使用，成为各方都还能接受的一种理性选择；随后继续进行的产业结构调整和产业政策为此提供了援手。

第四节　都市工业园区的兴起

在划拨用地使用权的转让潮期间，出于某些国有企业所处的行业经济运行尚可，或者一旦转让牵涉的利益矛盾突出，或者某些国有企业对土地利益“后知后觉”等原因，仍有大量划拨用地使用权未能通过协议形式转让，加之在产业结构调整过程中，中心城区新兴产业和吸纳就业也需要足够的空间资源，因而一些划拨工业用地以出租或自用的形式，转变为“都市工业园区”。“都市工业”的定位缓解了“退二进三”政策执行中的一刀切问题②，在第二产业和第

① 范婉莹：《利益还原视角下上海中心城区工业用地更新研究——兼论工业用地更新的规划博弈》，《规划师》2018 年第 1 期，第 30—36 页。

② 栾峰、王怀、安悦：《上海市属创意产业园区的发展历程与总体空间分布特征》，《城市规划学刊》2013 年第 2 期，第 70—78 页。

三产业之间选取了一个阶段性的平衡点，成为转型时期上海的重要产业门类。

1997年12月召开的中共上海市第七次党代会提出积极发展城市型工业；2002年5月召开的中共上海市第八次党代会，提出坚持“三、二、一”产业发展方针，以科技进步和信息化带动产业结构优化升级，加快发展高增值、强辐射、广就业的产业，促进不同产业在融合渗透中共同发展，尽快形成支柱产业、基础产业、新兴产业和都市型产业构成的新型产业体系，增强产业的整体竞争力[①]。《上海市国民经济和社会发展第十个五年计划纲要》提出，坚持技术进步和增加就业相结合，按照高技术含量、高附加价值、高就业率和低能耗、无污染的发展方向，进一步推动都市型工业的发展；以市场为导向，鼓励创业，积极发展服装服饰、食品加工、室内装饰装潢、包装与印刷、化妆洗涤用品、钻石加工和工艺美术旅游品及文体用品等都市型工业；集聚发展现代服务业和都市型工业。都市工业的名称从某种程度上反映了工业用地、过渡产业和都市空间之间的复杂折衷，是一种当时难以预判会持续多少年的中间产业业态。

1998年上海市经济委员会挂牌了第一批“都市工业园区”，共计50余家。2004年上海市经济委员会编撰出版了《都市型工业园区楼宇管理规范》[②]。根据其中的数据，截至2002年年底，上海已建成都市型工业园区和工业楼宇200个，建筑面积约400万平方米。“十五”期间的后三年，上海还要再建成600万平方米，在外环线内建成5—7个都市型工业示范区，内环线两侧建成200个左右的都市型工业园区，市中心建成100幢以上的工业楼宇。零星混杂于都市工业园区建设热潮中的，是完全处于自发阶段的文创园区，包括由街道厂房和棚户区转化而来的“田子坊”、刘继东等著名建筑师开发入驻的空置老仓库“四行创意仓库”、由春明粗纺厂转型而来的艺术家汇集地M50等[③]。

在划拨用地使用权严格规范的同时，从推广伊始就强调“一业特强”的都市工业园区已经颇具规模，如黄浦区的旅游纪念品业、杨浦区的国际家用纺织品工业园、普陀区的国际包装印刷城、闸北区的印刷媒体产业园等。这些园区在产业结构调整的城市“大潮”中发挥了过渡作用。一位主持创意产业方面的

---

① 参见《奋发有为、与时俱进，把上海改革开放和现代化建设提高到新水平——在中国共产党上海市第七次代表大会上的报告》，《解放日报》2002年5月30日。

② 上海市经济委员会：《都市型工业园区楼宇管理规范》，东华大学出版社2004年版。

③ 栾峰、王怀、安悦：《上海市属创意产业园区的发展历程与总体空间分布特征》，《城市规划学刊》2013年第2期，第70—78页。

政府官员坦言：当时从跟国际大都市的对标中可以看出上海未来城市空间的业态，但是以怎样的路径运行，以及在怎样的时间点完成，这些都是不确定的。上海快速发展的实践很快证明，这些在初创阶段看似理想的专业化园区，与城市管理和市民需求相比，很快开始凸显占地多、能耗大、环保问题突出等发展瓶颈①。《上海市国民经济和社会发展第十一个五年计划纲要》②中并未提及都市型工业及都市工业园区。《上海市国民经济和社会发展第十二个五年计划纲要》③鼓励企业在设计、市场营销等环节融入科技、创意、时尚和环保元素，大力发展高附加值、个性化、节能环保型产品，聚焦绿色食品、智能轻工、高档纺织等领域，加大自主品牌建设力度，重塑和提升以品牌为核心的轻纺产业竞争力，打造符合国际大都市特点的现代都市工业体系；推进信息技术在重点优势产业、战略性新兴产业和新型都市产业的渗透应用。这些论述将都市工业的升级方向定位为科技创新、文化创意和节能环保。《上海市国民经济和社会发展第十三个五年计划纲要》④的相关论述则更为简单明了：都市工业加快向文化创意产业转型升级；制定并动态更新产业结构调整的负面清单，坚定不移加大劣势产业和落后产能淘汰力度。这显示，曾经为人寄予厚望的都市型工业，与快速进行的工业化和后工业化进程不再匹配，而表现抢眼的创意型园区，效仿纽约格林尼治村、巴黎塞纳河左岸等全球艺术区广为采用的服务、创意、美学、休闲实践，容纳了更符合大都市后工业时代特征的产业结构和文化氛围。

第五节　案例一：从信和纱厂到M50

一个见证划拨使用权工业用地转向都市工业园区，进而转型为文化创意产业园区的典型案例，是在全国具有较高知名度的M50⑤。M50位于上海市

---

① 孙洁：《文化创意产业集聚动力机制研究》，上海人民出版社2013年版。

② 2006年1月20日上海市第十二届人民代表大会第四次会议通过。

③ 2011年1月21日上海市第十三届人民代表大会第四次会议通过。

④ 2016年1月29日上海市第十四届人民代表大会第四次会议通过。

⑤ 资料来源：笔者2008年、2013年、2014年在M50的三次实地调研；吴伟宏、钟鸣：《春明：一个重生的故事——访上海春明粗纺厂常务副厂长杨幼飘》，《上海安全生产》2005年第7期，第14—16页；赵长征、黄金平、龚柏顺：《从毛纺厂到创意产业园——上海华宇毛麻（集团）有限公司党委书记总经理赵长征访谈录》，《上海党史与党建》2006年第5期，第44—47页。

普陀区莫干山路50号的厂房始建于1933年，是近代徽商代表之一周氏家族的产业。创立于1917年的青岛华新纱厂于1937年"七七事变"后迁至现址，以英商身份注册为"英商信和纱厂"。中华人民共和国成立后，英商信和纱厂在1951年公私合营为上海信和纱厂股份有限公司，1961年又公私合营为上海信和毛纺织厂，1966年成为国营上海第十二毛纺织厂，1994年改为上海春明粗纺厂。

20世纪90年代后期，国企改革中的春明粗纺厂经营陷入困境。1999年12月，拥有3 000多员工、负债超过8 000万元的春明粗纺厂开始全面停产。在这种艰难的情况下，摸索出路的春明粗纺厂只能本着收入救急的原则，将物理状况不佳的厂房对外招租。活跃的私有经济很快"占领"了春明粗纺厂。厂房全部出租之后，春明厂囊括了食品、金属加工、服装业等100多家小企业。这种模式在为国有企业直接纾困的同时，也产生了一定的社会影响。2001年，在上海市经济委员会相关负责人的建议之下，春明粗纺厂开始对出租的空间提升产业能级；2002年2月，春明粗纺厂正式挂牌成为"上海春明都市型工业园区"，初步确立了都市工业园区的转型方向。按照"先满仓、后调仓、再增仓"的"炒股"经营思路，春明都市型工业园区对业态进行了务实调整，逐步引进了印刷、服装、广告制作、快递、报刊发行等典型的都市型工业企业。

随后，厂房出租市场的变化给春明都市型工业园区带来了一次至关重要的机遇。2002年9月，因市政拆迁和苏州河两岸改造，一些起先在淮海路上和苏州河边扎根的艺术和设计工作室不得不选择搬离，寻找新的落脚点。这一群体沿着苏州河，很快就找到并落户于体量适宜、租金可接受、工业文化根基深厚的春明都市型工业园区。厂区内保留了20世纪30—90年代各个历史时期的厂房、仓库、锅炉房、烟囱等工业建筑41 000平方米，混杂了砖木、砖混、钢桁架、排架等结构形式，是一座"现当代工业建筑露天博物馆"。特别是20世纪70—80年代引进西方技术建造的1 000平方米无梁房，其挑高和大空间契合了艺术家创作、展示和交互的特殊场所需求。另外，一些颇具行业时代特色的生产设备也被保留下来，这在大拆大建的世纪之交显得颇具风格。考虑到园区在能耗、环境、氛围等方面的鲜明特点，以及艺术和设计的行业定位，2004年3月，春明都市型工业园区更名为"春明艺术产业园"。春明艺术产业园继续吸引源源不断的以视觉艺术和创意设计为主体的艺术家工作室、文化艺术机构和设计企业。2005年顺应创意产业政策潮流，春明艺术产业园更名为

M50 创意产业园。

在 2000—2005 年，M50 的租金收入从 80 万元快速增长到 850 万元；土地市场估价从 6 372 万元增长到 2.1 亿元；园区还一次次顶住了压力，最终没有将苏州河畔的 M50 变为房地产开发商的“风水宝地”。2008 年，上海市第三次全国文物普查将信和纱厂旧址列入不可移动文物名录。英商信和纱厂—上海信和纱厂股份有限公司—上海信和毛纺织厂—国营上海第十二毛纺织厂—上海春明粗纺厂—上海春明都市型工业园区—春明艺术产业园—M50 创意产业园，这一丰富的历史名称沿革从宏观角度反映了我国特别是上海这座城市的政治和经济变迁，从微观角度反映了上海中心城区功能和业态的演进历史。其中，上海春明都市型工业园区折射的恰恰是纺织工业和新型服务业之间的转型特征。

笔者团队曾三次调研 M50 创意产业园。2008 年调研 M50，是由于参加上海市经济委员会委托课题“创意产业促进上海增长方式转变研究”，调研对象包括园区负责人和 Vangard 画廊负责人。此时北京是无可争议的中国视觉艺术中心城市，被调研者认为上海“十分天下有其二”，而艺术氛围浓重的 M50 正是上海的核心视觉艺术集群，已经开始成为本地、江浙、国外富裕人群购买视觉艺术品的场所；M50 开始具备艺术行业特别是视觉艺术一级市场（即画廊）的话语权。2013 年调研 M50，是由于参加中国国民党革命委员会上海市委员会委托的“海上创客研究”课题，调研对象是园区负责人、香格纳画廊和艾可画廊的在沪外籍人士。这时的 M50 在相当程度上已经兼具上海国际文化社区和知名艺术区的双重功能。海外“沪漂”一方面感叹艺术品市场成长相对停滞，一级市场定价机制难以成熟，定价权落在二级市场主体（即拍卖行）手中；另一方面在言谈中往往将上海与伦敦、纽约、米兰等文化大都市相比较。一名来自英国的女孩称赞她在 M50 的工作环境和她闲暇时参观的上海文化场所，令她感觉上海有一种波希米亚的氛围。彼时上海正着手建设国际文化大都市，“内部人”多持相对悲观的态度，在承认发展机遇的同时，更多看到要素禀赋和城市功能的不足；而这些“外部人”则认为上海呈现琳琅满目的文化景象，已经跻身国际文化舞台。2014 年调研 M50，是由于参加上海市文化创意产业推进领导小组办公室委托的课题“‘十三五’上海文化创意产业发展趋势及思路研究”，调研对象为园区负责人。M50 作为纺织控股的成员，不仅需要维护园区的艺术和创意氛围，更需要与集团其他成员一样接受财务业绩的考核，这在某种程度上制约了园区的创新发展。另外，租金收入不断提高会带进更多商业化和绅士化氛围，但由于M50地处苏州河畔一隅，所以并未复制田子坊[①]的绅士化变迁历程。M50成为上海具有可见度、标识度、美誉度的视觉艺术集群、时尚活动举办空间、游客驻足的创意地标。

第六节　2000年前后主要政策及要点列表

表1.1　2000年前后主要政策及要点

时　间	编　号	政　策	要　点
1986年6月		《土地管理法》	国有土地有偿使用制度
1990年5月	国务院令第55号	《城镇国有土地使用权出让和转让暂行条例》	划拨土地使用权转让、出租、抵押条件；出让可以采取协议、招标或拍卖方式
1992年3月	国家土地管理局令第1号	《划拨土地使用权管理暂行办法》	土地使用权出让金最低不得低于标定地价的40%
1992年12月		中共上海市第六次党代会	经济结构调整，第三产业比重提升
1994年7月	中华人民共和国主席令第29号	《城市房地产管理法》	划拨用地范围；无使用期限限制；划拨土地使用权转让要求
1996年2月		《上海市国民经济和社会发展"九五"计划与2010年远景目标纲要》	产业结构调整的"三二一"导向
1997年12月		中共上海市第七次党代会	积极发展都市型工业
1998年		都市工业园区挂牌	第一批50余家
1998年2月	国家土地管理局令第8号	《国有企业改革中划拨土地使用权管理暂行规定》	出让、租赁、作价出资、保留四种处置形式；土地收益留存企业条件
2000年	沪府〔2000〕12号	《上海市城市总体规划(1999—2020年)》	中心城工业外迁，内环内第三产业为主，适当保留都市型工业

① 参见下文田子坊商业/绅士化更新的案例。

续 表

时 间	编 号	政 策	要 点
2001 年 2 月	上海市十一届人大四次会议通过	《上海市国民经济和社会发展第十个五年计划纲要》	深化三二一产业方针；市区体现繁荣繁华、郊区体现实力水平；扶持发展都市型工业
2001 年 4 月	国发〔2001〕15 号	国务院《关于加强国有土地资产管理的通知》	不再符合划拨范围的应实行出让；大力推行招标、拍卖；严格协议价格；改变土地用途、容积率补差价
2001 年 10 月	国土资源部令第 9 号	《划拨用地目录》	4 个大类，19 个中类，121 个小类
2002 年 5 月	国土资源部令第 11 号	《招标拍卖挂牌出让国有土地使用权规定》	商业、旅游、娱乐和商品住宅用地，必须招标、拍卖或者挂牌方式出让
2004 年	上海市经委/东华大学出版社	《都市型工业园区楼宇管理规范》	都市型工业园区的发展规划与规范
2004 年 4 月	沪规法〔2004〕355 号	《加强中心城内改变土地使用性质规划管理的暂行规定》	第二产业用地新、改、扩建项目，严格按批准；编制规划时严控改性为住宅
2004 年 6 月	上海市人民政府令第 25 号	《上海市土地储备办法》	拟调整为经营性建设用地的原划拨土地，应当纳入储备范围
2004 年 8 月	中华人民共和国主席令第 28 号	《土地管理法(第二次修正)》	按合同或批准规定使用土地；改变用途经土地、原批准政府、规划部门批准
2004 年 11 月	沪府发〔2004〕41 号	《上海市土地储备办法实施细则》	土地储备机构拟储备划拨用地条件；市区联合收储分配比例
2005 年 10 月	沪府办发〔2005〕33 号	《关于进一步加强本市规划管理若干意见》	项目确需改变土地使用性质，必须经规划论证，并按照法定程序审批
2008 年 11 月	上海市人民政府令第 8 号	《上海市土地使用权出让办法(第二次修正)》	商业、商品房等项目通过招标拍卖；协议权收归市政府

续　表

时　间	编　号	政　　策	要　　点
2011 年 1 月	上海市十三届人大四次会议通过	《上海市国民经济和社会发展第十二个五年计划纲要》	打造符合国际大都市特点的现代都市工业体系
2016 年 1 月	上海市十四届人大四次会议通过	《上海市国民经济和社会发展第十三个五年计划纲要》	都市工业加快向文化创意产业转型升级

第二章

决策集中关注：创意产业集聚区（2005 年前后）

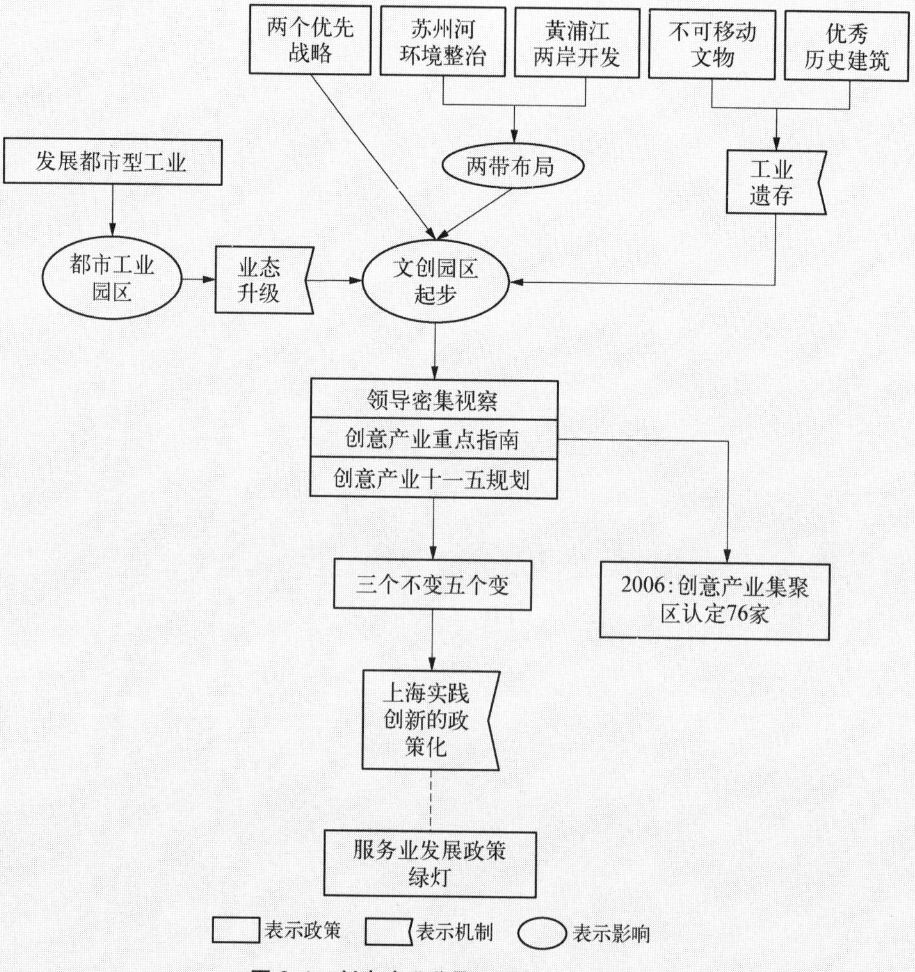

图 2.1　创意产业集聚区(2005 年前后)

第一节　英国的创意产业政策

英国一直以来是文化创意产业大国，伦敦是全球文化创意产业网络的核心节点之一，这种传统可以追溯至莎士比亚时代的戏剧繁荣。特别是在维多利亚时代，大英帝国的政治和经济巅峰带来了英国文化和文化产业的全球主导权：人口庞大的帝国支撑宏大和多样的维多利亚时期文学，构成了“日不落”帝国的文化叙事架构；已然基本完成的工业革命催生了工业设计的繁荣；帝国遍布全球的殖民地和财富掠夺填充了大英博物馆的永久展室；“水晶宫”国际工业博览会展示和炫耀了英国在全球的经济和政治控制力，以及帝国的文化多样性；伦敦西区成为全球戏剧演出圣地；英国借力发达的出版业成为纸媒时代的全球文化中心。

第一次世界大战之后，殖民地和保护国的民族解放运动浪潮瓦解了大英帝国的殖民体系，英国被迫承认自治领在内政外交方面的独立；1931 年，英国议会通过《威斯敏斯特法案》，承认自治领与宗主国共同忠于(英国)国王，权利平等且互不隶属，英联邦正式成立。第二次世界大战之后，英国的文化产业虽然仍受益于英文在全球的“主流”地位，但影响力在很大程度上回归至本土，美国的好莱坞、百老汇、曼哈顿成为全球文化和媒体业地标，美国的大片、热剧、流行乐、畅销书成为引领潮流的主流通俗文化。无论是卓别林、希区柯克、披头士、哈利·波特，20 世纪英国的文化作品和人才都或多或少需要借力好莱坞或曼哈顿力量。到 20 世纪末，英国依然是文化输出大国，其通俗文化形式以 BBC 和英超为代表，其他则防御性地沿袭过去，创新动力明显不够。

1997 年，托尼·布莱尔(Tony Blair)领导的工党在大选中以压倒性胜利结束了保守党长达 18 年的执政。布莱尔政府上台伊始，就着重提出创意产业的政策概念，将其作为施政的突破点之一。新一届英国政府将与创意产业相关的重要经济门类加以整合并提上政治日程，其意在于推广和重塑大英帝国时期全球文化版图中的遗产，借之增强文化就业和文化出口能力，提升英国经济的活力和竞争力。布莱尔政府建立了文化、媒体和体育部[①]，设立了“创意产业特别工作组”(Creative Industries Task Force)，为创意产业提供了全方位的战略、政策、统计、机构支持。创意产业可以理解为对英国较为成熟和出众的文化产业进行的国家品牌定位，也可以理解为是对原有的文化行业的“新瓶装旧酒”，同时掺进了信息社会的新兴内容产业，并贴上“创意产业”的政策标签。

1998 年和 2001 年，文化、媒体和体育部两次发布《创意产业图录文件》(*Creative Industries Mapping Documents*)，将创意产业定义为：源于个人的创意技能和才能，并有潜力通过产生和运用知识产权，创造财富和就业的行为；还确定了创意产业的统计含义，共包括广告等 13 个行业[②]，并发布了所有行业的收入、就业和出口统计数据，进行了行业发展的机遇和挑战分析。其后这一工作戛然而止，并没有继续下去，直至 2007 年布莱尔离任，进入戈登·布朗(Gordon Brown)工党政府时期，创意产业的体系化统计报告才开始恢复。在大卫·卡梅伦(David Cameron)保守党执政时期，创意产业的统计等相关工作也得以延续。

2007 年，文化、媒体和体育部发表了题为《保持领先——英国创意产业的经济表现》[③]的报告，详尽地总结了布莱尔政府期间英国创意产业的全貌，并系统分析了创意经济的要素，包括需求、多样性、垄断治理、教育培训、社会网络、公共支持、知识产权和商务能力等。2007—2016 年，文化、媒体和体育部 6 次发布《创意产业经济估算》(*Creative Industries Economic Estimates*)。由于工艺品和设计行业的数据缺失，以及行业间的调整，估算只包含 9 个大类[④]。估算报告在增加值和出口统计中沿用了“创意产业”概念，而在就业统计中进一步定义了“创意经济”概念，创意产业与创意经济为相交集合，创意经济包括

---

① The Department for Culture, Media & Sport (DCMS)；2017 年更名为 The Department for Digital, Culture, Media & Sport，以反映信息时代数字技术在文化中的核心作用，缩写形式保持不变；该部的前身是 1992 年成立的国家遗产部(Department of National Heritage, DNH)，曾集中了艺术、广播、电影、体育、建筑和历史遗址、皇家公园和旅游等相关职能。

② 即广告、建筑设计、艺术品和古玩市场、工艺品、设计、时尚、电影和录像、互动休闲软件、音乐、表演艺术、出版、软件和计算机服务、电视和广播。

③ Department for Culture, Media and Sport, “Staying Ahead—The economic performance of the UK's creative industries”, (2007)[2020 - 07 - 02], http: //www. theworkfoundation. com/assets/docs/publications/176_stayingahead. pdf.

④ 即广告，建筑设计，艺术和古玩，时尚，录像、电影和摄影，音乐、视觉和表演艺术，出版，软件、电脑游戏和电子出版，广播和电视。*Creative Industries Economic Estimates 2014* 中有了进一步调整，更改为广告和营销，建筑设计，工艺品，产品、平面和时尚设计，电影、电视、录像、广播和摄影，信息技术、软件和计算机服务，出版，博物馆、画廊和图书馆，音乐、表演和视觉艺术。

创意产业内的创意工作者，以及创意产业之外的创意从业者。在这期间，国家科学、技术和艺术基金(National Endowment for Science, Technology and the Arts, NESTA)开始逐步成为推动和倡导英国创意产业发展的重要社会力量，并于 2013 年发表了《创意经济宣言》①，提出了更广的定义、更强的政策支持、更有效的税收优惠、更合理的融资安排等 10 项政策性倡议。基金不定期就如何与创意企业和创意人才建立合作伙伴关系问题发表最佳实践研究，大力支持行业发展。

另外，从 2016 年起，即在特蕾莎·梅(Theresa May)保守党执政期间，文化、媒体和体育部将创意产业与文化部门、数字部门、博彩、体育、电信和旅游一起，纳入其管辖产业范围的《文化、媒体和体育部部门经济估算》(*DCMS Sectors Economic Estimates*)报告中。这在某种程度上可以解释为，经过 20 年的发展，以创意产业整合各相关行业的设想并未实现，创意产业成为大行业中的一个主题。笔者 2014 年 3 月在伦敦参加"REACT：解锁创意的价值"国际会议之际，在主会场交流环节第一个提问的是一位英国学者，他的问题居然是"什么是创意产业"。这引发现场参会者笑声。主持人随后也讲到，基本每次开会都有人会提这个问题，也就是说虽然有创意产业的官方统计和专门部门，但是因为结构庞杂，所以概念始终没有能够深入人心或形成共识。

表 2.1　　英国创意产业的增加值、就业和出口统计(1997—2018 年)

年份	增加值(英镑)	占 GVA(%)	就业(万人)	占就业人口(%)	出口(亿英镑)	占服务出口(%)
1997	312.05	3.94	156.87	5.89		
1998	371.60	4.48	166.07	6.15		
1999	420.02	4.88	172.93	6.33		
2000	444.80	4.86	176.94	6.41	95	
2001	472.25	4.96	182.81	6.58	110	
2002	459.85	4.59	183.07	6.52	113	
2003	486.20	4.56	187.88	6.61	116	
2004	538.33	4.79	182.5	6.34	130	

① NEST,"A manifesto for the creative economy",(2013) [2020-07-02], https://media.nesta.org.uk/documents/a-manifesto-for-the-creative-economy-april13.pdf.

续 表

年份	增加值（英镑）	占 GVA（%）	就业（万人）	占就业人口（%）	出口（亿英镑）	占服务出口（%）
2005	549.51	4.61	182.44	6.29	146	
2006	509.55	4.04	190.63	6.53	160	
2007	566.01	4.25	197.82	6.67	166	
2008	611.45	4.46	197.12	6.70	173	
2009	576.18	4.27	144.33	4.99	133.03	7.8
2010	597.53	4.27	149.82	5.14	147.19	8.5
2011	651.80	4.52	156.2	5.2	155.03	8.2
2012	698.49	4.70	169.1	5.6	172.58	8.7
2013	771.87	4.99	171.3	5.6	178.56	8.3
2014	840.67	5.19	180.8	5.8	198.09	9.0
2015	947	5.54	186.6	5.8	212	9.4
2016	991	5.57	195.8	6.0	271	11.0
2017	1048	5.67	200.8	6.1	328	11.8
2018	1117	5.80	200	6.2	356	12.0

资料来源：增加值数据来自“Creative Industries Economic Estimates 2016”“DCMS Sectors Economic Estimates：2018 Gross Value Added”；就业数据来自“Creative Industries Economic Estimates 2010－2011”“Creative Industries：Focus on Employment 2016”“DCMS Sectors Economic Estimates：2016－2018 Employment”；出口数据来自“Creative Industries Economic Estimates 2010”“Creative Industries：Focus on Exports of Services 2016”“DCMS Sectors Economic Estimates：2015－2018 Trade in Services”。

第二节　创意产业政策的国际反响

创意产业政策概念的提出，其影响并未囿于英国，在联合国和一些国别政策中获得了反响。应该说明的是，对英国创意产业概念的借用多于对其统计框架的借鉴，也就是说联合国和其他各国对创意产业的解释各有不同。

一、联合国的创意经济倡议

2008 年，联合国贸易和发展会议（UNCTAD）牵头，与联合国开发计划署

(UNDP)、联合国教科文组织(UNESCO)、世界知识产权组织(WIPO)和国际贸易中心(ITC)合作，出版了《创意经济报告2008：评估创意经济的挑战——通往信息畅通的政策制定》①，其中根据文本、图像、音乐和表演的圈层对创意经济所涉及的产业门类进行了界定②。2010年《创意经济报告2010：创意经济——可行的发展选项》③，基本保持了原有的组织架构和产业界定。2013年出版的《创意经济特别报告2013：拓宽地方发展道路》④，由联合国教科文组织和联合国开发计划署牵头，世界知识产权组织和联合国贸易和发展会议参与，报告更倾向于合并使用文化和创意产业的概念。从对创意产业的政策认识视野来讲，系列报告识别了三套政策体系：英国文化、媒体和体育部的国家文化战略体系；世界知识产权组织的版权体系；联合国融合发展、文化多样性、文化贸易和版权的综合可持续发展体系。后者将创意经济作为联合国可持续发展目标实现的一种方式；2019年第74届联大会议决议将2021年定为"创意经济支持可持续发展年"。

二、澳、新、日、韩的创意产业

在国别方面，较为积极地采用这一概念的国家主要来自英联邦和东亚。

澳大利亚的"创意产业"是本地化的英国文化、媒体和体育部版本。1994年，保罗·基廷(Paul Keating)主政的澳大利亚政府发布了《创意国家：联邦的文化政策》⑤，这是澳大利亚联邦政府首次制定文化政策，并额外承诺了约2.5亿美元的文化机构支持基金。布莱政府创意产业概念的提出，在一定程度上受此影响。澳大利亚对英国的创意产业政策进行了呼应，主导的部门是联邦政府艺术部。2008年部长咨询会议"创新创意经济圆桌会议"之后，艺术部发布了《建设一个创意创新经济：澳大利亚和新西兰创意部门在数字环境下

---

① UNCTAD, "Creative Economy Report 2008: The challenge of assessing the creative economy towards informed policy-making", [2020-07-03], https://unctad.org/en/Docs/ditc20082cer_en.pdf.

② 包括文化遗产、视觉和表演艺术、视听产业、出版和印刷媒体、新媒体、设计、广告和建筑等创意服务。

③ UNCTAD, "Creative Economy Report 2010: Creative economy: A feasible development option", [2020-07-03], https://unctad.org/en/docs/ditctab20103_en.pdf.

④ UNESCO, "Creative Economy Report 2013 Special Edition: Widening local development pathways", [2020-07-03], http://www.unesco.org/culture/pdf/creative-economy-report-2013.pdf.

⑤ Commonwealth of Australia, Department of Communications and the Arts Creative nation, *Commonwealth cultural policy*, Canberra: Australian Government Publisher, 1994.

的机遇》[①]。从 2011 年起，艺术部还出版了《创意产业——二十一世纪澳大利亚战略》[②]等一系列研究报告。2009 年艺术部委托悉尼科技大学成立国家级研究中心"创意产业创新中心"，该中心在 2013 年发布了《评估澳大利亚创意产业报告》[③]，从音乐和表演艺术等 7 个方面[④]以投入-产出等形式对创意产业在澳大利亚的经济影响进行了详细的定量评估。

新加坡的"创意产业"总括了空间载体、材料载体和从纸媒到互联网的媒体矩阵。新加坡在 2003 年由其媒体发展机构发布《创意产业发展战略：推动新加坡的创意经济》[⑤]，目标是在 2012 年将新加坡发展成为新的亚洲创意中枢。产业愿景包括三个维度：一是复兴城市 2.0，即艺术和文化领域高度创新和才能复合的全球城市；二是设计新加坡，即产品、内容和服务设计领域的全球文化和商务中枢，设计意识和创意遍及工作、家庭和娱乐的方方面面；三是媒体 21 世纪，即媒体生态系统繁荣的全球媒体城市，根植于新加坡并具有重要国际影响。

日本的"创意产业"并未脱离其"酷文化"国家品牌。从 2011—2014 年，经济产业省围绕"酷日本/创意产业政策"(Cool Japan/Creative Industries Policy)引导行业发展，形成了一系列战略，将重点聚焦在其动漫、音乐等内容行业，时尚、美食、家居等消费品行业，以及观光、旅居等旅游行业[⑥]。

在文化产业发达的韩国，创意产业/经济则另有含义。2013 年朴槿惠就任

---

① Department of Art, Australia, "Building a Creative Innovation Economy: Opportunities for the Australian and New Zealand creative sectors in the digital environment", (2008) [2020 - 07 - 03], https://www.arts.gov.au/sites/default/files/building-a-creative-innovation-economy.pdf.

② Department of Art, Australia, "Creative Industries, a Strategy for 21st Century Australia", (2011) [2020 - 07 - 03], http://ict-industry-reports.com.au/wp-content/uploads/sites/4/2013/07/2011-Creative-Industries-A-Strategy-for-21st-Century-DIISR-Spet-2011.pdf.

③ Creative Industries Innovation Centre, "Valuing Australia's Creative Industries", (2013) [2020 - 07 - 03], https://www.sgsep.com.au/assets/main/Valuing-Australias-Creative-Industries-Final-Report-December-2013_Email.pdf.

④ 音乐和表演艺术，电影、电视和广播，广告和市场，软件和互动内容，写作、出版和纸媒，设计和视觉艺术，建筑设计。

⑤ ERC Services Subcommittee, Singapore, "Creative industries development strategy: propelling Singapore's creative economy", (2002) [2020 - 07 - 03], https://eresources.nlb.gov.sg/printheritage/download.aspx?id=795a182c-b200-44a7-9130-cf23b1ece949.

⑥ Ministry of Economy, Trade and Industry of Japan, "Cool Japan / Creative Industries Policy (2012 - 2014)", [2020 - 07 - 02], https://www.meti.go.jp/english/policy/mono_info_service/creative_industries/creative_industries.html.

总统伊始，就提出“迈向创意经济”的国家战略，以求在韩国 40 年来追赶战略遭遇瓶颈的时期，以创新和创业精神重建增长方式。朴槿惠政府为韩国的创意经济发展提出 7 种战略：创造新的市场和就业、将软件开发作为潜力产业、开放和共享、服务初创企业、建立灵活的招聘体系、提倡青年推动世界的 K-Move 运动、设立新的政府部门(科学、信息通信技术和未来规划部，Ministry of Science，ICT and Future Planning)。

三、我国台湾、香港地区及上海的创意产业

处于经济转型阶段的我国台湾地区也将创意产业作为其新的核心产业。从 2002 年“发展文化创意产业计划”开始，台湾地区持续发布《文化创意产业发展年报》，并形成了惯例式的政策关注。其政策涉及 3 个部门：文化部门负责视觉艺术、音乐与表演艺术、文化展演设施、工艺、电影、广播电视、出版产业；经济部门负责广告、产品设计、设计品牌时尚、建筑设计、创意生活、数位休闲娱乐产业；设备及服务部门负责数位休闲娱乐设备、环境生态休闲服务、社会生活休闲服务。① 在香港地区，艺发局 1999 年首先提出创意产业概念，2002 年，香港贸易发展局发布《香港的创意工业》报告。2003 年，香港特区政府中央政策组委托香港大学文化政策研究中心进行“香港创意产业基线研究”，形成的报告中界定了 11 个创意行业②。2005 年，时任行政长官董建华在施政报告中承诺：加快推动文化及创意产业，是重要工作之一，会尽快设立文化及创意产业咨询架构，广纳产业界、文化界，以及相关范畴的外地翘楚共同参与。随后的政策职责划分同样凸显了经济和文化双重维度：商务及经济发展局负责推广创意产业的发展，涵盖广告、建筑、设计、数码娱乐、电影、音乐、出版及印刷、电视等领域；民政事务局支持香港艺术及文化的发展，包括表演艺术、视觉艺术、文学艺术及非物质文化遗产等领域③。

上海于 2004 年在中国内地城市中最早引进“创意产业”概念。这一概念的最初使用是和创意型园区的兴起紧密结合在一起的，或者更准确地说，

---

① 主要信息来自 2019 年 5 月实地调研和中国台湾地区文化创意产业推动服务网，https：//cci.culture.tw/。

② 广告，建筑，艺术、古玩与工艺品，设计，电影与录像，数码娱乐，音乐，表演艺术，出版，软件与电子计算，电视与电台。

③ 2014 年 3 月 26 日香港立法会会议上马逢国议员的提问和商务及经济发展局局长苏锦梁的答复。

创意产业即是创意园区的产业业态，创意园区即是创意产业的空间载体。而创意园区之所以引起政策关注，产业业态并非关键因素，在大拆大建的规模化城市更新时代，在百货公司作为主流商业景观的时代，在千篇一律的都市型工业园区之中，创意型园区创造了当时看来别开生面的城市景观，成功吸引了决策层、市民、媒体的兴趣，这是创意型园区得以从都市工业园区中兴起的重要原因。

第三节　创意型园区的景观创新

如果将空间作为一种文化产品的话，那么可以认为空间景观承载了国家和市政、商业和行业、市民和社区等各种话语体系[①]。从科层型的政府、权力和财富机构，到商业型的文化企业和配套企业，再到网络型的媒介、社区、特定人群，都会借助有形建筑和无形符号，产生城市文化景观。

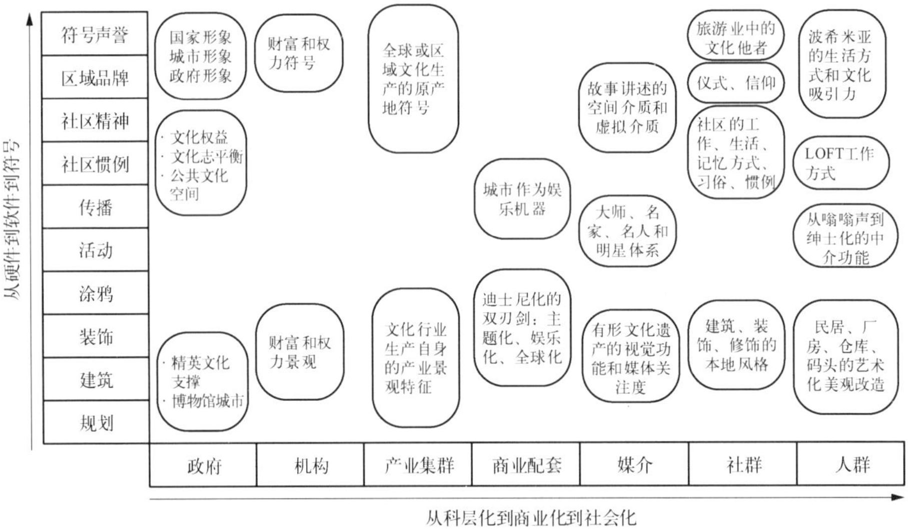

图 2.2　文化场所营造矩阵

资料来源：王兴全、王慧敏：《“千城一面”中的文化场所营造——一种基于利益相关方和文化元素的模型》，《城市发展研究》2017 年第 5 期，第 67—73 页。

---

① 吉姆·麦圭根：《重新思考文化政策》，中国人民大学出版社 2010 年版。

21 世纪之初，对于仍处在城市化进程中的上海而言，除了历史风貌和建筑景观，新的城市景观仍然比较单调。重要的城市景观创新：一是来自市政的文化设施建设，比如人民广场文化核心功能区；二是来自权力和财富机构的云集，比如刚刚崛起的陆家嘴金融中心天际线；三是来自商业氛围，比如淮海路等商业街加之百货公司构成的繁华商业景象，是主流化的城市细节景观模式。2017 年，笔者参与了上海市黄浦区商务委员会委托的课题“黄浦区新消费模式与策略研究”，在调研百盛集团的时候，负责人追忆了 21 世纪第一个 10 年，百盛、巴黎春天、太平洋百货等共同创造的淮海路商业繁荣时代，商品琳琅满目、展示功能突出、消费人气鼎盛。

在纽约、伦敦、巴黎等从工业城市向服务业为主的城市转型过程中，建筑、设计、艺术等文创行业的集聚在空间和文化的联系中作用显著，它们是文化生产体系的繁荣成分，城市景观也是它们的主要产出(Hutton, 2000)[①]。上海的田子坊、M50 等在老建筑基础上建立起来的创意型园区，容纳了工作方式和生活方式具有视觉新奇感的艺术家和设计师，易引起社会、媒体和游客关注；园区内多遍布雕塑、装饰，设有修饰精巧、风格别致的餐馆和咖啡店，往往能吸引时尚活动或游客驻足；园区建筑结构个性十足，是一些前卫活动和品味营销的理想场所。与一般意义上的都市工业园区、百货商店、办公楼宇的文化元素单调和匮乏相比，创意型园区提供了生机勃勃的城市景观，是当时上海的一种景观创新。

时至今日，在上海进入城市微更新的阶段，巨型城市的巨大人流量造就了景观创新的快速更迭，这不仅涵盖了深坑酒店、环球港、凌空 SOHO、迪士尼这类大型视觉项目，还包括无数品牌企业的首发、首展、首秀、首演，以及密集进行的艺术展、音乐节、电影节、时装周、设计展、动漫游戏展，泛文化元素的商业运用促进了城市生活新美学，各种文化娱乐主题嵌入居住、休闲、餐饮、购物、旅游、美容、健康、夜生活等居民和游客的日常活动之中。相对而言，很多曾经令人眼前一亮的创意型园区，反而呈现批量化定制的平平无奇、“千园一面”的状态。

---

① Hutton T A, “Reconstructed production landscapes in the postmodern city: applied design and creative services in the metropolitan core”, *Urban Geography*, 2000, 21(4): 285 - 317.

第四节 围绕“三个不变”的四项产业政策

当时创意型园区的自发实践面临严格的制度约束，工业用地和划拨用地的属性阻碍了性质模糊的新兴创意企业的注册和经营活动，普遍性的“违法、违规”现象亟待从法规政策层面加以调整规范①。2004 年主管市领导视察 8 号桥创意园，随后上海市经济委员会将这一类型的园区命名其为“创意产业集聚区”，区别于都市工业园区并将其定义为都市工业园区的升级版。一轮决策关注、密集调研和政策出台旋即而来。2005 年，时任国家和上海市领导吴邦国、李岚清、尉健行、韩正、龚学平等先后视察和调研上海时尚园、田子坊、8 号桥等园区；时任上海市市长韩正肯定了成绩和模式，要求抓紧编制创意产业的“十一五”规划。在这一时期的决策和政策中，创意产业集聚区成为创意产业的重心和代名词。其间四项政策因素助力创意产业集聚区进入快车道。

第一个因素是 2005 年 11 月，上海市经委和统计局联合发布了《上海创意产业发展重点指南》。其将创意产业分为 5 个大类，即研发设计、建筑设计、文化传媒、咨询策划和时尚消费，5 大类之中包含 38 个中类和 55 个小类。对上海创意产业的年度统计工作从 2005 年起开始，至 2010 年选择性并入文化创意产业统计时结束。创意产业相对宽泛的统计内涵，最初是考虑到能够在市级的决策议程中引起重视，并能够将已然多样化的园区均纳入政策视野。从后来的发展来看，这一方面为集聚区主要业态从艺术走向产业铺平了道路，另一方面也引起了社会对创意型园区创意含量的质疑。在 2008 年上海社会科学院的一次讨论会上，几位专家均认为，创意产业集聚区渐渐显得不那么有特色，或者说与通常所理解的创意不相一致。

表 2.2 **上海创意产业增加值一览表(2004—2009 年)** 单位：亿元人民币

类别 \ 年份	2004	2005	2006	2007	2007 调整	2008	2009
研发设计创意	201.3	240.9	287.91	361.63	428.19	529.32	566.91
建筑设计创意	88.2	98.7	118.71	126.63	113.58	129.96	157.69

① 栾峰、王怀、安悦：《上海市属创意产业园区的发展历程与总体空间分布特征》，《城市规划学刊》2013 年第 2 期，第 70—78 页。

续　表

年份 类别	2004	2005	2006	2007	2007 调整	2008	2009
文化传媒创意	41.2	49.4	57.29	65.28	47.69	53.39	54.56
咨询策划创意	114.4	136.8	182.7	269.02	202	258.27	290.72
时尚消费创意	20.8	23.6	27.98	35.24	75.86	77.81	79.11
总计	493.1	549.4	674.6	857.81	867.32	1 048.75	1 148.99
占 GDP(%)	6.04	5.87	6.29	6.77	6.85	7.35	7.52

资料来源：上海创意产业中心：《上海创意产业发展报告(2006—2009)》；王慧敏、王兴全、曹祎遐：《上海文化创意产业发展报告 2017—2018》，社会科学文献出版社 2019 年版。

第二个因素是 2006 年上海市经济委员会编制了《上海市创意产业发展“十一五”规划》。其提出了到 2010 年的规模发展目标：创意产业增加值占全市 GDP 的 8%左右；形成 100 个以上的创意产业集聚区，集聚区建筑面积为 150 万—200 万平方米，吸引 5 000 家以上的各种创意产业相关企业集聚，其中 10 个左右的集聚区在国内外具有影响力；确认了“三个不变”的开发办法，即创意产业集聚区的房屋产权关系不变、房屋建筑结构不变、土地性质不变，并由此带来“五个变化”，即老工厂的产业结构、就业结构、管理模式、企业形态和企业文化等都发生变化。这兼顾了已有法规的要求，以及地方政府、划拨土地使用权人、开发商、创意企业等各方的利益，从整体来看降低了集聚区开发的社会成本，使创意产业集聚区有了突破性的发展共识。这一“上海实践”成为接下来创意产业集聚区开发的行业惯例参照。

第三个因素是一些在创意产业集聚区发展中作用突出的社会机制开始建立。2005 年，市经济委员会主管的上海创意产业中心成立；同年，平衡各方力量的上海创意产业协会成立。上海创意产业中心和创意产业协会在早期上海创意产业集聚区的资料整理、规则制定、氛围营造、社会网络建立等方面发挥了重要作用。另外，2004 年，厉无畏创立上海社会科学院创意产业研究中心；2006 年，阮仪三城市遗产保护基金会成立，高校和科研院所的介入，增强了理论界、决策界对上海创意产业集聚区的关注，助力其在短期内成为经济和社会热点。在田子坊、M50 等一些园区免于拆除重建的决策过程中，学术精英的声音和力量也发挥了重要作用。另外从 2005 年起，上海国际创意产业活动周开始每年在不同的创意产业集聚区举行，在大型活动仍然较少的年代，活动周将开幕式、主会场、分会场、展区等设置在创意产业集聚区，吸引从业人员、市民、游客积极参与，在提升社会对创意产业和创意产业集聚区的认知和关注方面，产生了积极的推动作用。创意产业活动周一直延续至 2011 年，其后变更为“设计之都”活动周。

表 2.3 创意产业活动周（2005—2011 年）、设计之都活动周（2012—2019 年）基本信息

	时　间	主　题	开幕式地点
第一届	2005 年 11 月 30 日—12 月 6 日	创意产业，引领未来	海上海
第二届	2006 年 11 月 22 日—28 日	创意设计，创造生活	8 号桥
第三届	2007 年 11 月 15 日—21 日	创意·品牌	1933 老场坊
第四届	2008 年 10 月 15 日—21 日	创意上海·设计未来	闸北区合金工厂
第五届	2009 年 10 月 15 日—21 日	创意·遇见世博；设计·品味生活	800 秀
第六届	2010 年 9 月 15 日—21 日	创意后世博	越界创意产业集聚区
第七届	2011 年 10 月 26 日—11 月 1 日	创意生产力	红坊创意产业集聚区
2012 年	2012 年 11 月 1 日—7 日	设计点亮生活	上海国际会议中心
2013 年	2013 年 9 月 5 日—11 日	设计智造梦想	上海展览中心
2014 年	2014 年 10 月 9 日—12 日	设计引领·融合发展	上海展览中心
2015 年	2015 年 9 月 25 日—27 日	大设计·新常态	上海展览中心
2016 年	2016 年 8 月 26 日—29 日	设计新应用，创造新需求	上海展览中心
2017 年	2017 年 9 月 1 日—3 日	设计 & 城市创新 & 消费升级	上海展览中心
2018 年	2018 年 8 月 31 日—9 月 2 日	造设计梦想共同体再设计	上海展览中心
2019 年	2019 年 8 月 30 日—9 月 1 日	设计再出发	上海展览中心

资料来源：笔者整理。

第四个因素是上海市经济委员会组织实施了市级创意产业集聚区的认定工作。仅 2005 和 2006 年，就有 76 家集聚区分四批获授牌，在划拨使用权工业用地性质约束下，市级授牌成为土地合理合法使用的“护身符”。但跃进式的授牌也纳入少部分有名无实的集聚区，引起了较大的社会争议，因而直至2011年再无新的创意园区获得授牌。田子坊、8号桥、M50等借助先发优势、区位优势和集聚特征，不仅成为如今人们认知中的"创意园区"，充实创意产业集聚区概念的外延和内涵，而且代表了城市更新中的一种典型文化空间形态，提供了如何利用文化实现场所营造的一种范式。

表2.4　　前四批获授牌的创意产业集聚区

2005年4月28日，第一批共18家，建筑面积约36万平方米				
田子坊	8号桥	创意仓库	天山软件园	传媒文化园
乐山软件园	时尚产业园	虹桥软件园	工业设计园	静安现代产业园
周家桥	设计工厂	M50	同乐坊	卓维700
昂立设计创意园	旅游纪念品产业发展中心	文化科技创意产业基地		
2005年11月30日，第二批共17家，建筑面积约64万平方米				
海上海	创意联盟	2577创意大院	数码徐汇	建筑设计工厂
天地园	车博汇	德邻公寓	合金工厂	风尚之城
逸飞创意街	东纺谷	空间188	尚建园	智能桥
通利园	旅游纪念品设计大厦			
2006年5月20日，第三共13家，建筑面积约20万平方米				
创邑·河	创邑·源	JD制造	数娱大厦	西岸园
湖丝栈	1933老场坊	绿地阳光园	优族173	新十钢
华联创意园	98创意园	E仓		
2006年11月22日，第四批共27家，建筑面积约101万平方米				
外马路仓库	汇丰	智造局	老四行仓库	新慧谷
中环滨江128	孔雀园	静安创艺空间	时尚品牌会所	原弓艺术仓库
物华园	建桥69	聚为园	金沙谷	新兴港
彩虹雨	文定生活	长寿苏河	SVA越界	名仕街
梅迪亚1895	3乐空间	南苏河	SOHO丽园	古北鑫桥
第一视觉创意广场	临港国际传媒产业园			

第五节　案例二：田子坊兴起、保留与变迁[①]

田子坊创意产业集聚区位于黄浦区中部，南起泰康路、北至建国中路、东临思南路、西至瑞金二路，占地7.2公顷，其核心区“三巷一街”约为2公顷。田子坊的里坊风貌街区形态基本形成于20世纪30年代，由法租界行政区、石库门里弄区、里弄工厂区组合而成，其街区形态反映了从近代江南农村到华洋混住社区以及里弄工厂社区的发展脉络，体现了海派文化兼容并蓄的特质。其间集中了传统民居、旧式里弄、新式里弄等各个时期的历史建筑，风格上又受到西方古典主义、现代主义、折衷主义等多种风格的影响，建筑文化遗产价值极高。加之生活社区依然保存，被誉为上海里弄生活的“活化石”[②]。在田子坊的兴起、保留和发展过程中，可以清楚地看到复杂利益的交织。这里讨论在其中发挥作用的9股社会力量。

一、9股社会力量的合力之功

第一股力量是艺术家和设计师群体。由于艺术行业具有行业光环和个人兴趣方面的效用回馈，所以其平均收入往往低于同等技能水平的社会平均收入[③]，但是艺术行业的展示和交流特征又要求艺术家留在城市中心，或是社群化生活，于是找寻艺术元素和租金洼地就成为艺术家们设立工作室的基本标准。1998年，画家陈逸飞首先在田子坊设立工作室，随后，尔冬强、王劼音、王家俊、李守白等艺术家也先后入驻泰康路，这开启了泰康路的“旧里复兴运动”。被这一艺术集聚地吸引而来的艺术和设计人群越来越多，最终形成了活跃的艺术社区。

第二股力量是来到田子坊的商户。他们在泰康路租下居民的房子，利用

---

① 主要信息来源包括：2008年、2014年两次实地调研；上海转型发布：《田子坊：“小人物”闯出的一片“新天地”》，[2020-06-30]，https://mp.weixin.qq.com/s/NnPinqL8_q5ZR1wfGvLxEg；于海：《旧城更新叙事的权力维度和理念维度——以上海“田子坊”为例》，《南京社会科学》2011年第4期，第23—29页；孙施文、周宇：《上海田子坊地区更新机制研究》，《城市规划学刊》2015年第1期，第39—45页。

② 参见黄浦区人民政府官方网站，[2020-06-30]，https://www.shhuangpu.gov.cn/qq/004004/004004012/subpageSingle.html。

③ 理查德·凯夫斯：《创意产业经济学》，新华出版社2004年版。

田子坊的文化氛围和客流量，做起了餐饮、咖啡、工艺品、纪念品等各式各样的生意。随着田子坊名气越来越大，人流越来越多，这些生意也越来越红火，逐渐挤出了一些田子坊自身的文化氛围；这些店铺的装饰和展示，以当时特有的视觉冲击力，招徕吸引市民和游客，帮助田子坊完成了空间复兴的视觉细节。

第三股力量是原住民。1949年以后，大部分里弄住宅收归国有，更多居民陆续迁入，原设计为一户的房屋为多户所用。至20世纪90年代，绝大部分住户为永租性质的公房租户；由于不能独立成户且使用权无法分割，所以里弄住宅未纳入住房制度改革，但泰康路二级旧里的物理条件已经不适合居民居住。随着艺术社区的快速发展，旧厂房挤满了工作室和商铺，租赁需求开始向周围民居溢出。对于稳定居住的居民来讲，商业化环境影响了宁静的生活，各种投诉和纠纷不断；对于等待拆迁的居民来讲，原本可能到来的拆迁被搁置，居民失去了拆迁安置和拆迁补偿的机会；对于多数居民来讲，他们将自己的房子出租出去，不仅可以在周围租到居住条件更好的住所，还能有不少盈余用于改善生活。僵持的局面很快通过市场方式得到了解决，随着田子坊租金水平越来越高，直到超过了邻近的商业中心淮海路，当地居民多数成为实实在在的获益者，超过九成的弄堂居民都成为房东，且对旧里拆迁补偿的预期越来越高，繁荣稳定的田子坊使各种利益矛盾逐步纾解。

第四股力量是基层政府和园区经营者。由于田子坊的发展接近于自发状态，所以很难定义严格的园区边界和经营者，因而基层政府在其中发挥了关键作用。20世纪90年代，打浦桥街道办事处通过出租已经关停并转的工厂厂房，吸引艺术家和国外设计师入驻，缔造了田子坊的基本空间结构。当时的卢湾区政府曾筹备已久，设想将田子坊所在的整个片区——打浦桥新新里地区，纳入上海市“新一轮旧区改造”范围，进行整体拆除重建；2003年初，台湾日月光集团获得地块开发权，按照《新新里地区详细规划(2004)》，要建造日月光商业中心的4幢配套商品房。由于基层政府看到了田子坊这种新型城市更新模式中蕴含巨大潜力，所以积极奔走呼吁“保卫”田子坊，随着田子坊的社会知名度的不断提升，卢湾区政府终于作出决定，原地产项目在2008年规划调整方案中被取消。

第五股力量是区级政府。卢湾区政府最初希望以商业中心加配套公寓的形式实现田子坊的空间更新，但田子坊模式的成功让这一规划的实施非常犹豫，最终原方案得以调整。2008年4月，卢湾区田子坊管理委员会挂牌成立。

黄浦区和卢湾区两区合并后，2011 年 12 月，“上海市黄浦区田子坊地区综合管理联席会议”成立，联席会议下设办公室，成员单位共 25 家[①]。2012 年 9 月印发的《黄浦区田子坊地区综合管理办法》[②]，规定由田子坊地区管理办公室具体负责田子坊地区综合性的日常管理和组织、协调工作；还对消防安全、装饰装修、市容环境、户外设施、景观灯光、路政管理、建设工程、文明施工、商业业态、文体活动等做了详细规定。2015 年 5 月，“黄浦区田子坊地区综合管理委员会”成立，下设办公室[③]。2016 年 12 月印发的《黄浦区田子坊地区综合管理暂行办法》[④]对黄府规〔2012〕4 号进行了更新，规定由田子坊地区综合管理委员会具体负责田子坊地区综合性的管理和组织、协调工作，日常工作由田子坊地区管理办公室承担。区政府持续对田子坊进行的安全、生活、风貌方面的管理和投入，保障了二级旧里能够承担起高度复杂的商旅文功能。

第六股力量是各领域的学者。2004 年，画家黄永玉借用《史记》中记载的我国历史上第一位可考证的画家田子方的名字，加土字旁寓意文化艺术的土壤，命名泰康路艺术街为“田子坊”[⑤]。在面临拆迁之际，田子坊的运营者请郑时龄、厉无畏、阮仪三等学术精英参观和研究田子坊。建筑学家阮仪三[⑥]就“卢湾区里弄工厂区综合保护利用”课题在田子坊进行调研，认为田子坊这种形式的保护性更新，保留了从晚清民居到现代商品房整个历史沿革中多种形式的里弄建筑，从“华洋交界”的历史风貌保护价值上为田子坊背书。时任上海市人大常委会副主任、经济学家厉无畏，就“泰康路艺术街总体发展战略研究”课题进行了深入调研，认为田子坊所承载的工作室、画廊等业态，实际是一种新兴的产业，即创意产业，并在上海社会科学院成立了创意产业研究中心，加强在该领域的学术叙事，田子坊就是最早的观察样本。随后，田子坊成为学术界研究最为集中的创意产业集聚区之一，一直是创意产业、文化遗产保护[⑦]、社区

---

① 索引号：HG0303001－2011－019；发文机关：黄浦区人民政府。

② 黄府规〔2012〕4 号。

③ 黄委〔2015〕124 号。

④ 黄府规〔2016〕002 号。

⑤ 一说来源于《庄子·外篇·田子方》“解衣般礴”。主张作画时精神放达、任情恣性。

⑥ 佚名：《阮仪三教授致力于我国文化遗产的保护》，《同济大学学报（社会科学版）》2008 年第 5 期，第 132 页。

⑦ 张杰：《论“文化创意”躁动下城市遗产蝶变的尴尬——兼论遗产型创意产业园区规划制度创新》，《城市规划》2012 年第 7 期，第 53—59 页。

文化[①]、民俗研究[②]、城市更新[③④]等研究领域的重要观察对象。活跃的研究使田子坊成为一种“仁者见仁、智者见智”的空间典范。

第七股力量是各种媒体。早期作为特殊创意产业集聚区的田子坊，由于吸引了艺术家、设计师等生活方式和新闻效应引人注目的群体，以及由艺术社区支撑的城市更新和创意产业，开始引发媒体关注。在主流媒体上，厉无畏、郑时龄、阮仪三等在报纸杂志上发表的大量研究田子坊的文章，电视等媒体也跟进做了相关报道，比如2004—2006年《人民日报》的《上海“苏荷”前途未卜》(2004年8月17日)、《上海：创意产业成亮点》(2015年9月22日)、《工业遗产与创意产业共舞》(2006年7月6日)、《创意点击财富之门》(2006年9月25日)等。早期的自媒体也通过作者探访田子坊，并辅以图文形式，获得了广泛的社会认知度。这引起了上海决策层的注意和重视，上海市委书记俞正声和上海市市长韩正都曾视察田子坊。

第八股力量是游客。田子坊从上海旅游和休闲的小众打卡地，到如今成为人满为患的旅游经典打卡地。以2019年5月2日为例，截至下午5点，田子坊当天累计接待客流6.5万人次。旅游“圣经”《孤独星球·IN上海》[⑤]关于上海的15项顶级旅行体验中，第一项就是配有田子坊(泰康路274弄)图片的“在弄堂里穿行”。其中，将田子坊归为创意园区，描述为“田子坊之于新天地，就仿佛草民之于贵族；它们几乎在同一时段发展起来，新天地是统一规划打造，田子坊则是艺术家们恣意发挥、个性气质独特，更令本地人感觉合拍；旅行者、本地文青和老外倾慕这里的原生态魅力：画廊、设计师小店、餐厅、咖啡，与‘万国旗’(居民晾晒的衣物)和蛛丝天线相得益彰”。类似地将日常生活和旅游凝视审美化的描述充斥着各种旅游读物和自媒体，如今更是遍布短视频和图文应用。这以一种完全社会化的形式，将遗产优势、区位优势、先发优势突出的田子坊提拔到了上海地标的高度。

第九股力量是国外的设计师。在2007年的时候，就有驻沪外国朋友向笔

① 于海、钟晓华、陈向明：《旧城更新中基于社区脉络的集体创业——以上海田子坊商街为例》，《南京社会科学》2013年第8期，第60—68,82页。

② 徐赣丽：《当代都市消费空间中的民俗主义——以上海田子坊为例》，《民俗研究》2019年第1期，第122—135,159页。

③ 孙施文、周宇：《上海田子坊地区更新机制研究》，《城市规划学刊》2015年第1期，第39—45页。

④ 李彦伯、诸大建：《城市历史街区发展中的“回应性决策主体”模型——以上海市田子坊为例》，《城市规划》2014年第6期，第66—72页。

⑤ 孤独星球：《孤独星球·IN上海》，中国地图出版社2017年版。

者打听田子坊的情况，计划去那里购买中国的原创画作。据他说，田子坊作为艺术社区在外籍群体中已口耳相传。2014 年在与园区负责人交流时，笔者提到艺术家的入驻和迁出对田子坊的影响，园区负责人反问作者，上海哪一个园区是由艺术家把热度“炒”起的？他认为海外设计师在园区最早的氛围营造中发挥了关键作用。这一假设笔者之后在调研杨浦 800 和安垦绿色仓库两个园区时得到了进一步印证。海外设计师等特定人群所带来的“波希米亚”式的工作和生活氛围，为闲置厂房和老旧民居带来了异域文化资本，在进一步吸引人才、孵化创造力、提高空间美誉度方面，都是关键中介变量①。

表 2.5　　田子坊兴起和发展中的主体参与及影响

主　体	行　　为	影　　响
市政府	领导视察	“三个不变”，现状“合法性”
区政府	修改规划，取消原地产项目	现状“合法性”
	田子坊联席会议、管委会	旧里的商旅文功能，安全、居住、风貌达标
街道基层政府	出租厂房	关停并转的工厂空间
	呼吁推广	保留了一种城市更新方式
	田子坊管委会办公室	综合管理日常工作
原住民	出租房屋	旧里空间
	蛛网电线、拥挤里弄、“万国旗”	原生态社区
学术圈	研究和呼吁	创意产业、历史风貌、民俗社区
艺术家、设计师	开设画廊、设计师商店	注入文化资本，改变早期面貌
商铺	纪念品店、餐馆、咖啡	注入经济资本，商旅文服务
国外设计师	工作、生活展示	提供“波希米亚”的生活和工作方式
主流媒体	宣传报道	社会知名度、故事讲述
自媒体	海量视频、图片、文字展示	文化符号的成熟
游客	人气、人流量、网络展示	从小众时尚地到经典打卡地

资料来源：笔者整理制作。

① Florida R, “Bohemia and economic geography”, *Journal of Economic Geography*, 2002, 2(1): 55 - 71.

二、从创意型园区到观光地标

一般来讲，大都市中心区域的前卫艺术和创意区，随着城市更新的进程，会不可避免地要经历一个三阶段的生命周期。

第一阶段，大城市中的工厂、码头、老旧居民区、少数族裔区、外来人口集聚区，由于生活和商业配套水平不高，所以成为中产阶层置业回避的区域；但是作为租金洼地，对于希望在城市中集聚和建立社会网络的低收入艺术家来讲，确实是非常理想之地，艺术家们会在此生活、创作、展览、交流，建立社交网络和个人圈子，并结合原来的空间和建筑特征，为区域注入了艺术符号和文化资本。

第二阶段，由此形成的艺术氛围吸引了媒体、游客关注，在社会的认知体系中这些区域的形象发生改观，人流量开始不断增加，进而吸引了餐饮、咖啡店、纪念品商店、工艺品商店等商铺入驻；相比纯艺术领域而言，这些商业企业的利润水平要高得多，能够承受更高的租金，对艺术和创意区内的空间竞争使得艺术家的创作空间、展示空间和生活空间不断被压缩。

第三阶段，租金的上涨使得艺术家逐渐迁出，并开始在城市中寻找新的落脚点，重新集聚和建立社会网络；而原来的区域，则嬗变为中产阶层的居住区或旅游区域，原来的店铺转变为面向居民或游客的商业配套，区域也通过这种方式完成了城市更新和形象改造。

这种经济资本接替文化资本的模式，对艺术群体的不公，充分体现在这样一个比喻中：在城市的更新过程中，艺术家挖土、栽种、浇水、施肥、等待开花，同时也是在给自己挖掘墓地。艺术家群体成为被租金不断驱逐的波希米亚式城市流浪者，在流浪中帮助部分区域完成了城市更新。以纽约为例，新锐艺术区历经的迁移包括20世纪初到50年代的格林尼治村(Greenwich Village)，60—70年代的苏荷区(SoHo)，70—80年代的曼哈顿东村(East Village)，90年代的威廉斯堡(Williamsburg)，21世纪的布希维克(Bushwick)[①]。再以巴黎为例，艺术区在20世纪80年代开始从学术、前卫艺术和文学区塞纳左岸(Rive Gauche)，转向右岸(Rive Droite)的旅游区蒙马特(Monmartre)、本地犹

① Zukin S, Braslow L, "The life cycle of New York's creative districts: Reflections on the unanticipated consequences of unplanned cultural zones", *City, Culture and Society*, 2011, 2(3): 131-140.

太人和同性恋集聚的玛莱区(Malais),并继续向维莱特(Villette)等区域转移①。

在田子坊案例中,兴起和迁移的模式与纽约有相近之处,但背景则有较大差别,驱动因素也更为复杂。第一阶段,市中心的区位优势、低租金水平、石库门的文化特征,使得田子坊的老居民区和旧厂房聚集了一批国外设计师和本土艺术家,工作室和画廊快速形成规模,光顾的人群中不乏国内特别是国外的当代艺术收藏者。这一阶段田子坊主要是作为创意设计生产空间和艺术品一级市场。第二阶段,田子坊的文化氛围逐步提升,由于地处繁华地段和旅游线路之上,随着社会和媒体关注度增加,田子坊游客流量大增,市场对工艺品、纪念品、咖啡店、餐馆的需求逐步代替了收藏需求,大部分设计师和艺术家被不断上升的租金挤出田子坊,转至武康路、西康路、岳阳路,留下的艺术家和设计师也在租金压力之下,经历了工作室、前店后厂、展示纵深、有店无厂的过程。这一阶段田子坊兼具旅游市场和艺术品市场双重职能。第三阶段,2008 年田子方成为国家 AAA 级景区,黄浦区政府配专人、专款、行政职级,将其作为十大景区之一加以推介。2011 年租约到期高峰之际,田子坊租金水平快速超过邻近的商业中心淮海路,石库门住宅的历史文化符号被商业化激活,田子坊完成了从设计师和艺术家集聚区到上海文化观光地标的转变,转向艺术、绅士化、娱乐交互的新波希米亚氛围②。区位优势、先发优势、物业特征、政府政策等因素都驱动了其向旅游空间品牌的转化;从 M50、老码头等并未走向这一模式来看,处于旅游线路之上的区位优势尤为重要。

第六节　苏州河和黄浦江两带规划

在《上海市创意产业发展“十一五”规划》中,苏州河沿岸和黄浦江沿岸构成的“两带”,成为上海创意产业集中布局的空间载体。对于苏州河沿岸创意带而言,定位是以苏州河两岸开发和旧区改造为契机,充分利用苏州河沿岸的老厂房、老仓库,以及其他历史建筑资源,加快建设一批以设计、动漫游戏、媒

---

① Noel J, *Left Bank vs. Right: A tale of two cities*, Chicago Tribune, 2009 - 04 - 12.

② Lloyd R, “Neo - bohemia: Art and neighborhood redevelopment in Chicago”, *Journal of urban affairs*, 2002, 24(5): 517 - 532.

体、广告等为特色的创意产业，努力打造体现仓库文化与河岸文化相融合的创意产业集聚带。对于黄浦江沿岸创意带而言，其定位是以两岸开发和举办世博会为契机，依托区位优势和沿岸老厂房资源，结合黄浦江南北延伸段的规划完善和世博会场馆建设，重点发展研发设计、会展、广告、时尚消费等创意产业，努力打造集中体现产业历史文脉、展现国际化大都市特点的创意产业集聚带。由此，创意产业集聚区的发展有了更广阔的潜在空间。这些区域的集聚区内往往有别具一格的沿水景观，建筑历史感强、空间结构特殊，艺术和设计行业的从业人员对这种办公和创意环境情有独钟。

一、苏州河综合整治与创意景观

19世纪中叶上海开埠以来，苏州河沿岸成为中国近现代民族工业的发祥地。历史上的苏州河可分为三段功能区[①]：东段从外白渡桥到河南路桥，集中了当年各国的领事馆、银行、饭店、戏院等；中段从河南路桥到恒丰路桥，这里是密集的仓库区，兼有一些西洋建筑；西段从恒丰路桥往西，是早期的棚户区和后期的工业区。直至改革开放，这里仍然是上海重要的工业基地，工业建筑规模庞大。20世纪90年代初期，在上海产业结构调整之初，就陆续有艺术家和设计师零散扎根于苏州河沿岸。彼时苏州河虽然水质不佳，环境脏乱差，但明显是上海中心城区的租金洼地，且能享有沿岸的有形历史建筑遗产和苏州河作为上海母亲河所延续的无形历史文脉。“50年代淘米洗菜，60年代洗衣灌溉，70年代全线黑臭，80年代鱼虾绝代”，真实反映了苏州河历经的生态破坏。

1998年8月，上海市人民政府发布《上海市苏州河环境综合整治管理办法》，改善和保护的陆域范围为苏州河华漕以东两岸各一个街坊，华漕以西两岸各100米以及虹口港两岸各10米，贯彻以治水为中心、全面规划、远近结合、突出重点、分步实施、整治与开发相结合、建设与管理相结合的原则。苏州河环境综合整治一期(1998—2002年)总投资约70亿元，二期工程(2003—2005年)总投资约40亿元[②]，以治水为中心同步推进水环境整治和两岸开发建设，目标之一是内环线以内河段初步建成自然景观和城市景观相协调的滨河景观廊道。相应地，苏州河两岸产业发生了结构性调整，大量的工业建筑空

---

① 郑祖安：《上海历史上的苏州河》，上海社会科学院出版社2006年版。

② 三期(2006—2008年)总投资约31.4亿元；四期(2018—2020年)总投资约20亿元。

置出来，一些拆除后新建了商品房，但也有一些建筑因为具有工业遗产价值或其他原因保留下来，为创意产业繁荣提供了空间上的先决条件。随后沿岸有很多厂房、仓库、货栈、码头转型为创意产业集聚区，包括由四行仓库光二分库转型而来的创意仓库，由杜月笙私家仓库演变转型而来的南苏河等[①]。

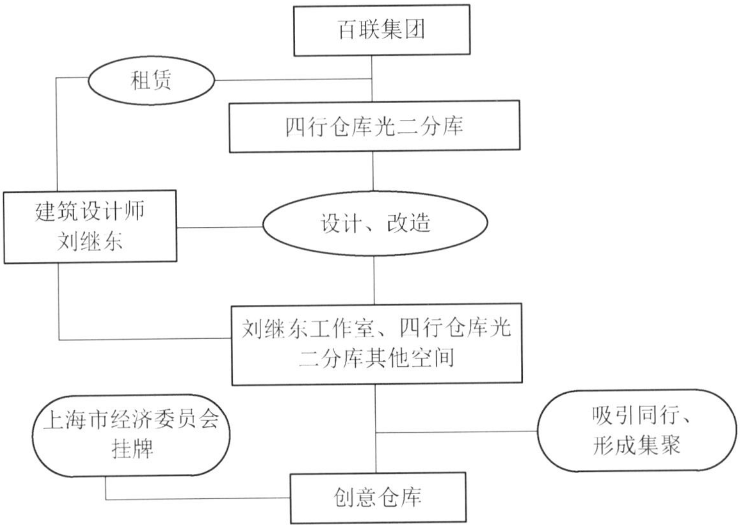

图 2.3 "创意仓库"集聚过程示意图

资料来源：褚劲风、高峰：《上海苏州河沿岸创意活动的地理空间及其集聚研究》，《经济地理》2011 年第 10 期，第 1674—1679 页。

二、黄浦江两岸开发与文化创意

2003 年 4 月，发布《上海市黄浦江两岸开发建设管理办法》[②]，根据黄浦江两岸功能转换、产业结构调整的需要，实行统一规划、综合平衡、分步实施、协调发展的原则。对于黄浦江两岸发展如何为文化和创意发展提供集聚空间，2012 年 9 月发布的《黄浦江两岸地区发展"十二五"规划》(简称《"十二五"规划》)和 2016 年 12 月发布《黄浦江两岸地区发展"十三五"规划》(简称《"十三五"规划》)[③]给出

① 苏州河沿岸进入前四批创意产业集聚区名单的包括：创意仓库、M50、周家桥、德邻公寓、创邑·河、湖丝栈、E 仓、老四行仓库、3 乐空间、南苏河、时尚品牌会所、长寿苏河。

② 上海市人民政府令第 4 号。

③ 沪府发〔2016〕99 号。

了具体答案。

文化作为后工业化时期大都市的主要功能，在黄浦江两岸开发建设这样大手笔的规划中体现在三个方面：一是新的文化设施建设；二是商业设施的文化氛围建设；三是文化遗产、工业遗产的保护利用。广义的文化集群三者兼而有之，狭义的创意产业集聚区着重于第三方面。《黄浦江两岸地区发展“十二五”规划》在通过推陈出新注入时尚创意元素、延续文化遗产和工业遗产的历史文脉上，对集聚发展文化创意产业寄予厚望，提出积极打造滨江文化创意集聚带：深入挖掘黄浦江景观优势和历史文化资源，重点发展文化创意、时尚消费、演艺娱乐等产业，形成世博园区城市最佳实践创意区、十六铺上海码头文化创意旅游功能区、上海国际时尚中心、徐汇滨江创意商务功能区等为重要节点的文化创意集聚带。《“十二五”规划》还在更广的意义上阐释了文化创意集群的潜在功能，提出继续推进沿江工业、仓储设施和码头岸线功能转换，加快传统工业调整转型，鼓励发展研发创新、总部经济、文化创意、会展博览及旅游等现代服务业，支持发展符合要求的战略性新兴产业和高新技术产业。在对世博园及周边地区、外滩—陆家嘴—北外滩地区和徐汇滨江地区三个功能开发重点区域，以及杨浦大桥周边地区和吴淞口—三岔港两个基础开发重点区域的业态规划中，文化创意均处于“显眼”位置。

表 2.6　黄浦江两岸文化创意集聚带的重要节点(《“十二五”规划》)

节点区域	文化创意与交流功能
世博最佳实践区	集创意设计、交流展示、产品体验等于一体的特色文化创意街区
南外滩复兴地区	突出码头文化主题，形成集创意办公、会议会展和休闲娱乐为一体的功能区域
上海国际时尚中心	推进二期、三期建设，成为时尚机构的集聚地、时尚会展的举办地、时尚产业的孵化地、时尚产品的展示地
徐汇滨江	打造新媒体产业集群，形成上海高尚文化消费中心和新媒体中心
浦东民生码头区域	结合码头、仓库等保留建筑，形成文化创意与滨江休闲娱乐相结合的综合体
三林北地区	围绕东方体育中心配套，发展运动休闲、文化传播功能，形成市级文化体育中心
世博园及周边地区	结合展馆设施的保留再利用，引进时尚演绎、品牌展览、创意发布、文艺演出等活动，打造上海文化体验与交流的重要地标区域

《“十三五”规划》,除了“推动文化创意产业发展：结合传统产业遗址遗存的改造和再利用,聚焦媒体、艺术、工业设计、时尚、休闲娱乐等领域的文化创意产业”之外,并未对文化创意集聚过多着笔墨,其发展目标提出：重点区域展现功能形象,聚焦黄浦南外滩地区、徐汇滨江—浦东前滩地区、世博园区、浦东新(华)民(生)洋(泾)—杨浦滨江南段等重点发展区域,将这些区域打造成为黄浦江两岸特色鲜明的城市亮点。这一时点前后上海正在寻求匹配其新兴全球城市地位的文化模式：宏观上讲求巨型城市的宏大叙事,如一流设施和大型活动;微观上讲求细致入微,如“一网通办”和社区建设。所以黄浦江两岸开发的文化聚光灯落在西岸文化走廊、上海大歌剧院这样的旗舰项目之上,一般意义的文化创意产业的集聚功能随之弱化也在情理之中。

第七节　文化遗产保护政策的两个体系

工业遗产保护亦逐步成为创意产业集聚区发展的主流措辞。早在集聚区模式兴起之际,1933 老场坊保护性开发了原上海工部局宰牲场,使得这座历史建筑得以借创意重焕光彩;田子坊对上海石库门民居文化的保留性再利用,让这片混杂区域成为设计师和艺术家的工作空间。随着文创园区群体的壮大,其所使用的老厂房、老仓库、老大楼、老码头、老洋房与工业(文化)遗产保护的两个体系不可避免地交集日深。

一是国家文物保护体系,主要法律依据为《文物保护法》[①]《文物保护法实施条例》[②]。与文创园区相关的是反映历史上各时代社会生产、社会生活的具有历史、艺术和科学价值的不可移动文物;对上海而言,含国家、市、区三级文物保护单位和文物保护点。上海的特色是大量近现代历史建筑和工业遗产[③],1933 老场坊、2577 大院等创意产业集聚区列在国家和市级文物保护单位清单之中。

二是上海独有的优秀历史建筑体系。1991 年 12 月,上海市政府发布《上

① 1982 年全国人大常务委员会令第十一号,1991 年、2007 年、2013 年、2015 年、2017 年五次修正,2002 年修订。

② 国务院令〔2003〕第 377 号,2013 年、2017 年两次修正,2016 年修订。

③ 张松:《上海文物保护立法的若干问题探析——以不可移动文物为中心》,《同济大学学报(社会科学版)》2012 年第 3 期,第 23—30 页。

海市优秀近代建筑保护管理办法》，保护范围是1840—1949年建造的“优秀近代建筑”，即在近代中国城市建设史或建筑史上有一定地位、具有建筑史料价值的建筑物和中国著名建筑师的代表作品，或在建筑类型、空间、形式上有特色，或具有较高建筑艺术价值的建筑物，或在我国建筑科学技术发展上有重要意义的建筑物、构筑物，或反映上海城市传统风貌、地方特色的标志性建筑物、构筑物和街区。优秀近代建筑根据其历史、艺术、科学的价值，分为全国重点文物保护单位、上海市文物保护单位、上海市建筑保护单位三个保护级别。名单前三批称为优秀近代建筑，第四批起统称优秀历史建筑。

2002年7月，上海市第十一届人大常委会第四十一次会议通过《上海市历史文化风貌区和优秀历史建筑保护条例》，由政府规章上升至地方性法规，年代范围延伸为建成30年以上，工业建筑首次列入保护范围，包括在我国产业发展史上具有代表性的作坊、商铺、厂房和仓库。优秀历史建筑应符合5种情况之一：建筑样式、施工工艺和工程技术具有建筑艺术特色和科学研究价值；反映上海地域建筑历史文化特点；著名建筑师的代表作品；在我国产业发展史上具有代表性的作坊、商铺、厂房和仓库；其他具有历史文化意义的优秀历史建筑。历史建筑集中成片，建筑样式、空间格局和街区景观较完整地体现上海某一历史时期地域文化特点的地区，可以确定为历史文化风貌区。另外优秀历史建筑被依法确定为文物的，其保护管理依照文物保护法律、法规的有关规定执行；规划管理部门负责本市历史文化风貌区和优秀历史建筑保护的规划管理，区、县规划管理部门按照本条例的有关规定，负责本辖区历史文化风貌区保护的规划管理；市房屋土地管理部门负责本市优秀历史建筑的保护管理。这界定了文物、规划、房屋土地管理部门之间的权责。

根据《上海市优秀历史建筑保护技术规定(修订本)》①，保护原则是根据建筑的历史、科学和艺术价值，按建筑立面、结构体系、平面布局和内部装饰仔细勘探，制定相应的保护等级、保护重点、保护措施、保护范围和建设控制范围等事项。在工业遗产保护与再利用模式中②③，文创型园区的开发保护特别适用于工业厂区型遗产，包括工业厂区整体、局部区块和单体工业设施。对仍未进

① 沪规土资风〔2013〕524号，批复件为沪府〔2013〕102号。

② 刘抚英：《工业遗产保护与再利用模式谱系研究——基于尺度层级结构视角》，《城市规划》2016年第9期，第84—96页。

③ 单体设施层级的功能转化模式和空间更新模式；工业厂区层级的工业博物馆园区模式，后工业景观公园模式，创意产业园区模式以及混合型园区模式；工业区(工矿城镇)层级的工业博物馆群落模式，城市工业遗产廊道模式；工业区域层级的区域性工业景观公园模式和工业遗产线路模式。

入公众视野、尚未引起保护部门关注的工业遗存，文创园区避免了不可逆的影响[①]，兼顾了现状封存、集约使用和保护意识。

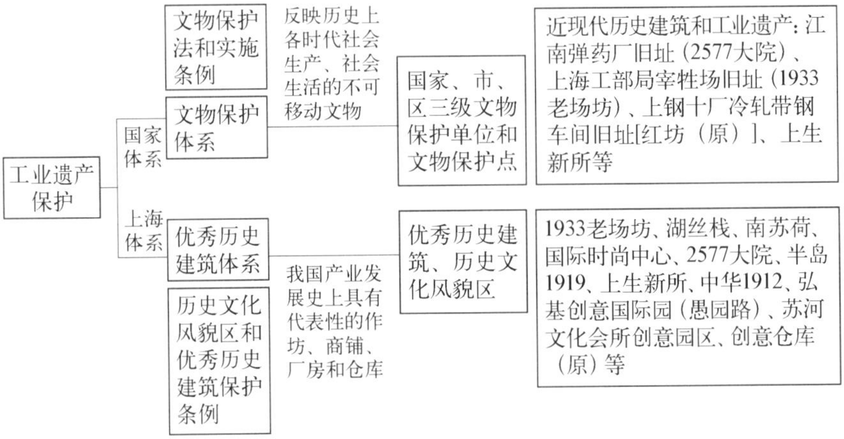

图 2.4 工业(文化)遗产保护相关政策体系

资料来源：笔者整理制作。

第八节 案例三：1933 老场坊的再发现[②]

对于文化遗产的更新来讲，无论形式是博物馆还是公共空间，抑或创意产业集聚区，都应该通过保护来体现其历史文化价值，通过开放体现其公共文化价值，通过利用体现其传承和使用价值。依托文化遗产的创意产业集聚区，如保护开发得当，其历史、科学和艺术价值可以充分体现于园区、入驻企业、周边社区形象。位于上海市虹口区沙泾路 29 号的 1933 老场坊的保护开发，就是工业文化遗产的价值重新发现的过程。

1933 老场坊原为上海工部局宰牲场。1933 年，由租界工部局出资，苏格兰建筑师安德鲁·巴尔弗(Andrew Balfour)[③]设计，并由当时上海三大建筑营

① 仲丹丹、徐苏斌、王琳，等：《划拨土地使用权制度影响下的工业遗产保护再利用——以北京、上海为例》，《建筑学报》2016 年第 3 期，第 24—28 页。

② 主要资料来自：两次实地调研；赵崇新：《1933 老场坊改造》，《建筑创作》2008 年第 3 期，第 50—57 页；佚名：《1933 老场坊调研报告》，[2020－05－31]，http://www.doc88.com/p-9601741015609.html。

③ 其现场官方介绍为巴尔弗斯(Balfours)，经英文资料查对，应为笔误巴尔弗(Balfour)。

造商之一的余洪记承建。建筑共分五层，建筑面积约为 3.17 万平方米；采用英国进口的混凝土结构，墙体厚约 50 厘米，两层墙壁中间采用中空形式，巧妙利用物理原理实现温度控制。在当时，全世界这样规模的宰牲场只有 3 个，分别位于中国、英国和印度[①]，如今只有 1933 老场坊保存完好。虽然数度易名，但牲畜屠宰和肉类加工的功能一直持续至 1970 年[②]；1970 年改为上海长城生化制药厂，该厂 2002 年完全停产。

2006 年 6 月，上海创意产业中心、上汽集团上海汽车资产经营有限公司、约翰·霍金斯机构联合组成上海创意产业投资有限公司，与锦江国际实业发展有限公司达成协议，向上海食品（集团）有限公司租赁地处虹口区沙泾路 10 号、29 号地块，投资约 7 000 万元施行保护性改造，建设创意产业集聚区“1933 老场坊”。2007 年 1 月，上海老场坊创意产业管理有限公司成立，全面负责 1933 老场坊项目的管理。1933 老场坊开始重现昔日光彩，其建筑可见古罗马巴西利卡式风格，外圆内方的基本结构暗合“天圆地方”的传统哲学，复杂流线、无梁楼盖、24 角主楼、伞形柱、廊桥、旋梯、牛道、光影等，结合建筑特殊的历史，呈现奇幻瑰丽的景象和意象。

表 2.7　　在 1933 老场坊取景的影视综艺作品

节　目	形式	年份	场　　景	明星效应
《大李小李和老李》	电影	1962	富民肉联厂	谢晋等
《功夫》	电影	2004	不正常人类研究中心	周星驰等
《极速天使》	电影	2011	婚礼现场	汤唯、张柏芝等
《听风者》	电影	2012	701 基地	梁朝伟、周迅等
《101 次求婚》	电影	2013	上海艺术中心	林志玲等
《辣妈正传》	剧集	2013	《QUEEN》改版发布会	孙俪等
《小时代》	电影	2013	时装秀	郭敬明、杨幂等
《奔跑吧，兄弟》	综艺	2016	第一季第七期	明星组

① 一说为美国。

② 1937—1950 年，沙泾路屠宰场、市立第一宰牲场、屠宰场（北场）；1951—1953 年，上海市国营宰牲场（北场）；1953—1958 年，中国食品出口公司上海宰牲厂、国营上海冻肉加工厂；1958—1969 年，国营上海冻肉加工厂、东风肉类加工厂、上海长生食品厂、上海肉类食品厂、上海市食品研究所、上海市食品综合机械厂等的驻地。

续 表

节　目	形式	年份	场　　景	明星效应
《极限挑战》	综艺	2016	第二季第十期	明星组
《麻雀》	剧集	2016	情报接收的地方	李易峰、周冬雨等
《夏至未至》	剧集	2017	《花朵燃烧的国度》签售会	陈学冬、郑爽等

资料来源：笔者整理。

建筑特色赋予了1933老场坊特殊的文化资本，使其从开始就具有4种基本功能：一是创意办公功能，吸引了高端家居、摄影等寻找相应文化身份的企业入驻；二是产品展示功能，1933老场坊的一些空间成为家居、葡萄酒、设计品、图书的展示空间，展览与空间相得益彰；三是秀场表演功能，国际顶级品牌企业看重1933老场坊的空间和建筑特色，比如在巴西利卡厅和空中舞台举办的宝马亚洲公开赛慈善晚宴、法拉利F1派对、雷达表50周年庆、《蓝莓之夜》亚洲首映派对、保时捷60周年纪念、NIKE摩天争霸篮球赛等活动，另外一些影视综艺作品将1933老场坊作为取景地，明星效应使其很快成为打卡地；四是旅游休闲功能，建筑内随处可见背着“长枪短炮”的摄友，1933老场坊成为社交媒体上的网红景点。作为创意产业集聚区的1933老场坊，其文化遗产价值在适度的商业开发过程中得到重新发现，该建筑2004年被公布为虹口区文物保护单位，2005成为上海第四批优秀历史建筑，2014年4月升格为上海市文物保护单位①，2019年10月成为第八批全国重点文物保护单位②。

空间本身成为文化产品，这一趋势主导了世纪之交全球城市的更新改造③。空间的不雅观景象会因之得以清理，咖啡馆、美食、文化遗产、剧院、画廊、现场营销活动等在自身兴起的同时，改变了整个空间景观；即使城市涂鸦和破旧设施，也会被美饰为渴望之地和必备元素④。只要人流汇集，以明星、文化、健康、环保、娱乐、美丽、仪式等为主题的各种静态展示或动态表演活动，都会在空间平台之上竞争人群注意力，空间的初始功能也因之变得模糊，最终体现为具备秀场、赛场、展厅、主题乐园、体验馆等特征的“在场”文化娱乐中心。

① 《上海市人民政府关于核定并公布上海市文物保护单位的通知》(沪府发〔2014〕29号)。

② 《国务院关于核定并公布第八批全国重点文物保护单位的通知》(国发〔2019〕22号)。

③ Miles S, Miles M, *Consuming cities*, New York: Palgrave Macmillan, 2004.

④ Eade J, Mele C, “Understanding the city”, in *Understanding the city*, Oxford-Malden: Blackwell, 2002: 3-23.

虽然文化批评者对这种趋同深为诟病，但全球空间更新的规模、数量、成本决定了一定程度的模式趋同和批量定制都不可避免。1933 老场坊的重新发现，包括了从区级到国家级文物保护单位的认定历程，包括了商业和文化氛围的成熟，包括了社会对其迷宫般建筑风格的了解过程，最终以办公、展示、秀场、休闲为主功能，依托创意产业集聚区实现的更新，可以认为是主流规划思想的成功。不得不承认的是，除了有力的商业策划之外，作为文化遗产的 1933 老场坊，建筑风格如此具有视觉冲击力，历史沿革如此迥异，保障了其在网络时代快速建立和传播的文化标识度和美誉度。

第九节　2005 年前后主要政策及要点列表

表 2.8　　2005 年前后主要政策及要点

时间	编　号	政　　策	要　　点
1982 年		《文物保护法》	反映历史上社会生产和社会生活的代表性实物
1991 年 12 月		《上海市优秀近代建筑保护管理办法》	保护建筑的年代为 1840—1949 年
1998 年 8 月		《上海市苏州河环境综合整治管理办法》	苏州河两岸产业结构性调整，大量的厂房仓库空置出来
2002 年 7 月	上海市第十一届人大常委会第四十一次会议通过	《上海市历史文化风貌区和优秀历史建筑保护条例》	年代范围延伸为建成 30 年以上，由政府规章上升至地方性法律，工业建筑首次列入保护范围
2003 年 4 月	上海市人民政府令第 4 号	《上海市黄浦江两岸开发建设管理办法》	两岸功能转换、产业结构调整
2003 年 7 月	国务院令第 377 号	《文物保护法实施条例》	不可移动文物，国家、市、区三级文物保护单位和文物保护点
2004 年		上海社会科学院创意产业研究中心成立	从田子坊开始，厉无畏组织对创意产业集聚区的系统研究
2005 年		时任国家和市领导密集调研上海创意产业集聚区	进入政府决策议程

续　表

时间	编　号	政　　策	要　　点
2005 年		上海创意产业中心成立,上海创意产业协会成立	行业统计、规则制定、社会网络构建
2005 年 11 月		《上海创意产业发展重点指南》	创意产业分为 5 个大类,38 个中类和 55 个小类,从 2004 年开始统计
2005—2006 年		上海市经委组织四批市级创意产业集聚区的认定工作	76 家集聚区获得授牌,成为土地性质模糊使用的一种护身符
2006 年		阮仪三城市遗产保护基金会	同济大学相关力量推动创意产业集聚区的开发模式及工业遗产保护
2006 年		《上海市创意产业发展"十一五"规划》	确立发展目标;"三个不变""五个变"的园区开发原则;空间分布呈现两带
2006 年		上海国际创意产业活动周开始	提升了社会对创意产业集聚区的认识和关注
2012 年 9 月	黄府规〔2012〕4 号	《黄浦区田子坊地区综合管理办法》	田子坊地区管理办公室具体负责综合性的日常管理和组织、协调工作
2012 年 9 月		《黄浦江两岸地区发展"十二五"规划》	文化创意成为关键词;挖掘景观优势和历史文化资源,重点发展文化创意等产业,形成两岸文化创意集聚带
2013 年 12 月	沪府〔2013〕102 号	《上海市优秀历史建筑保护技术规定》(修订本)	制定的保护等级、保护重点、保护措施、保护范围和建设控制范围等事项
2016 年 12 月	沪府发〔2016〕99 号	《黄浦江两岸地区发展"十三五"规划》	结合传统产业遗址遗存的改造和再利用,聚焦文化创意产业

第三章

现代服务业政策绿灯：创意产业集聚区和文化产业园区(2008 年前后)

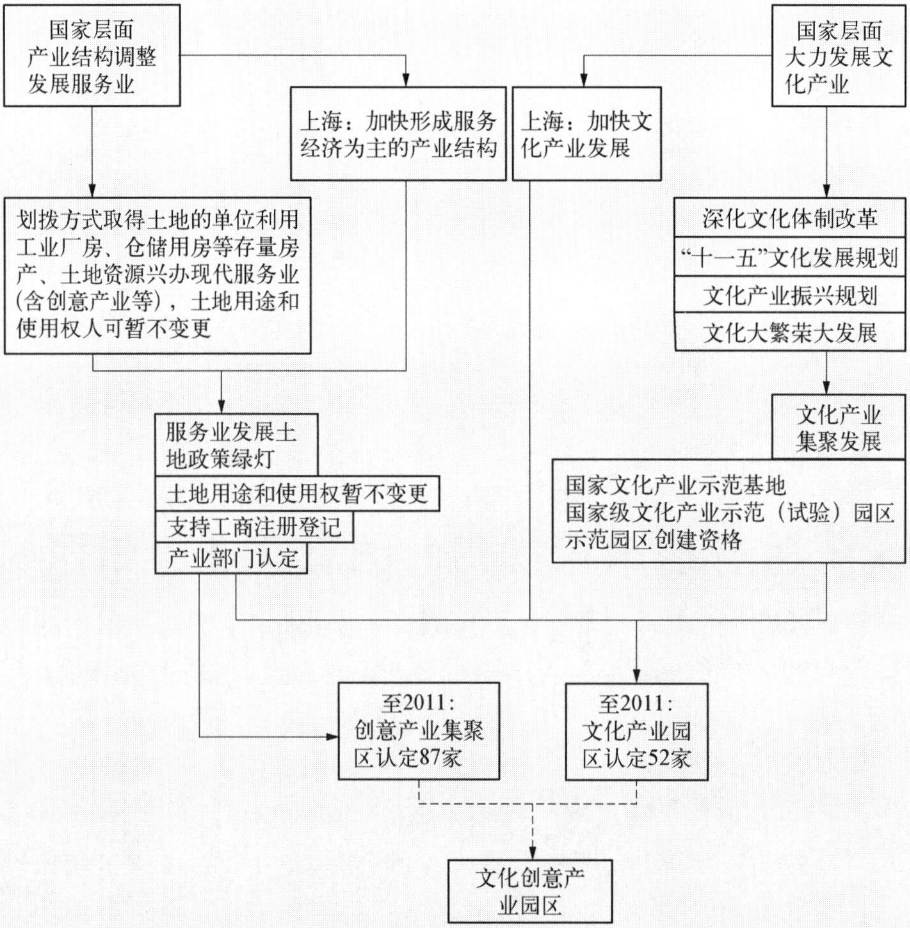

图 3.1　创意产业集聚区和文化产业园区(2008 年前后)

第一节 存量划拨用地发展服务业

在整个“十一五”期间，中国工业增加值由 2005 年的 7.72 万亿元增至 2010 年的 16.09 万亿元，名义增长 76.2%；同期，第三产业增加值由 7.49 万亿元增至 17.31 万亿元，名义增长 131%[①]。在上海等城市先行开始产业结构调整之后，发展服务业在这期间成为整个国家决策议程的重心之一。我国《国民经济和社会发展“十一五”规划纲要》[②]提出，加快服务业发展，提高服务业的比重和水平；拓展生产性服务业，细化深化专业化分工，降低社会交易成本，提高资源配置效率；丰富消费性服务业，适应居民消费结构升级趋势，满足多样化的服务需求；大城市要把发展服务业放在优先位置，有条件的要逐步形成服务经济为主的产业结构。这从总量、水平、行业、区域角度，阐释了在经济转型的关键时期，如何发挥服务业的重要作用。相应地，《上海市国民经济和社会发展第十一个五年规划纲要》提出加快形成服务经济为主的产业结构，继续坚持“三、二、一”产业发展方针，优先发展现代服务业和先进制造业，把提高自主创新能力作为产业结构优化升级的中心环节；在信息化应用方面，提出以金融、物流、文化等为重点，以现代服务业集聚区为突破口，以大型服务企业集团为载体，提升服务业的规模与能级。

2007 年 3 月《国务院关于加快发展服务业的若干意见》[③]要求大力优化服务业发展结构、科学调整服务业发展布局；发达地区特别是珠江三角洲、长江三角洲、环渤海地区要依托工业化进程较快、居民收入和消费水平较高的优势，大力发展现代服务业，促进服务业升级换代，提高服务业质量，推动经济增长主要由服务业增长带动；在政策扶持方面，要求调整城市用地结构，合理确定服务业用地的比例，对列入国家鼓励类的服务业在供地安排上给予倾斜。

---

① 相关数据来自《2018 年上海统计年鉴》表 4.1“上海市生产总值(1978—2017)”。

② 2006 年 3 月 14 日十届全国人大四次会议表决通过。

③ 国发〔2007〕7 号。

2008年3月与之配套的《国务院办公厅关于加快发展服务业若干政策措施的实施意见》(简称《实施意见》)[①]要求实行有利于服务业发展的土地管理政策。特别是涉及工业向服务业转型过程中城市土地问题,要求中心城市要逐步迁出或关闭市区污染大、占地多等不适应城市功能定位的工业企业,退出的土地优先用于发展服务业。实际上,上海2000年前后的都市工业园区的兴起就是出于类似的考虑。《实施意见》特别提出:积极支持以划拨方式取得土地的单位利用工业厂房、仓储用房、传统商业街等存量房产、土地资源兴办信息服务、研发设计、创意产业等现代服务业,土地用途和使用权人可暂不变更。在此之前,上海的创意产业集聚区使用划拨工业用地的主要依据是《上海市创意产业发展"十一五"规划》中的"三个不变"原则,以及市级创意产业集聚区的认定。很显然这一层面的政策稳定性和效力都值得商榷。国办发〔2008〕11号文无疑是划拨工业用地使用的国家政策绿灯,给予了创意产业集聚区国家层面的背书。虽然其中一些具体措辞仍有争议,比如"取得土地的单位"的主体问题、"暂不变更"的时效问题,但不妨碍这成为之后政策对划拨用地使用权的一贯话语。

上海的两份土地和产业政策文件,明确为上海创意产业集聚区的土地难题开了地方性制度绿灯。

一是2008年8月发布的《关于促进土地节约集约利用、加快经济发展方式转变的若干意见》[②],其回应了2008年1月发布的《国务院关于促进节约集约用地的通知》[③],即鼓励工业项目用地节约集约利用,在符合规划、不改变用途和其他土地使用条件的情况下,对工业用地提高容积率的,经规划部门同意后,由原出让人与受让人直接签订补充合同,不再增收土地价款。同时,针对当时城市着力吸引的总部经济和研发中心,在生产性服务业功能区内并符合相关规划的前提下,对经过产业部门认定的企业总部和研发中心项目的建设用地,可以通过工业用地"招、拍、挂"方式进行出让。该意见回应了国办发〔2008〕11号文,即充分利用存量房产和土地,对现代服务业聚集区、创意产业园区内的工业项目,鼓励"腾笼换鸟",经过产业部门认定后,在不改变使用权人、土地用途条件下,支持原用地者利用存量国有建设用地兴办信息服务、研发设计、创意产业等现代服务业。与国办发〔2008〕11号文相比,上海本地政策

① 国办发〔2008〕11号。
② 沪府办发〔2008〕37号,市房地资源局。
③ 国发〔2008〕3号。

并未强调“以划拨方式取得土地”，而是将范围放宽为“存量国有建设用地”，且强调经产业部门认定，这使得之后的市级和区级园区认定有了“合法性认证”的意义。

二是同月发布的《关于推进经济发展方式转变和产业结构调整的若干政策意见》[①]，鼓励中心城区重点发展现代服务业，继续推进创意产业园区建设发展；允许零星工业点、零星旧里在符合规划的前提下，大力发展生产性服务业，积极培育配套的社会服务。相关的产业支持包括鼓励动漫产业发展，即经认定的动漫企业自主开发、生产动漫产品，可申请享受国家鼓励软件产业发展的有关增值税优惠政策；动漫企业自主开发、生产动漫产品，涉及营业税应税劳务的，暂减按 3％的税率征收营业税。

第二节　创意产业集聚区的规模扩张

一、三种集团化模式

在这一系列政策绿灯眷顾之下，前期稍显沉寂的创意产业集聚区重获第二轮发展动力，并进行了行业洗牌，四股主要力量开始显现：一是德必、锦和、弘基等专业化的经营集团，以创意产业集聚区的运营为公司主业，其基本模式是在熟悉行业特定运行规律之后，开始系统介入老厂房改造，进行模式复制和规模扩张，通过集团规模实现资源共享和平台公用，进而在服务水平和成本控制上获得竞争优势。二是纺织控股、上海汽车、上海电气、百联集团等市国资委所属企业集团，其本身拥有上海市区大量废旧厂房和仓库的划拨使用权，由于划拨用地无使用期限限制，所以其对创意产业集聚区的运营没有租赁合同的时效约束，在改造投资上相对从容，介入园区的模式是独立经营或合作经营。三是静工集团等区国资代表企业，其模式是利用区国资所掌握的闲置划拨使用权工业用地，将其改造为创意产业集聚区，此类改造比较能够体现区政府的发展思路，因而得到政府最为有力的支持。四是介入原因复杂的大量单体运营的创意产业集聚区，包括国企使用权人不成规模的划拨土地、研究所的划拨科研用地、私营企业的改造厂房等。在笔者团队的反复调研中，发现除了

① 沪府办发〔2008〕38 号，市财政局等。

一些具有先发优势、建筑富有特色，抑或在特定的细分市场具有成熟的商业网络的园区之外，这类创意产业集聚区一般运营相对困难。

此时享有产业政策和土地政策双重支持的创意产业集聚区，自身也在尝试一些政策性突破。由于前期政策出台比较密集，以致创意产业集聚区数量剧增，导致决策中和社会上的质疑越来越多：文创园区刚刚出现的时候给人眼前一亮的景观创新体验，但是几年过后，那种园区摆上雕塑、工作室挂上（后）现代主义作品、多数企业仍然是一般服务业业态的模式让人质疑“创意”内涵；旧厂房改造而成的创意产业集聚区，无论从经济量级还是从经济能级上来讲，都不足以像产业园和科技园一样得到持续的决策重视。总而言之，自下而上、因地制宜的初期模式需要更加完善的管理和服务体系，行业也需要更大的集群和产业带。

二、江南智造系模式

一些先发的城区开始尝试在更大体量的集群之上做文章，除了上述的集团化之外，通常的模式是原有园区的扩张和多个园区之间的联合，区级政府在其中发挥了关键作用。比如，2008 年外码头创意产业集聚区更名为“上海滩创意产业集聚区”，并将“老码头”“幸福码头”项目一起纳入；卢湾区经委 2008 年划定了南起泰康路、北至建国中路、东临思南路、西迄瑞金二路的范围，将田子坊作为创意社区试点。还有一个比较特殊的案例是园区联盟模式的江南智造。

2009 年 9 月开始建设的一区多园集聚区江南智造，是园中园和集群化集聚区的一次政策和实践尝试。2008 年笔者参与卢湾区现代服务业促进办公室课题“卢湾区创意经济发展研究”时，卢湾区就在酝酿江南智造的设立。“江南织造”“江南制造”“江南智造”三个谐音的词汇勾勒了工业发展的历史沿革，这一无形历史资产的再用，可以帮助区域内的园区获得辨识度。江南智造文化创意产业聚集区位于黄浦区的核心地带，以局门路为轴线，东起制造局路、西至蒙自路、南起中山南一路、北至丽园路，区域占地面积约 0.5 平方千米。江南智造内的园区包括 8 号桥二期、三期、四期，智造局一期、二期，宏慧·盟智园，龙之苑，SOHO 丽园，宏欣科技园，经纬天地园，红双喜等 11 个园区，老厂房建筑面积达 18 万平方米。

建设江南智造集聚区的意义是多方面的。一是对政府来说，由于在多样化的园区和统一的管理部门之间架设了一种基于双方共识的品牌资产，江南智造给予了政府园区管理标准的探索和优化平台，利用这一平台，可以从园区的管理逻辑过渡到集聚区的管理模式。二是对园区来说，在之前的园区品牌之外，园区又拥有了一块公共品牌，这相当于通过将江南"织造""制造""智造"的历史符号资产激活并为园区所用，也相当于政府为园区的发展提供了可以适时使用的"第二身份"，更多的活动、共享、联盟、合作可以在这种共同第二身份的利益平台上展开。同样道理，企业也拥有了企业、园区之外的第三身份。三是对社区和城规而言，江南智造从认知体系和管理体系上，将该区域分散的老厂房连接成为一个具有新型产业和时尚生活意义的互动社区，通过充分发挥江南智造的溢出效应，园区以更优质的文化符号和地标价值向街区和社区溢出。2014年9月，江南智造开始挂牌开展产业集群区域品牌建设试点[①]；围绕区域品牌策划设计、建立品牌评价分析制度、发挥行业组织作用、引导企业培育品牌、夯实品牌发展基础、加强信誉和风险管理以及打造营销和宣传平台7个方面进行相关工作。在2019年2月公示的2019—2020年度上海市级文化创意产业园区名单中，江南智造龙之苑、江南智造上海8号桥文化创意产业园(二期)、江南智造上海8号桥文化创意产业园(三期)、江南智造SOHO丽园文化产业园、江南智造越界智造局二期、江南智造越界智造局一期、江南智造红双喜研发中心、江南智造上海8号桥文化创意产业园区(四期)、江南智造宏慧盟智园九家园区在列，形成市级园区群体中的"江南智造系"。

第三节　案例四：专业园区品牌德必[②]

专业化创意产业集聚区集团的一个典型案例是德必。在考虑是否写德必案例的时候，笔者曾十分犹豫，其原因是德必在对外推广中严格遵循一套统一

---

① 工信部科函〔2014〕438号，《工业和信息化部关于同意北京经济技术开发区管理委员会等22家单位开展产业集群区域品牌建设试点工作的通知》；实施单位：上海江南智造创意产业促进中心，主导产业：文化创意产业。

② 主要信息来自《上海德必文化创意产业发展(集团)股份有限公司创业板首次公开发行股票招股说明书(申报稿2020年1月20日报送)》，中国证券监督管理委员会官方网站，索引号：40000895X/2020-00590，发文日期2020年2月7日；笔者2014年和2018年的两次实地调研；上海德必文化创意产业发展(集团)股份有限公司官方网站 http://www.dobechina.com/。

的措辞，比如七大产业链增值服务等，意大利和美国分支的“出海”实践，使人无从了解其园区的实际运营情况。2019 年其同行锦和商业获准登陆上海证券交易所市场主板之后，德必也在 2020 年 1 月报送了招股说明书（申报稿），其主要经营情况得以公开。

德必集团是伴随上海文化创意产业园区发展而成长起来的专业化园区开发和运营集团。2006 年，德必第一个创意产业集聚区徐汇创意阁在上海建成招商。截至 2019 年 9 月 30 日，德必在上海、北京、南京、苏州、杭州、长沙、成都等城市，以及在美国硅谷和意大利佛罗伦萨共承租运营园区 40 个。在租金来源方面，2018 年德必租金收入排名前 5 位的客户依次为上海长宁德必易园的美团点评系（3 421.05 万元，占比 4.43%）、杭州东溪德必易园的锦江饭店系（1 395.84 万元，占比 1.81%）、杭州东溪德必和上海柏航德必德魔方系（1 106.55 万元，1.43%）、上海德必静安 WE″的洋槐商务信息咨询（上海）有限公司（956.22 万元，1.24%）和上海德必外滩 WE″的上海乐耀创业投资管理有限公司（761.28 万元，0.99%）。在主营业务收入地理分布方面，上海德必在 2016—2019 年（前三季度）从 4.76 亿元上升至 5.07 亿元，所占比重从 94.24%下降至 75.70%；北京、杭州、成都德必所占比例分别上升至 12.83%、6.53%、2.96%。

表 3.1　　德必 2016—2019 年的财务和税收情况　　单位：万元

项目＼时间	2019 年 1 月—9 月	2018 年	2017 年	2016 年
营业收入	67 026.23	77 156.05	60 597.32	50 510.28
营业利润	10 628.22	8 525.13	4 648.79	7 215.95
利润总额	10 230.05	8 287.05	4 620.34	7 692.58
净利润	7 439.18	5 516.46	2 185.84	5 373.50
支付的各项税费	5 377.62	7 030.86	7 601.05	7 535.67
其中：所得税	3 032.04	3 934.25	3 386.65	4 122.96
增值税	2 310.67	3 065.93	3 181.37	1 748.17
营业税				765.18

资料来源：根据招股说明书中的合并利润表、合并现金流量表、各期主要税种的应交税金变动情况表整理汇总而成。

笔者曾经在 2014 年和 2018 年两次调研德必易园，主要印象是该企业重视服务品牌化和行业内美誉度，具有清晰的政府推广和市场营销策略，在业内有较高的企业形象辨识度。

第一个标识度是其在行业内较早以集团化推行品牌化和品牌细分。对于一般性产业而言，空间集群呈现数量、质量、研发和品牌的三阶段特征①。创意产业集聚区作为一种产业集群特例，更受文创产业性质、历史治理关系、空间文化氛围、有形边界约束等因素影响，品牌化导向更强。品牌化对经营者来讲具有明确的现实意义：一是品牌化能够有效吸引企业入驻，通过租金提升创造经济价值。二是园区品牌和特定地块之间具有高关联度，如果经营者是“二房东”的话，就会面临两难问题：不投资品牌建设就难以实现平均收益，如投资品牌建设，一旦与划拨使用权人之间的租约到期，会面临使用权人自行经营或不再续约的风险，至少在续约时会因先期投入的历史成本而处于不利的谈判地位。因此，将品牌以集团经营的形式虚拟化、自我定位为专业化园区开发和运营者成为一种理性的战略选择。德必集团在“承租运营”和“受托运营”中，有效实施了这一专业化品牌战略，并依据物业风格和细分产业特性，对园区进行了进一步品牌划分：易园定位于中小微企业集群；WE 服务头部企业；运动 LOFT 强调活力特性，经典对应工业遗产。2019 年 7 月，德必被命名为上海市品牌培育示范企业②。

表 3.2　　德必在上海主要项目的开发运营情况

项　目	位置	可租面积（万 m^2）	营业收入（万元）	毛利润（万元）	投入运营年份	租期（月）	所有权人
长宁德必易园	长宁	2.0	4 580.76	2 397.60	2010	180	上海航天局第八〇九研究所
徐汇德必易园	徐汇	1.9	2 927.43	1 245.56	2012	120	上海工艺编织厂
大宁德必易园	静安	3.1	4 996.28	2 472.89	2012	123	上海市电气(集团)总公司
天杉德必易园	长宁	0.8	1 715.75	359.56	2013	124	珀丽置业(上海)有限公司
沪西德必易园	普陀	1.4	1 760.67	737.67	2013	186	中国电子器材华东有限公司

① 阮建青、石琦、张晓波：《产业集群动态演化规律与地方政府政策》，《管理世界》2014 年第 12 期，第 79—91 页。

②《上海市经济和信息化委员会关于公布 2018 年上海市品牌培育示范企业名单的通知》。

续 表

项 目	位置	可租面积（万 m^2）	营业收入（万元）	毛利润（万元）	投入运营年份	租期（月）	所有权人
漕河泾德必易园	徐汇	1.0	1 664.33	764.77	2013	120	上海新徐汇（集团）有限公司
昭化德必易园	长宁	1.2	2 327.62	824.56	2014	216	上海广播器材厂
虹桥德必易园	闵行	2.5	3 623.35	1 390.16	2014	237	上海虹霞实业公司
龙漕德必易园	徐汇	0.1	342.38	129.87	2014	120	中国石油化工集团有限公司
柏航德必易园	虹口	1.8	2 204.31	617.35	2015	216	上海新光电讯厂
甘泉德必易园	普陀	0.9	1 105.21	560.35	2015	184	上海西部企业（集团）有限公司
七宝德必易园	闵行	2.6	3 774.49	2 023.56	2016	180	上海丽婴房婴童用品有限公司
金汇德必易园	闵行	0.6			2017	238	上海先锋实业有限公司
格林德必易园	普陀	0.2			2017	109.5	上海华谊（集团）公司
嘉加德必易园	嘉定	3.2				108	上海嘉加（集团）有限公司
德必老洋行 1913	虹口	0.7	1 335.92	489.40	2012	152	上海牛羊肉公司
德必愚园 1890	长宁	0.2	489.57	285.10	2013	223	上海医药（集团）有限公司
德必东湖 WE″	徐汇	0.5			2014	120	上海新徐汇（集团）有限公司
德必衡山 WE″	徐汇	0.1	316.29	79.91	2015	120	上海新路达商业（集团）有限公司
德必外滩 WE″	黄浦	1.4	4 102.37	1 550.98	2015	120	上海王宝和大酒店有限公司
德必静安 WE″	静安	1.0	3 029.26	1 465.71	2016	250	国泰君安投资管理股份有限公司

续 表

项 目	位置	可租面积(万 m^2)	营业收入(万元)	毛利润(万元)	投入运营年份	租期(月)	所有权人
德必梅园 WE″	浦东	0.6			2017	171.5	国家林业局机关服务中心
德必外滩 8 号 WE″	黄浦	0.6			2018	113	上海市市政工程建设处
德必虹桥绿谷 WE″	闵行	1.7			2018	144	上海新湖房地产开发有限公司
虹口德必运动 LOFT	虹口	3.5	6 711.56	3 784.59	2009	204	上海电气(集团)总公司
虹口德必运动 LOFT—Y 街区	虹口	0.7	1 062.82	437.58	2015	244	上海飞跃特摩齿轮有限公司
虹口德必运动 LOFT—柳营路	虹口	1.3	2 105.16	984.65	2016	165.5	上海扑克牌厂
芳华德必运动 LOFT	浦东	1.6			2017	156	上海伊路胜投资管理咨询有限公司
德必法华 525	长宁	0.7	1 641.06	932.10	2009	120	长宁区工业投资发展有限公司
德必虹桥 525	闵行	0.7	1 187.87	554.02	2011	209	上海上虹实业公司
德必七星创业园	闵行	1.0			2016	44	上海仪华服饰有限公司

资料来源：根据招股说明书中的项目信息整理汇总而成。

第二个标识度是德必清楚而明确地梳理出 7 项“产业链”增值服务，作为服务型创意园区的业务根基：一是基础人才服务，比如与外服合作、园区运动会等团建活动；二是投融资服务，比如引进风险投资商、帮助企业短期融资、租金换股权等扶持服务；三是基础法律和政策服务，比如与知名律师事务所合作，帮助中小文创企业合规经营，提供知识产权保护；四是企业管理咨询服务，比如定制中小文创企业课程；五是财务顾问服务，比如聘请专业财务咨询公司，帮助中小企业财务管理规范化；六是品牌推广服务，比如为有潜力的园区企业提供整合品牌推广服务；七是产业资源配置与高层交流，比如搭建文化创意企业商务交流沟通的信息平台，服务产业上下游的沟通、交流和合作。笔者对此有两点考虑：第一，实际上锦和、弘基等专业化创意产业集聚区开发和运营公司也都提供类似的服务，此类服务的需求和效果也有一定争议，但德必的提炼总结和推广宣传让其“产业链”服务更具有认知度，如 2011 年 11 月 6 日《解放日报》的头版报道德必“不当二房东，做综合服务商”；第二，笔者在 2014 年调研时曾问及，7 项增值服务中哪一项实施起来难度最大。接待的负责人说，产业服务难度最大，专业化的产业服务建立在专业化的企业集聚基础之上，否则规模很难支撑统筹布局和平台经济。

第三个标识度是其文化视觉标志。“易园”的得名，取自《易经》，意为简易、交易。德必易园的设计常常运用“易”的理念，比如几乎每个园区都有硬朗青砖和成片竹林，都有空中鱼缸高高悬起，饲养红黑两种颜色的鲤鱼，取自太极图中的“阴阳鱼”：黑鱼为阴，代表文化的积淀与传承；红鱼为阳，代表激情与创新。这种软性的园区文化一方面成为德必的形象标志，另一方面也符合入驻企业文化和形象外包的需求。

第四个标识度是其活跃的政策、社会和行业参与度。德必的官方网站和企业展示现场，对各种新闻报道和所获奖项有系统和完整的整理，内容涵盖了各级领导的视察调研、外地单位的考察学习、与优质企业的合作签约，以及行业授牌和荣誉证书。德必招股说明书中罗列了公司和园区获得的共 45 项荣誉。德必集团旗下 7 家园区上榜 2019—2020 年度上海市文化创意产业园区、示范楼宇、示范空间名单，包括长宁德必易园（市级示范园区）、德必法华 525、大宁德必易园、徐汇德必易园、昭化德必易园、德必外滩 WE″、虹桥德必易园，形成了上海文化创意产业园区的“德必系”。2018 年 10 月，德必名列上海第一财经传媒有限公司主办的第二届“上海文化企业十强”[①]。企业也获得了政府和政策的大力扶持和补贴，2016—2019 年第三季度，德必共获得各项政府资助超过 3 000 万元。

① 中共上海市委宣传部、上海市文广影视局、上海市新闻出版局指导；两届均上榜的企业包括：上海新文化传媒集团股份有限公司、上海灿星文化传播有限公司、三七互娱（上海）科技有限公司、上海新华发行集团有限公司；首届（2016 年 6 月）还包括上海游族信息技术有限公司、上海恺英网络科技有限公司、上海东方艺术中心管理有限公司、上海锦辉艺术传播股份有限公司、上海锦和商业经营管理股份有限公司、上海张江文化控股有限公司；第二届还包括上海阅文信息技术有限公司、上海文广演艺（集团）有限公司、上海巨人网络科技有限公司、上海朵云轩艺术发展有限公司、华东师范大学出版社有限公司。

表 3.3　德必 2016—2019 年获保的政府扶持、补贴和奖励　单位：万元

项目＼时间	2019年1月9日	2018年	2017年	2016年
财政扶持资金	715.97	596.79	772	327.5
2013年上海市促进文化创意产业发展财政扶持资金				200
科学技术委员会扶持基金	5			
财政局绩效奖励	132	105	3	
Wehome-面向文化创意产业园的智慧园区服务平台	78			
上海国际文化创意产业设计产业与新兴产业融合平台(一期)	12.48	29.58	14.45	8.57
个税手续费返还	16.21	41.54	7.28	0.43
优秀企业奖励金	11			
创意产业发展项目设备购置补助	1.5	2	2	0.5
增值税加计抵减	18.18			
国际社群节活动补助		30		
其他	14.12	8.22	2.06	4.07
合计	1 004.46	813.13	800.79	541.07

资料来源：笔者根据招股说明书中的其他收益和营业外收入汇总而得。

第四节　创意产业集聚区扩张中的规范

在创意产业集聚区快速发展的过程中，为了纠正和避免以“创意产业”“现代服务业”之名滥用产业政策、土地政策和规划政策的乱象，各部门也加大了规范力度，保障土地规范使用和集聚区健康发展。2008 年 6 月，上海市经委印发了《上海市创意产业集聚区认定管理办法(试行)》①，将创意产业集聚区定义为依托本市先进制造业、现代服务业发展基础和城市功能定位，利用工业等历

① 沪经规〔2008〕375 号。

史建筑为主要改造和开发载体，以原创设计为核心，相关产业链为聚合，所形成的以研发设计创意、建筑设计创意、文化传媒创意、咨询策划创意、时尚消费创意等为发展重点并经市政府有关部门认定的创意产业园区。该管理办法还明确了集聚区的建设和认定原则，比如：园区完成建设改造、出租率达到70%以上；主导产业门类的企业应占园区全部企业总数的70%以上；建筑面积在1万平方米以上；配套服务设施面积不超过总建筑面积的20%；建筑外形应与城市建筑形态、周边环境相和谐。另外从2008年开始，上海市经委对已授牌的市级创意产业集聚区进行复审，截至当年年底，共有69家通过复审，另对未达标者限期整改。

这些约束条件在某种程度上代表了一种政策上的共识，即如要合情合理享受创意产业集聚区的认定和特殊土地政策，则物业类型和产业业态应该符合一定的标准。而实际情况并不是非黑即白，特色物业和某些业态可能通过市场形成了某种高度契合，而这与创意产业集聚区的一些标准是有出入的。除了田子坊之外，另一个案例是地处南外滩的老码头，该园区因拥有系列化的遗产物业和特色明显的沿江景观，很快成为市民休闲和消费的场所。从实际情况来看，对于真正具有文化遗产价值的建筑，区级政府和主管部门还是对其开发运营采取了比较灵活的态度，认可其作为特殊创意产业集聚区的模糊定位。

2008年10月，上海市城市规划管理局发布《关于促进节约集约利用工业用地、加快发展现代服务业的若干意见》[1]，在沪办发〔2008〕37号等政策的原则下，重申积极支持原以划拨方式取得土地的单位利用工业厂房、仓储用房等存量房产与土地，依据国家产业结构调整的有关规定，在符合城市规划和产业导向、暂不变更土地用途和使用权人的前提下，兴办信息服务、研发设计、创意产业等现代服务业。该意见特别对改建、扩建、重建进行了明确规定：利用保留的原有工业厂房、仓储用房改建、扩建现代服务业项目的，应严格控制转型的产业结构性质对周边环境的影响，不得侵害或妨碍相邻关系人的物权等合法权益，同时应保证原有厂房建筑结构的安全；对利用原有厂房等改建、扩建为研发、中试、创意产业等综合内容为主的服务业项目，可根据实际情况，综合考虑功能、使用等要求，结合具体方案设计，参照一般办公建筑的标准进行控制；如需拆除，则应严格按规划管理规定，作为新建工程控制。

针对由创意产业集聚区产生的诸多矛盾和纠纷，2009年6月《关于进一步

---

① 沪规法〔2008〕866号；2015年4月废止。

规范上海创意产业集聚区内商铺建设、经营活动，妥善解决相关民事纠纷的会议纪要》[①]，明确了 6 个规范性问题：

第一，依据问题：创意产业集聚区的认定应严格按照沪经规〔2008〕375 号文执行；其建设应符合法律、法规及国务院相关文件精神，并按沪府办发〔2008〕37 号文及沪规法〔2008〕866 号文的规定执行。

第二，认定问题：凡在沪经规〔2008〕375 号文实施之日(即 2008 年 6 月 17 日)前已经认定的创意产业集聚区，应引导其按照沪规法〔2008〕866 号文的规定进行建设，否则限期整改直至取消认定；2008 年 6 月 17 日以后一律不予认定不符合沪规法〔2008〕866 号文建设要求的申请。

第三，改建、扩建、重建问题：2008 年 6 月 17 日以后，利用原有工业厂房、仓储用房等改建、扩建兴办创意产业的，应严格控制转型产业对周边环境的影响，不得侵害或妨碍相邻关系人的合法权益，同时应保证原有建筑结构的安全；改建、扩建或拆除重建，应严格按照规划、土地、建设、房管等法律法规的规定，办理相应的行政许可及审批等手续。

第四，公有居住用房问题：2008 年 6 月 17 日之后，原则上不得再利用居住类存量房屋新设创意产业集聚区；2008 年 6 月 17 日之前，已认定的创意产业集聚区利用公有居住用房改作创意产业经营用途的，视作公有非居住房屋转租，在征得相邻关系人同意后，补办出租人书面同意手续，出租人应当与承租人就转租收益(市政府规定租金标准的 2—9 倍)的标准签订书面协议。

第五，工商管理问题：工商行政管理部门应加强对注册在创意产业集聚区内企业的管理；依法支持创意产业集聚区内经营者注册登记，在工商登记注册时，对确有合理理由无法提交产权证的房屋，允许提交建设工程竣工验收备案证书、《公有非居住房屋租赁合同》、商业网点办公室批准文件等作为经营场所的证明文件。

第六，支持“暂不变更”的问题：以创意产业集聚区内原工业厂房等作为商铺出租的，当事人以土地用途、使用权人未作变更为由主张合同无效的，人民法院一般不予支持；2008 年 6 月 17 日之前已经设立的创意产业集聚区，以未经合法批准改建、扩建、重建房屋出租的，若当事人在一审法庭辩论终结前依法补办了规划、土地、建设、房地等手续的，可认定租赁合同有效。

---

① 沪高法〔2009〕172 号，上海市高级人民法院、中共上海市社会工作委员会、上海市经济和信息化委员会、上海市城乡建设和交通委员会、上海市人民政府法制办公室、上海市规划和国土资源管理局、上海市住房保障和房屋管理局、上海市工商行政管理局。

2010 年 5 月，上海创意城市工作推进会议召开，发布《关于进一步促进上海市创意产业集聚区建设的意见》(市经信委)，坚持先立项、再认定的顺序，从产业发展规划、产业特色和定位、管理机制等方面把关，待符合条件后再进行挂牌，并重点推进“管理规范、特色鲜明、产业集聚、功能突出、贡献显著、品牌知名”的示范性创意产业集聚区建设。会上授牌的上海首批 15 家示范创意产业集聚区包括：上海张江文化科技创意产业基地、尚街 LOFT、8 号桥、2577 创意大院、时尚园、红坊、M50、天地软件园、800 秀、创意仓库、1933 老场坊、花园坊、环同济设计创意产业集聚区、动漫衍生产业园、智慧金沙 3131。中国浦东干部学院、同济大学、东华大学、上海交通大学和上海亚太地区经济和信息化人才培训中心被授牌为首批上海创意产业人才培训基地。

第五节　文化产业政策与园区

一、文化产业理论概述

完整的文化产业理论论述涉及的文献浩如烟海，但单纯使用文化产业措辞的，脉络则相对简单，可以简化为三个主要时点(段)。

最早从理论上论述文化产业(Culture Industry 单数)的是法兰克福学派的麦克斯・霍克海默(Max Horkheimer)和西奥多・阿多诺(Theodor Adorno)[①]，面对电影、杂志、广播等现代大众文化泛滥，他们将其批判为工业化产出、大众传媒送达的标准产品，由此带来的廉价快乐使人们变得易于驯服和易于满足，随着时间的推移，文化产业教化出只有大众文化产品才能予以满足的虚假心理需求。文化产业的产生对更具技术含量和更需要智力理解的纯艺术构成了严重威胁。

霍克海默和阿多诺的论述在接下来的 40 年间一直是相关领域的争论热点，对其回应主要来自文化研究领域，针对的一个重要方面是文化产业“廉价快乐的教化和驯服”的后果。比如英国伯明翰学派的雷蒙德・威廉斯(Raymond Williams)将文化产业视为与主流不同的、体现工人阶级符号特征

① Horkheimer M, Adorno T W, “The culture industry: Enlightenment as mass deception”, in *Media and cultural studies: keyworks*, Blackwell, 2006: 41 - 72.

的文化，而非只是大众被动的标准品消费[①]。

20世纪80年代前后，法国信息和通讯科学研究者Bernard Miège通过三分法再造了文化产业的概念（Cultural Industries复数）：第一类是承载文化内容的实物以商品形式售予消费者，如书籍、音像制品等；第二类是通过电视和广播，将内容以免费形式提供给消费者，收入来源主要是商业广告和公共资助，报纸和杂志是第一类和第二类的混合；第三类是与公开表演相关的音乐、戏剧和电影，以门票为主要收入[②③]。近年来对文化产业倾向于与创意产业归并[④⑤]，更倾向于回归电影电视、音乐舞蹈、视觉艺术等细分行业本身。

在政策研究方面，值得说明的是，虽然文化产业所涵盖的领域非常重要，但文化产业并非全球范围内广泛使用的产业研究和政策制定“语汇”。在实际的国别政策实践中，一般倾向于就具体的行业制定行业政策，比如电影行业、电视行业、出版行业、音乐行业、表演行业、游戏行业、设计行业等；在有些情况下出于实际需要，可能会对细分行业进行不同的“排列组合”，使用繁复且彼此交错的政策措辞[⑥]，比如文化/创意产业、视听产业、旅游/休闲产业、传媒/娱乐产业、信息产业、（网络）内容产业、版权产业等。将相关的细分行业“打包”进“文化产业”政策，一个重要的原因是联合国教科文组织（UNESCO）和关税和世界贸易组织（WTO）[⑦]在以文化推动经济发展和贸易谈判时集中统计的需要。

二、中国文化产业政策的起步与发展

纵观从党的十五大到十七大期间中国文化产业政策的演进，可以清楚看到文化产业从起步到定位为支柱性产业的历程。1997年9月，中共十五大报告提出[⑧]：深化文化体制改革，落实和完善文化经济政策；一手抓繁荣，一手抓

---

① Williams R, *Culture and society*, London: Chatto and Windus, 1958.

② Miège B, Garnham N, “The cultural commodity”, *Media, culture & society*, 1979, 1(3): 297 - 311.

③ Miège B, “The logics at work in the new cultural industries”, *Media, Culture & Society*, 1987, 9(3): 273 - 289.

④ 理查德·E. 凯夫斯：《创意产业经济学》，新华出版社2004年版。

⑤ O'Connor J, “The cultural and creative industries: a literature review”, [2020-07-02], https://eprints.qut.edu.au/43835/1/Literature_review_second_edition.pdf.

⑥ 大卫·赫斯蒙德夫：《文化产业》，中国人民大学出版社2007年版。

⑦ 包括其前身贸易总协定（GATT），世界贸易组织1995年1月1日在其基础上成立。

⑧《高举邓小平理论伟大旗帜，把建设有中国特色社会主义事业全面推向二十一世纪——在中国共产党第十五次全国代表大会上的报告（1997年9月12日）》。

管理，促进文化市场健康发展。1998 年 8 月，文化部文化产业司成立，政府中有了专门的文化产业促进和管理机构。2002 年 3 月通过的我国《国民经济和社会发展第十个五年计划纲要》[①]提出完善文化产业政策，加强文化市场建设和管理，推动有关文化产业发展。

2002 年 11 月，中共十六大报告提出[②]：积极发展文化事业和文化产业；发展各类文化事业和文化产业都要贯彻发展先进文化的要求，始终把社会效益放在首位；发展文化产业是市场经济条件下繁荣社会主义文化、满足人民群众精神文化需求的重要途径；完善文化产业政策，支持文化产业发展，增强我国文化产业的整体实力和竞争力。2003 年 9 月《文化部关于支持和促进文化产业发展的若干意见》[③]，将文化产业定义为从事文化产品生产和提供文化服务的经营性行业，提出文化产业是加快服务业发展、促进我国经济结构调整和产业结构升级的重要步骤，要求培养一批文化产业发展示范基地。

2004 年 5 月，国家统计局在《国民经济行业分类》(GB/T4754—2002)基础上，发布第一版《文化及相关产业分类》[④]，其中文化产业包含 9 个大类、24 中类和 80 小类，9 个大类分别为新闻服务，出版发行和版权服务(书、报、刊，音像及电子出版物)，广播、电视、电影服务，文化艺术服务，网络文化服务，文化休闲娱乐服务(旅游文化服务、娱乐文化服务等)，其他文化服务(商务代理服务、出租与拍卖、广告与会展)，文化用品、设备及相关文化产品的生产，文化用品、设备及相关文化产品的销售。其后，国家统计局又在 2012 年 7 月以 GB/T4754—2011 为基础，更新形成《文化及相关产业分类》(2012 年)[⑤]，以及在 2018 年 4 月以 GB/T4754—2017 为基础，更新形成《文化及相关产业分类》(2018 年)[⑥]。

2005 年 12 月，中共中央、国务院发布《关于深化文化体制改革的若干意见》[⑦]，对于文化产业提出两个发展和提升方向。一是大力提高文化产业规模化、集约化、专业化水平：培育和建设一批出版、电子音像、影视和动漫制作、演艺、

---

① 2001 年 3 月 15 日第九届全国人民代表大会第四次会议批准。

② 《全面建设小康社会，开创中国特色社会主义事业新局面——在中国共产党第十六次全国代表大会上的报告(2002 年 11 月 8 日)》。

③ 文产发〔2003〕38 号。

④ 国统字〔2004〕24 号。

⑤ 国统字〔2012〕63 号。

⑥ 国统字〔2018〕43 号，包括文化核心领域(新闻信息服务、内容创作生产、创意设计服务、文化传播渠道、文化投资运营、文化娱乐休闲服务)、文化相关领域(文化辅助生产和中介服务、文化装备生产、文化消费终端生产)。

⑦ 中发〔2005〕14 号。

会展、文化产品分销等产业基地；重点培育发展一批实力雄厚、具有较强竞争力和影响力的大型文化企业和企业集团；支持中小型文化单位向“专、精、特、新”方向发展，形成富有活力的优势产业群。二是大力推进文化产业升级：积极采用数字、网络等高新技术和现代生产方式，改造传统的文化创作、生产和传播模式，延伸文化产业链；发展数字广播、数字电视、数字电影、数字出版、动漫和网络游戏；等等。

2006年3月通过的我国《国民经济和社会发展第十一个五年计划纲要》[①]对文化产业的论述相对简单，即完善文化产业政策，促进民族文化产业发展，引导和规范非公有制经济进入文化产业，形成以公有制为主体、多种所有制共同发展的文化产业格局和民族文化为主体、吸收外来有益文化的文化市场格局。2006年9月，《国家“十一五”时期文化发展规划纲要》发布，这是我国首个文化发展规划，具有文化建设和发展重要时点的意义，其提出：重点发展影视制作业、出版业、发行业、印刷复制业、广告业、演艺业、娱乐业、文化会展业、数字内容和动漫产业以建设文化创意产业中心城市为核心，加快产业整合，形成长江三角洲、珠江三角洲和环渤海地区三大文化产业带。关于园区建设，其提出加快文化产业园区和基地建设：促进各种资源的合理配置和产业分工，加快文化创意产业园区建设，使之成为文化创意产业的孵化器；形成若干出版、印刷复制、影视制作和文化产品批销等产业中心，重点建设一批大型影视制作、动漫、电子音像、印刷复制和演艺等产业示范基地。

2007年10月，中共十七大报告[②]指出文化产业发展的目标是占国民经济比重明显提高、国际竞争力显著增强，适应人民需要的文化产品更加丰富；提出推进文化创新，大力发展文化产业，实施重大文化产业项目带动战略，加快文化产业基地和区域性特色文化产业群建设，培育文化产业骨干企业和战略投资者，繁荣文化市场，增强国际竞争力；运用高新技术创新文化生活方式，培育新的文化业态，加快构建传输快捷、覆盖广泛的文化传播体系。

在2008年国际金融危机之际，我国钢铁、汽车、船舶、石化、纺织、轻工、有色金属、装备制造、电子信息、物流十个重点产业的十大产业振兴规划在2009年初陆续公布，作为应对国际金融危机，保增长、扩内需、调结构的重要措施。

---

① 2006年3月14日第十届全国人民代表大会第四次会议批准。

② 高举中国特色社会主义伟大旗帜，为夺取全面建设小康社会新胜利而奋斗——在中国共产党第十七次全国代表大会上的报告(2007年10月15日)。

2009 年 9 月，我国第一部文化产业专项规划《文化产业振兴规划》[①]发布。就行业问题，提出以文化创意、影视制作、出版发行、印刷复制、广告、演艺娱乐、文化会展、数字内容和动漫等产业为重点，完善产业政策体系，实现跨越式发展。就园区问题，提出加强对文化产业园区和基地布局的统筹规划，坚持标准、突出特色、提高水平，促进各种资源合理配置和产业分工；对符合规划的产业园区和基地，在基础设施建设、土地使用、税收政策等方面给予支持；建设若干辐射全国的区域文化产品物流中心，建设一批文化创意、影视制作、出版发行、印刷复制、演艺娱乐和动漫等产业示范基地。

2011 年 10 月，中共十七届六中全会通过《中共中央关于深化文化体制改革推动社会主义文化大发展大繁荣若干重大问题的决定》。针对文化产业，提出加快发展文化产业，推动文化产业成为国民经济支柱性产业，构建现代文化产业体系；推进文化产业结构调整，发展壮大出版发行、影视制作、印刷、广告、演艺、娱乐、会展等传统文化产业，加快发展文化创意、数字出版、移动多媒体、动漫游戏等新兴文化产业。针对园区，提出加强文化产业基地规划和建设，发展文化产业集群，提高文化产业规模化、集约化、专业化水平；规划建设各具特色的文化创业创意园区，支持中小文化企业发展；在国家许可范围内，引导社会资本以多种形式参与文化产业园区建设。

三、国家文化产业基地和园区

在这一系列重要的报告、决定和规划中提及的文化产业基地和园区，是我国文化产业集聚发展和能级提升的重要抓手。从 2004 年开始，文化部开始在全国范围命名"国家文化产业示范基地"，要求基地"把社会效益放在首位，努力实现社会效益和经济效益的统一，在坚持发展先进文化、推动文化产业发展和文化项目产业化运作方面进行了有益的尝试，并取得突出的成绩"[②]。在上海，这些国家级示范基地主要包括创意产业集聚区、文化设施和文化企业，园区类有上海张江创意产业基地、上海多媒体产业园发展有限公司、上海天地软件创业园有限公司、上海宝山科技控股有限公司、中广国际广告创意产业基地发展有限公司和上海南翔智地企业投资管理有限公司。

① 国发〔2009〕30 号。

② 《文化部关于命名文化产业示范基地的决定》(文产发〔2004〕43 号)。

表3.4　　6批在沪国家文化产业示范基地

批　次	文　　号	上海的基地名单
第一批	文产发〔2004〕43号，共43个基地	上海张江创意产业基地
		上海盛大网络发展有限公司
		上海大剧院总公司
		上海瑞安集团
第二批	文产发〔2006〕13号，共33个基地	上海时空之旅文化发展有限公司
		上海多媒体产业园发展有限公司
第三批	文产发〔2008〕36号，共59个基地	上海东方明珠(集团)股份有限公司
		上海长远集团
第四批	文产发〔2010〕40号，共70个基地	上海天地软件创业园有限公司
		上海今日动画影视文化有限公司
第五批	文产发〔2012〕28号，共69个基地	上海世博演艺中心有限公司
		上海宝山科技控股有限公司
		上海淘米网络科技有限公司
第六批	2014年11月公示，共71个基地	中广国际广告创意产业基地发展有限公司
		上海南翔智地企业投资管理有限公司
		上海河马动画设计股份有限公司

资料来源：笔者整理。

另外，从2007—2014年，文化部共分5批命名了10家国家级文化产业示范园区，上海张江文化产业园区在列；针对“预期社会效益和经济效益好、成长性高、有发展前景、具有引领和示范作用，但尚未具备国家级文化产业示范园区条件的文化产业园区”①，文化部在2011—2014年分3批命名了12家国家级文化产业试验园区。

2017年8月《文化部办公厅关于进一步完善国家级文化产业示范园区创建工作的通知》②指出，为进一步引导、规范文化产业园区健康发展，提高文化

① 《国家级文化产业示范园区管理办法(试行)》(办产发〔2010〕19号)。
② 办产函〔2016〕320号。

产业规模化、集约化、专业化水平，文化部在总结现有国家级文化产业示范（试验）园区、国家文化产业示范基地建设工作基础上，决定对现有评选命名种类进行合并，突出创建过程和动态管理，进一步完善国家级文化产业示范园区创建工作。通过开展示范园区创建工作，在全国范围内培育一批集聚功能和辐射作用明显的国家级文化产业园区，示范带动各级各类文化产业园区健康发展，避免“空壳园区”“僵尸园区”现象；鼓励在文化产业发展方面有创新做法和典型经验的园区申报；着重推荐国内外影响大、文化含量高、规模效益好、管理规范、辐射示范作用强的文化产业园区申报；每省（区、市）每批申报名额不超过一个。2017 年 10 月，《文化部关于公布第一批国家级文化产业示范园区创建资格名单的通知》[①]公布了获得命名的 10 个园区。

表 3.5　国家级文化产业示范（试验）园区、示范园区创建资格名单汇总

国家级文化产业示范园区		国家级文化产业试验园区	
第一批	2007		
	西安曲江新区		
	华侨城集团公司		
第二批	文产发〔2008〕19 号		
	曲阜新区文化产业园区		
	沈阳棋盘山开发区		
第三批	文产发〔2011〕9 号	第一批	文产发〔2011〕8 号
	开封宋都古城文化产业园区		广州北岸文化码头
	张江文化产业园区		黑龙江（大庆）文化创意产业园
			长沙天心文化产业园区
			中国曲阳雕塑文化产业园
第四批	文产发〔2012〕29 号	第二批	文产发〔2012〕29 号
	长沙天心文化产业园区		福建省闽台文化产业园
	成都青羊绿舟文化产业园区		台儿庄古城文化产业园
			吉林省东北亚文化创意科技园
			石嘴山市星海湖文化产业园

① 文产函〔2017〕1029 号。

续　表

国家级文化产业示范园区		国家级文化产业试验园区	
第五批	文产发〔2014〕51号	第三批	文产发〔2014〕51号
	蚌埠大禹文化产业园区		南京秦淮特色文化产业园
	敦煌文化产业园区		衢州儒学文化产业园
			武昌长江文化创意设计产业园
			西藏文化旅游创意园区
国家级文化产业示范园区创建资格			
第一批	文产函〔2017〕1029号		
	"21世纪避暑山庄"文化旅游产业园区		吉林省东北亚文化创意科技园
	杭州市白马湖生态创意城		景德镇市陶溪川文创街区
	台儿庄古城文化产业园		湘潭昭山文化产业园
	广州北京路文化核心区		重庆市南滨路文化产业园
	建水紫陶文化产业园区		兰州创意文化产业园

资料来源：笔者整理。

第六节　上海的文化产业和文化产业园区

一、上海文化产业政策起步与统计概览

与创意产业自下而上的上海本地政策实践性质不同，文化产业是自上而下的国家政策行为。中共上海市第八次党代会报告、《上海市国民经济和社会发展第十个五年计划纲要》等均引述了中央精神。《上海市国民经济和社会发展第十一个五年规划纲要》中，对文化的表述中兼顾中央精神和本地阶段特征，特别是在经济领域已活跃起来的创意产业，提出重点发展文化及相关产业：建设相对完善的文化产业和文化市场体系，大力促进科技、创意与文化融合发展，加大开放和创新力度，着力促进文化休闲娱乐业、创意和时尚、印刷包装等产业发展；以网络动漫、影视传媒等为突破口，建设一批各有特色的数字文化内容产业基地和园区，加快文化功能区域和核心产业基地建设；在"十一

五”末，文化及相关产业增加值占全市生产总值比重达到7%左右。

2007年5月，中共上海市第九次党代会报告[①]提出：加快推进文化产业体系建设，进一步发展新闻出版、广播电视电影、文化创意、文化信息服务、文化休闲娱乐等文化支柱产业，充分利用先进技术和现代生产方式提升文化产业能级，增强文化产业的竞争力，使文化产业成为文化发展的重要支撑、现代服务业发展的重要支柱，使上海成为全国文化产业发展的重要基地。2008年8月发布《上海产业发展重点支持目录(2008)》[②]，除第八大类文化服务业之外，第四大类生产性服务业中，创意产业、时尚产业等创意产业集聚区主要业态赫然在列。创意产业在此较为清楚地与文化产业划分开来，是因其从业态和管理上归属于经济部门。

表3.6　　上海文化产业统计数据(2004年)　　单位：亿元

项目 \ 年份	2004	2005	2006	2007	2008	2009	2010	2011
文化服务业	314.81	307.82	358.08	436.80	478.03	549.18	703.29	782.57
新闻服务、出版发行和版权服务	54.17	42.16	49.16	53.19	54.58	65.68	89.94	92.36
广播、电视、电影服务	27.53	24.17	29.31	31.85	40.50	43.41	53.22	72.55
文化艺术服务	22.43	17.71	19.31	21.09	21.41	22.71	26.52	30.76
网络文化服务	51.29	58.19	69.33	84.67	107.80	130.29	150.16	172.65
文化休闲娱乐服务	73.61	82.26	99.33	125.83	127.13	149.00	170.71	209.78
其他文化服务	85.78	83.34	91.63	120.17	126.61	138.09	212.74	204.46
文化相关产业	130.92	201.41	223.30	246.45	302.08	298.10	270.28	316.4
文化用品、设备及相关文化产品生产	105.51	148.48	164.17	182.49	211.79	189.76	146.58	172.78

① 坚定走科学发展之路，加快推进“四个率先”，努力开创“四个中心”和社会主义现代化国际大都市建设的新局面——在中国共产党上海市第九次代表大会上的报告(2007年5月24日)。

② 沪府办发〔2007〕41号，上海市经济委员会、上海市发展和改革委员会。

续　表

项目＼年份	2004	2005	2006	2007	2008	2009	2010	2011
文化用品、设备及相关文化产品销售	25.41	52.93	59.13	63.96	90.28	108.35	123.70	143.62
总计	445.73	509.23	581.38	683.25	780.11	847.29	973.57	1 098.97
占当年地区生产总值(%)*	5.46	5.44	5.42	5.39	5.46	5.54	5.58	5.62

* 此栏原始数据问题较多，故按照《2019年上海统计年鉴》中的数据进行了重新计算；对其他数据一致性方面的小差异，则保留原始资料原貌。

表3.7　　上海文化产业统计数据(2012年)　　单位：亿元

项目＼年份	2011(新分类)	2012	2012(调整)	2013	2014	2015	2015(调整)	2016
文化产品的生产	793.42	853.86	919.06	999.93	974.87	1 232.48	1 254.98	1 421.61
新闻出版发行服务	31.71	33.26	34.52	36.41	35.09	36.84	36.84	40.40
广播、电视、电影服务	60.18	44.93	56.13	44.81	47.97	54.92	54.92	59.48
文化艺术服务	35.15	38.14	33.88	36.92	48.39	52.09	55.31	67.36
文化信息传输服务	88.49	92.99	103.59	120.63	160.3	208.49	213.60	218.04
文化创意和设计服务	431.58	482.66	465.20	521.48	600.59	789.43	801.15	927.27
文化休闲娱乐服务	16.69	18.06	26.97	28.2	30.21	31.46	32.98	42.36
工艺美术品的生产	129.62	143.81	198.76	211.48	52.32	59.25	60.18	66.70
文化相关产品的生产	361.94	393.14	364.80	388.06	422.6	403.21	411.96	440.06
文化产品生产的辅助生产	125.00	140.74	122.53	130.25	194.55	212.49	216.33	226.29

续 表

项目＼年份	2011（新分类）	2012	2012（调整）	2013	2014	2015	2015（调整）	2016
文化用品的生产	177.74	190.44	184.37	195.87	143.23	126.69	130.77	138.78
文化专业设备的生产	59.20	61.95	57.91	61.94	84.82	64.03	64.86	74.99
总计	1 155.36	1 247.00	1 283.86	1 387.99	1 397.47	1 632.68	1 666.93	1 861.67
占当年地区生产总值(%)	5.91	6.07	6.24	6.23	5.81	6.36	5.91	6.61

表 3.8　　上海文化产业统计数据(2018 年)　　单位：亿元

项目＼年份	2017	2018
文化核心领域	1 558.53	1 594.54
新闻信息服务	197.1	184.37
内容创作生产	520.05	579.73
创意设计服务	454.45	549.27
文化传播渠道	184.74	183.23
文化投资运营	140.69	44.67
文化娱乐休闲服务	61.49	53.27
文化相关领域	522.88	598.54
文化辅助生产和中介服务	310.89	273.07
文化装备生产	79.04	188.97
文化消费终端生产	132.95	136.5
总计	2 081.42	2 193.08
占当年地区生产总值(%)	6.79	6.71

资料来源：2004—2008 年数据来自上海市人民政府网站(www.shanghai.gov.cn)历年的文化产业统计数据发布；2009 年、2010 年、2011 年、2011 年(新分类)和 2012 年数据来自 2012 年和 2013 年《上海文化产业发展报告》(上海市文化事业管理处、上海文化研究中心)；2012 年(调整)和 2013 年数据来自《2014 年上海文化产业发展报告》(中共上海市委宣传部事业产业处、上海市文化事业管理处和上海市发展改革研究院)；2014 年和 2015 年数据来自《2016 年上海文化产业发展报告》(中共上海市委宣传部文化改革发展办公室、上海市文化事业管理处和上海社会科学院文学研究所)；2015 年(调整)和 2016 年、2017 年、2018 年数据来自 2017 年、2018 年和 2019 年《上海文化产业发展报告》(中共上海市委宣传部文化改革发展办公室、上海市文化事业管理处和上海交通大学人文艺术研究院)。

二、文化部门授牌文化产业园区

文化部门一直在参与经济部门主导的创意产业推进工作。2008 年 6 月，上海市经济委员会和上海市委宣传部联合发布《上海市加快创意产业发展的指导意见》[①]。针对园区，明确指出积极吸引知名创意企业高端项目落户创意产业集聚区，在创意产业集聚区中的创意企业，被认定为国家重点扶持的高新技术企业、软件企业，自获利年度起，享受企业所得税相关优惠政策；鼓励相关企业结合产业结构调整、产业转型升级、旧区改造和历史建筑风貌保护，盘活存量资源，精简改造支出、减轻汇报压力，积极支持以划拨方式取得土地的单位利用工业厂房、仓储用房、传统商业街等存量房产、土地资源兴办创意产业，土地用途和使用权人可暂不变更；有关部门综合存量房地资源规模、先期改造投入、周边商务租金等因素，对存量房产用于兴办创意产业实施最高租赁价格的指导、管理和监督。

随着国家服务业和文化产业政策的不断眷顾，以及集聚区内文化业态的繁荣，文化管理部门开始进一步介入集聚区发展。2008 年 9 月，上海市委宣传部、市文广影视管理局、市新闻出版局、市经济委员会联合印发《上海市文化产业园区认定办法（试行）》，文化产业园区被定义为集聚了一定数量的文化企业，形成了一定的产业规模，能够提供相应基础设施保障和公共服务的文化产业综合集聚区。认定办公室设在文化事业管理处，根据中长期发展规划、功能定位和产业特色、体现区域资源禀赋优势和文化产业发展趋势、文化企业规模集聚、区县的配套优惠政策、管理机构和管理制度等各项条件进行双年度的认定。对经认定的上海市文化产业园区，将通过产业资金引导、公共平台支持、宣传推广聚焦等相关政策予以重点扶持。

2009 年发布《关于加快上海市文化产业发展的若干意见》[②]。针对文化产业，其重点发展领域包括：文化信息、文化创意、演艺娱乐、新闻出版、广播影视产业，以及民族、民俗和民间文化传承和创新；针对集聚区，提出今后 5 年建设 20 个以上国家级文化产业示范基地和 20 个以上市级文化产业特色园区，积极培育国家级和市级文化产业示范园区，推进文化产业重大项目对接示范

---

① 沪经规〔2008〕452 号。

② 沪委发〔2009〕12 号。

园区。上海市委宣传部于2009年首批认定15家"文化产业园区";2011年第二批授牌37家,共计52家。文化产业园区成为文化部门管理中小企业的推进抓手和规范平台;创意产业集聚区和文化产业园区的双头管理体系也开始形成。

表3.9　上海市获授牌的文化产业园区(共两批)

第一批		
浦东:动漫谷文化创意产业基地	国家数字出版基地	**徐汇:**电子艺术创意产业基地
数字娱乐产业基地	2577创意大院	**长宁:**多媒体产业基地
新十钢视觉文化艺术产业基地	**卢湾:**田子坊	**静安:**现代戏剧谷
普陀:天地网络数字内容产业基地	M50艺术品创意基地	**杨浦:**800艺术基地
金山:中国农民画村	**南汇:**新场民间技艺文化创意基地	**松江:**仓城影视产业基地
第二批		
网络文化产业类	中国(上海)网络视听产业基地	东方慧谷
金桥网络文化产业基地	德必易园	上海多媒体谷
新华文化创新科技园	越界X2创意空间	创智天地
上海明珠文化创意产业园	谈家28文化·信息商务港	中国梦谷上海西虹桥文化产业园
广告、传媒产业类	中广国际广告文化创意产业园	周家桥文化创意产业园
上海名仕街时尚文化产业园	越界文化产业园	尚街LOFT时尚生活文化产业园
尚街LOFT五维文化产业园	文化贸易类	国家对外文化贸易基地
音乐、演出娱乐产业类	国家音乐产业基地虹口制作中心	文物及艺术品产业类
上海证大喜玛拉雅中心	卓维700	南上海艺术创意产业园
出版印刷产业类	中国出版蓝桥创意产业园	上海众欣文化产业园
上海青浦现代印刷产业园区	文化及艺术品产业类	Shanghai Top桃浦文化创意产业园

续　表

M50半岛文化创意产业园	动漫产业类	上海动漫衍生产业园
民间、民族、民俗文化产业类	迎祥文化产业园	廊下乐农文化创意产业园
江南三民文化村	影视产业类	叁零·SHANGHAI文化创意产业园
其他	8号桥	南翔智地
七宝古镇	尚之坊时尚文化创意园	泰晤士小镇文化产业园

第七节　案例五：张江文创的集群效应[①]

一、张江集群的“园中园”

张江文化产业园区在空间结构上具有特殊性，其他园区大多在空间上成一体，而张江文化产业园区则在张江之中分散开来。张江整体的发展历程折射了上海创新相关政策的演进。1992年7月，张江作为高科技园区开园，成为第一批国家级新区，面积17平方千米。2000年，上海市、浦东新区政府共同成立张江高科技园区领导小组和办公室，园区规划面积调整为25.9平方千米。

2007年5月，张江高科技园区管理委员会成立，为区政府派出机构。2010年，上海市张江高新技术产业开发区管理委员会成立，为市政府派出机构[②]。2011—2012年，上海市政府先后同意将张江高科技园区、康桥工业区、国际医学园区、周浦繁荣工业区纳入张江核心园区范围，园区面积达79.7平方千米。2014年12月，中国(上海)自贸区扩区，张江高科技片区37.2平方千米纳入其中。2016年2月，国家发展改革委、科技部批复同意建设张江综合性国家科学中心。2017年7月，上海市政府正式批复原则同意《张江科学城建设规划》[③]，

① 主要信息来自2014年、2018年两次实地调研；历年《上海浦东新区统计年鉴》；《张江科学城概况》，[2020-05-30]，http://www.pudong.gov.cn/shpd/gwh/023004/023004001/；相关企业财务报表等。

② 上海市委、上海市人民政府《关于组建上海市张江高新技术产业开发区管理委员会的批复》(沪委〔2010〕370号)。

③ 沪规土资详〔2017〕430号，批复为《上海市人民政府关于原则同意张江科学城建设规划的批复》(沪府〔2017〕68号)。

张江科学城规划范围北至龙东大道、东至外环—沪芦高速、南至下盐公路、西至罗山路—沪奉高速，总面积约94平方千米。2018年5月，上海市委、市政府调整张江管理体制，将“上海市张江高科技园区管理委员会”更名为“上海市张江科学城建设管理办公室”，把张江国家科学中心办公室、张江高新技术产业开发区管委会、张江高科技园区管委会、自贸区管委会张江管理局4个机构合为一个机构、一套班子。这样就形成两条管理条线：第一条线是上海推进科技创新中心建设办公室—上海市张江科学城建设管理办公室—上海张江（集团）有限公司—张江文化控股有限公司；第二条线是上海市浦东新区人民政府—上海市浦东新区国有资产监督管理委员会—上海张江（集团）有限公司—张江文化控股有限公司。

在产业门类方面，张江形成了以信息技术、生物医药为重点的主导产业，成为具有全国乃至全球影响力的信息产业和医药产业集群，文化产业集群也成为张江的“第三极”产业力量。自2004年8月上海市委宣传部正式命名张江为上海市文化产业基地以来，张江文化产业园区逐步利用其信息技术禀赋，成长为文化科技相互融合的新型文化产业集群。2008年6月，投资3亿元的上海张江文化控股有限公司成立，成为张江文化产业园区的一体化服务供应商。2008年7月，首个国家级数字出版基地在张江成立；2011年2月，张江文化产业园区被国家文化部正式命名为第三批国家级文化产业示范园区；2012年，成为首批国家级文化和科技融合示范基地。

二、两个10年间的现象级企业

作为国家级文化产业示范园区的张江，在全市的文化产业布局中，有两个阶段发挥了重要的基地作用。在21世纪第一个10年中，园区的代表性行业是从主机游戏时代兴起于此的网络游戏，代表性企业是盛大网络和第九城市。盛大网络于2001年开始代理韩国游戏《热血传奇》，成为网络游戏领域的开先河者，2004—2009年，盛大网络游戏市场占比分别为39.3%、36.5%、20.1%、19.3%、16.5%、18.6%[①]，其后逐步淡出网络游戏头部企业阵营。盛大网络在其辉煌时期创造的同时在线用户规模、CSB付费模式等经济现象，引发的网瘾争议等社会问题，以及私服盗版等知识产权问题，都是行业发展中正面和负面

① 由易观、艾瑞等公司的网络报告数据整理而成。

的现象级问题，在近 10 年的时间内一直是行业的风向标。2004 年 4 月，第九城市以 1 300 万美元的代价拿到了暴雪公司(Blizzard)《魔兽世界》(*World of Warcraft*)的中国的独家代理权，这款产品很快成为中国最炙手可热的网游，也将第九城市一举送入一线网游服务商的阵营。魔兽世界占到第九城市总营业收入的九成以上，2009 年魔兽世界代理权易主网易，第九城市的市值暴跌，随后成为网游行业的边缘企业。

21 世纪 10 年代张江文化产业园区最具行业辨识度的企业群体是垂直内容服务商，两家明星企业分别是阅文集团和喜马拉雅。2015 年 3 月，由盛大文学改组而成的阅文集团落户张江文化园区，从 2016—2019 年，阅文集团的营业收入分别为 25.68 亿元、40.95 亿元、50.4 亿元、83.5 亿元。与此同时其作为最大的网络文学库，所蕴含的 IP 资源培育和教化价值开始显现，一些类型作品规模化进入动漫、剧集、影视环节，经济价值进一步彰显；阅文集团以网文出海的方式在文化输出中扮演重要角色，其旗下起点网国际版 Webnovel 即是网文出海的主要载体；另外随着免费阅读 APP 的兴起带来的行业竞争，阅文面临优先保障作者现金流还是优先保障 IP 库培育的争议，这在 2020 年初成为行业的争论焦点。上海喜马拉雅科技有限公司组建于 2012 年 8 月，致力于在线音频分享平台的建设与运营，按照其官方网站的介绍，手机用户已经超过 6 亿，海外用户超过 5 000 万。2016 年 11 月，喜马拉雅宣布将于 12 月 3 日开启国内首个内容消费节“123 知识狂欢节”，号召重视知识的价值，成为专业用户生产内容(PUGC Professional User Generated Content)生态的重要倡导者。两个 10 年园区典型企业的更替，某种程度上反映了园区在文化内容产业的核心竞争力变化：第一个 10 年优势在于海外版权的引进和代理，“洋码头”作用突出；第二个 10 年优势在于能够整合利用本地的版权服务、IT 服务资源，高效经营垂直内容平台。

表 3.10　张江文化创意产业园区重要事件

年份	张江高科技园区	张江文化创意产业园区	4 个典型企业现象级实例
1992	开园		
2000	张江高科技园区领导小组		
2001			盛大代理热血传奇
2004		国家文化产业示范基地	第九城市代理魔兽世界 盛大开始收购起点中文网等

续 表

年份	张江高科技园区	张江文化创意产业园区	4个典型企业现象级实例
2007	张高科管委会成立		
2008		张江文化控股有限公司成立 国家级数字出版基地	
2009			第九城市暴雪代理终止
2010	张江高新技术产业开发区管理委员会	上海市示范创意产业集聚区	
2011	张江核心园区四区合并	国家级文化产业示范园区	
2012		国家级文化和科技融合示范基地	
2014	中国(上海)自贸区扩区		
2015		上海市文化创意产业示范园区	阅文入驻张江
2016	张江综合性国家科学中心		喜马拉雅与知识付费
2017	张江科学城建设规划		网文出海 Webnovel
2018	张江科学城建设管理办公室		阅文版权运营快车道
		上海市文化创意产业示范园区	
2020			阅文网文免费付费之争

资料来源：笔者整理。

三、如何认识张江文创集群的性质

张江文化创意产业园区的一些建筑也是来自旧厂房改造，比如原液晶显示器厂的超大单体老厂房，由张江集团与上海万科共同改造成为张江国创中心。然而建设创意产业集聚区或文化产业园区不仅是一种旧厂房改造的城市更新现象，更应该是一种具有经济量级、经济能级和文化能级的产业集群。这是行业内的共识，也是集聚区具有持久生命力和实现可持续发展的根基。对张江文化创意园区这样的集群而言，相关的集聚研究可以回溯三个理论源流。

第一个源流是新古典经济学派的阿弗里德·马歇尔(Alfred Marshall),认为集聚促进了供应商体系的专业化、劳动力市场的共享和知识的外溢①。无论是从张江IT产业集群的角度来看,还是从早期盛大、第九城市等游戏代理企业的繁荣来看,张江文化创意园区的数百家企业共享了当地化的IT服务、版权服务等专业供应体系和人才体系,盛大系的人才基础和今天上海网络游戏产业的繁荣一脉相承。第二个源流是竞争战略领域的迈克尔·波特(Michael Porter),认为集群是特定产业中互有联系的公司或机构聚集在特定地理位置的一种现象,可以借此提高生产率和创新收益,降低交易费用②。张江文化创意园区与市区一般性旧厂房改造相比,提供了更利于发展集聚的空间,众多企业构成从文化设备制造到IT服务,再到文化内容的较为完整的产业链,形成了多个企业共演和升级的格局。第三个源流是城市研究洛杉矶学派的艾伦·斯科特(Allen Scott),他除了对洛杉矶、巴黎等城市文化产业集聚的广泛研究之外,还观察了好莱坞电影业集群和辐射的机理,特别是硅谷和好莱坞之间的多媒体集群,论述了信息技术和文化产业空间上的共生关系③。对于国家级文化和科技融合示范基地——张江文化创意产业园区而言,这种共生关系既存在优势又有不足。

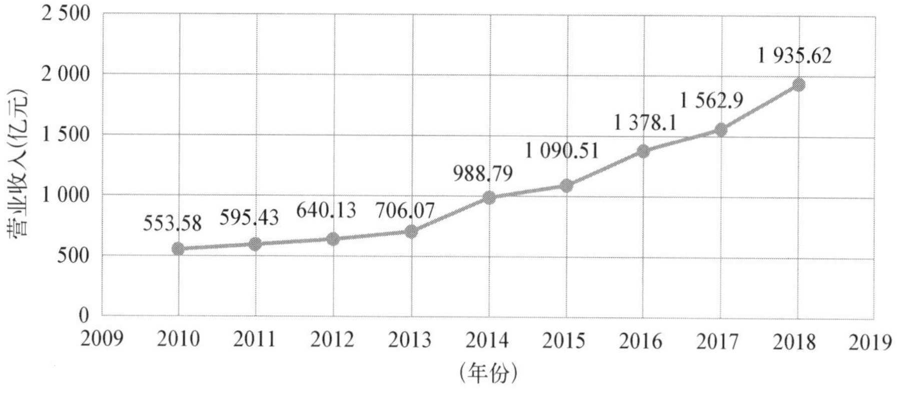

图3.2　张江高科技园区文化产业营业收入

资料来源:《上海浦东新区统计年鉴》(2011—2019年)。

① 马歇尔:《经济学原理》,商务印书馆2011年版。

② Porter M E,"Clusters and the new economics of competition", *Harvard Business Review*, 1998, 76: 77-90.

③ Scott A J,"From Silicon Valley to Hollywood", *in Regional Innovation Systems: the role of governances in a globalized world*, Psychology Press, 1998: 136-162.

张江文化创意产业园区的政策环境与其发展并非总是呈现同向的共演关系。张江文化创意产业园区往往是唯一或最早获得国家级授牌的园区，在上海市的园区授牌中，也总是排名第一，在政策上得到的关注是无可比拟的。但是区级政府和新型园区之间对行业和细分行业头部企业的竞争非常激烈，这从哔哩哔哩从张江转至杨浦五角场就可见一斑。如今上海的在线文化产业呈现多集群发展的格局：漕河泾附近区域集聚了莉莉丝、米哈游、游族、鹰角等企业，以及腾讯和字节跳动的上海总部，从而成为网络游戏产业的上海高原和全国高地；以哔哩哔哩为代表的五角场区域；位于黄浦区的小红书。在笔者调研 8 号桥时，园区管理者谈到 Musical. ly（Tiktok 前身）选择 8 号桥的原因，主要是因为地处闹市，有好的文化、社区和都市氛围。而反观张江文创，园区内企业总裁的微信群名称是“打群架”，寓意抱团打组合拳[①]，但这也折射出这一定位很高的园区在总量保持高增长的同时，行业头部企业缺乏，或者说少数几家头部企业“叫好不叫座”。这种高经济量级，以及相对而言不那么高的经济能级和文化能级，一方面和张江产业园区的生活氛围相联系，对习惯于沟通环境、都市氛围、生活便利的文化行业从业人员而言，张江并不具有区位吸引力；另一方面与艾伦·斯科特的发现有关，由于张江周边（乃至上海）缺乏高能级的传统文化产业集群，所以其企业在代理服务、平台服务、IT 创制、商业服务、IT 支持等方面表现上佳，而在内容领域则相对平淡，表现为 IT 产业集群的衍生集群。

第八节　2008 年前后主要政策及要点列表

表 3.11　　2008 年前后主要政策及要点

时　间	编　号	政　　策	要　　点
1997 年 9 月		中国共产党第十五次全国代表大会	深化文化体制改革，落实和完善文化经济政策；一手抓繁荣，一手抓管理
1998 年 8 月		文化部文化产业司成立	专门的文化产业促进和管理部门

① 《40 家产值过亿企业，张江文创产业为啥爱“打群架”?》，(2018－1－19) [2020－05－30]，http://www.whb.cn/zhuzhan/ms/20180119/187124.html。

续　表

时　间	编　号	政　　策	要　　点
2001年3月	九届全国人大四次会议批准	《中华人民共和国国民经济和社会发展第十个五年计划纲要》	完善文化产业政策,加强文化市场建设和管理,推动有关文化产业发展
2002年11月		中国共产党第十六次全国代表大会	完善文化产业政策,支持文化产业发展,增强文化产业的整体实力和竞争力
2003年9月	文产发〔2003〕38号	《文化部关于支持和促进文化产业发展的若干意见》	经济结构调整和产业结构升级的重要步骤;培养文化产业示范基地
2004年5月	国统字〔2004〕24号	文化及相关产业分类	9大类、24中类、80小类;国统字〔2012〕63号、〔2018〕43号进行了更新
2004年11月	文产发〔2004〕43号	《文化部关于命名文化产业示范基地的决定》	第二到五批：文产发〔2008〕19号;〔2011〕9号;〔2012〕29号;〔2014〕51号
2005年12月	中发〔2005〕14号	《关于深化文化体制改革的若干意见》	大力提高文化产业规模化、集约化、专业化水平;大力推进文化产业升级
2006年1月	上海市十二届人大四次会议通过	《上海市国民经济和社会发展第十一个五年规划纲要》	加快形成服务经济为主的产业结构;建设数字文化内容产业基地和园区,加快文化功能区域和核心产业基地建设
2006年3月	十届全国人大四次会议批准	《中华人民共和国国民经济和社会发展第十一个五年计划纲要》	大城市把发展服务业放在优先位置,有条件的逐步形成服务经济为主的结构;完善文化产业政策,促进民族文化产业发展
2006年9月		《国家"十一五"时期文化发展规划纲要》	加快文化产业园区和基地建设：加快文化创意产业园区建设;重点建设一批大型影视制作、动漫等产业示范基地
2007年3月	国发〔2007〕7号	《国务院关于加快发展服务业的若干意见》	从财税、信贷、土地和价格等方面进一步完善促进服务业发展政策体系
2007年5月		中国共产党上海市第九次党代会	重点发展现代物流、信息服务、创意产业等服务业;加快推进文化产业体系建设

续 表

时 间	编 号	政 策	要 点
2007年10月		中国共产党第十七次全国代表大会	文化产业占国民经济比重明显提高;加快文化产业基地和区域性特色文化产业群建设
2008年1月	国发〔2008〕3号	《国务院关于促进节约集约用地的通知》	鼓励工业项目用地节约集约利用;工业用地提高容积率的相关规定
2008年3月	国办发〔2008〕11号	《国务院办公厅关于加快发展服务业若干政策措施的实施意见》	以划拨方式取得土地的单位利用工业厂房、仓储用房、传统商业街等存量房产、土地资源兴办创意产业,土地用途和使用权人可暂不变更
2008年6月	沪经规〔2008〕375号	《上海市创意产业集聚区认定管理办法(试行)》	对主导产业、配套服务、建筑面积、建筑外形等有具体要求
2008年6月	沪经规〔2008〕452号	《上海市加快创意产业发展的指导意见》	享受企业所得税等相关优惠政策;以划拨方式取得土地的单位兴办创意产业相关规定
2008年8月	沪府办发〔2007〕41号	《上海产业发展重点支持目录(2008年)》	第八大类文化服务业;生产性服务业中包括创意产业、时尚产业等
2008年8月	沪府办发〔2008〕37号	《关于促进土地节约集约利用加快经济发展方式转变的若干意见》	现代服务业聚集区、创意产业园区内工业项目,原用地者兴办创意产业等的规定
2008年8月	沪府办发〔2008〕38号	《关于推进经济发展方式转变和产业结构调整的若干政策意见》	推进创意产业园区建设发展,允许零星工业点、零星旧里发展生产性服务业
2008年9月		《上海市文化产业园区认定办法(试行)》	定义文化产业园区;设定规划、功能、特色、制度等认定条件
2008年10月	沪规法〔2008〕866号	《关于促进节约集约利用工业用地、加快发展现代服务业的若干意见》	利用保留的工业厂房、仓储用房改扩建现代服务业项目的相关规定;改扩建为创意产业项目,可参照一般办公建筑的标准进行控制

续　表

时　间	编　号	政　　策	要　　点
2009年	沪委发〔2009〕12号	《关于加快上海市文化产业发展的若干意见》	建设国家级文化产业示范基地和市级文化产业特色园区，培育国家级和市级文化产业示范园区
2009年6月	沪高法〔2009〕172号	《关于进一步规范上海创意产业集聚区内商铺建设、经营活动，妥善解决相关民事纠纷的会议纪要》	厂房仓库的改扩建要求；公有居住用房创意产业经营用途的规定；支持集聚区内经营者注册登记
2009年9月	国发〔2009〕30号	《文化产业振兴规划》	完善产业政策体系，实现跨越式发展；加强对文化产业园区和基地布局的统筹规划，建设一批产业示范基地
2010年	办产发〔2010〕19号	《国家级文化产业示范园区管理办法(试行)》	2007—2014年5批10家国家级文化产业示范园区，3批12家国家级文化产业试验园区
2010年5月	市经信委	《关于进一步促进上海市创意产业集聚区建设的意见》	坚持先立项、再认定的顺序严格把关，重点推进示范性创意产业集聚区建设
2010年7月	办产发〔2010〕19号	《国家级文化产业示范园区管理办法(试行)》	文化产业示范园区和文化产业示范园区的分类
2011年	文产发〔2011〕8号	《文化部关于命名国家级文化产业试验园区的决定》	第一批文化产业试验园区；第二批文产发〔2012〕29号；第三批〔2014〕51号
2011年10月	中共十七届六中全会通过	《中共中央关于深化文化体制改革推动社会主义文化大发展大繁荣若干重大问题的决定》	加快发展文化产业，推动文化产业成为国民经济支柱性产业构建现代文化产业体系；加强文化产业基地规划和建设，发展文化产业集群
2014年9月	工信部科函〔2014〕438号	《关于同意北京经济技术开发区管理委员会等22家单位开展产业集群区域品牌建设试点工作的通知》	2009年开始建设的江南智造挂牌开展产业集群区域品牌建设试点，按照要求在策划分析等7个方面开展工作

续 表

时 间	编 号	政 策	要 点
2017年7月	沪规土资详〔2017〕430号	《张江科学城建设规划》	上海市政府正式批复原则同意沪府〔2017〕68号，张江文创新的范围和随后的管理机构变化
2017年8月	办产函〔2016〕320号	《文化部办公厅关于进一步完善国家级文化产业示范园区创建工作的通知》	对现有评选命名种类进行合并，突出创建过程和动态管理；文产函〔2017〕1029号首批10家园区

第四章

协同机制建立：文化创意产业园区（2012年前后）

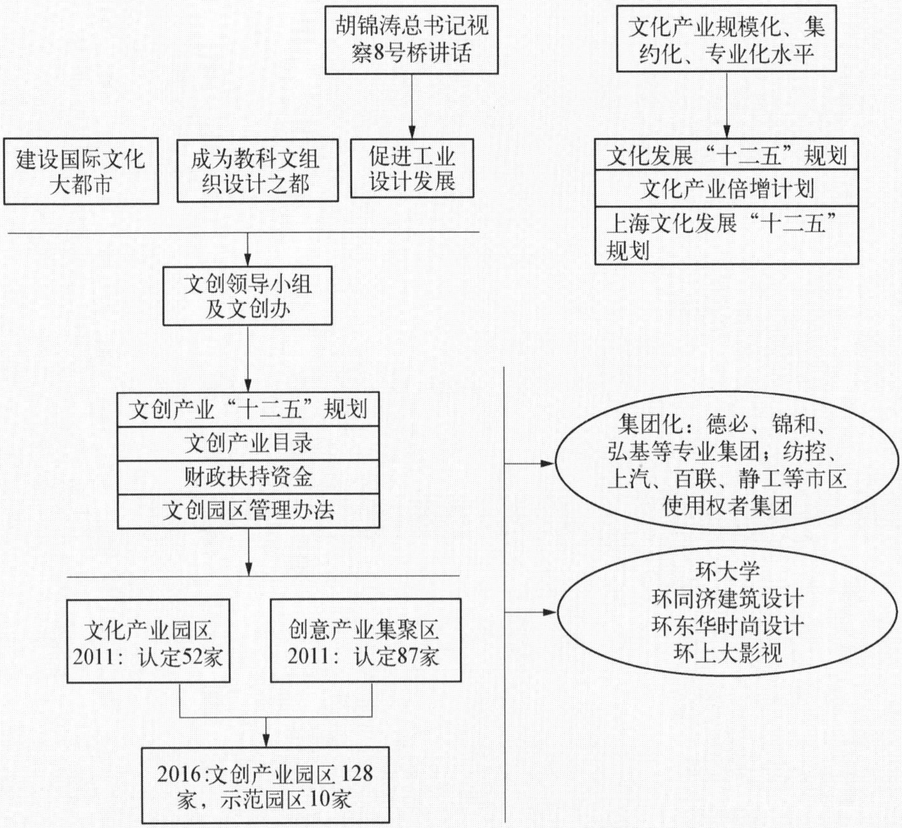

图 4.1　文化创意产业园区(2012 年前后)

第一节　上海文化定位：国际文化大都市

一、文化大都市的谱系描述

文化大都市或国际文化大都市是城市文化政策的一种措辞，国际上明确以之为文化定位（之一）的城市主要有英国伦敦和加拿大蒙特利尔①。伦敦的定位旨在彰显其世界文化都会的地位，而蒙特利尔则用以涵盖城市活力十足的艺术和文化场景。以文化大都市为关键词的学术研究并不多见；一些相关成果散落在“创意城市”“都市文化”“全球城市的文化维度”“文化产业”“创意产业”“版权产业”等研究领域，以及城市排名评价、城市战略报告等应用领域。

一个国际文化大都市的发展空间，基本取决于其文化腹地，正如帝国时代的伦敦之于其殖民版图，美好时代的巴黎之于欧陆，冷战时期的莫斯科之于社会主义阵营，20 世纪后半叶的纽约之于全球。首尔虽然在区位和语言上囿于一隅，却仍以资助补贴、明星效应、利基市场等积极拓展手段，将表演、影视、音乐、游戏推介到亚洲邻国乃至全世界，成为韩流中的城市圣地。大都市的文化往往是城市经济维度的跟随指标②，但自身路径依赖性强，一旦创造了文化辉煌，即使在随后的时期创意和创新能量衰竭，其文化优势仍可以持续相当长的时期③。官方积极的产业、规划和文化政策，或民间高度的互动和参与文化，或社会具有对特色文化的偏好，也会成为文化大都市的发展动因。从全球文化版图来看，具有区域以上文化影响力的城市，一般在文化产业集群、文化空间设施、文化形象符号方面具有明显特征和突出能级，市民、游客、受众乐于消费、体验和感知其城市文化，支付城市“品牌溢价”。

---

① 参见伦敦市政府官方网站，https：//www. london. gov. uk/what-we-do/arts-and-culture/cultural-metropolis-2014-mayors-culture-strategy-london 和蒙特利尔市政府官方网站 http：//ville. montreal. qc. ca/culture/en 相关信息。

② Abrahamson M，*Global cities*，Oxford University Press，2005.

③ Scott A J，“Capitalism，cities，and the production of symbolic forms”，*Transactions of the Institute of British Geographers*，2001，26(1)：11－23.

		文字为主	视觉为主		音乐为主		表演为主				
		文学 历史 哲学等	艺术类	设计类	古典 音乐	流行 音乐	大众 传媒	表演 艺术	体育 赛事	民间 表演	互动 娱乐
			绘画 雕塑 摄影	建筑、城规、产品、时尚、玩具			电影 电视	歌剧 话剧 马戏	球赛 赛车 赛马	社会表演等	动漫 游戏
文化内容生产	个人	作者、撰稿人、译者	画家、雕塑家、摄影师	设计师	作曲人 指挥 演奏者	歌手 作曲人 职业人员	演员 主持人 导演等	编剧、演员、导演	赛手 体育明星	民众	设计人员 开发人员
	企业	出版社、报社、杂志社	经纪、画廊、拍卖	事务所、设计部、院校	交响乐团 院校	唱片公司 电视台 网络平台	电影公司 电视台 视频平台	剧团 剧院 中介	俱乐部 球队 车队等	动员组织 监管机构	动漫工作室、游戏公司
	协会服务	出版/作家协会、评论网络、版权服务	协会、评论网络	设计协会、知识产权服务	行业协会 评论网络	行业网络 评论网络	电影协会 制片人 演员协会	行业网络 评论网络	行业协会 博彩	社会网络	社会网络 评论网络 版权服务
传播媒介或展示空间		图书馆、书店	博物馆 美术馆 画廊	城市空间、展览馆、店铺、媒体	音乐厅 电视	各类演出场馆、场所、电视	电视台 影院 网络	剧目 数字化	体育场馆 电视	公共空间 电视	单机 展馆
网络介质		网络文学平台 数字阅读设备	艺术品数字化 虚拟博物馆	设计平台 协作平台 电商秀场	古典音乐 数字化	音乐平台 短视频	PGC 版权平台 网络社区	歌剧院 戏剧院 剧场	网络直播 网络社区	网络社区 网络直播	游戏公司 手游公司 网络直播
融资 交易		公共资助 付费收益 广告收益	资助、捐助、艺术银行、一二级市场	商业收益 公共项目 IP运营	公共开支 慈善资助 演出收入	演出、代言、广告、订阅	公共资助 广告收入 订阅收入	门票收入 公共资助 IP开发	门票收入 广告收入 广告代言	参与和 分享	付费机制 IP开发 广告收入
消费		资助、购买 订阅、IP运营	购买（收藏、装饰、投资）	购买（装饰、使用、娱乐）	购票观赏	购票观赏 网络订阅	购票 电视订阅 网络订阅	购票观赏	购票观赏	文化参与	付费
出口（输出）		文化输出 语言破壁	巡展、海外收藏者	产品或设计出口、文化观光	巡演	巡演 文化观光 文化输出	文化出口 文化输出	巡演 文化观光	观光 巡回比赛	观光	服务出口 文化输出
活动		书展 行业盛典	美术展 艺术节	设计展、节、周、赛、会	音乐节	音乐节	电影节	戏剧节	体育赛事	狂欢节 节日游行 街头表演	动漫节 游戏展 Cosplay
教育与研究		大学、科研院所、文化氛围	美术学院、各类艺术学院	设计学院、各类艺术学院	音乐学院	音乐学院 民间传媒机构	电影学院 戏剧学院	戏剧学院 业余爱好	体校 体育学院 俱乐部	自组织	院校专业 自组织
符号		IP 名家 城市意象演绎	城市标识物艺术家 集群地标	大师、标志作品、IP、文化遗产	标志作品	明星 标志作品 集群地标	明星、佳片、精品剧	IP 经典剧目 集群地标	体育明星 城市项目 城市意象	城市活动 城市节日	精品游戏 虚拟偶像 IP

图 4.2　分析文化大都市的系统图

资料来源：王兴全：《解读"国际文化大都市"》，载《上海文化发展报告——转型发展与上海文化建设》，社会科学文献出版社 2012 年版，第 220—234 页。笔者就网络文化等进行了调整。

国际文化大都市的第一个特征是作为流程复杂的文化产品和服务的生产、协同、控制中心，其文化生产协调机制成熟，投入产出规模化，集群具备较高的文化能级和经济能级。工业化后期的城市秩序之一，是大都市成为文化体系的生产基地，文化行业不断繁荣并高度聚集，其生产的文化产品和服务进而输出至广阔的市场①。曾经或目前具有全球行业标识度的此类地标包括：

① Storper M, Christopherson S. "Flexible specialization and regional industrial agglomerations: the case of the US motion picture industry", *Annals of the Association of American Geographers*, 1987, 77(1): 104 - 117.

好莱坞的电影业、纽约麦迪逊广场的广告业、曼哈顿的媒体业、百老汇的音乐剧和伦敦西区的戏剧业、东京秋叶原的动漫业、巴黎蒙田路的高级定制业、米兰教堂区的时尚业、纽约苏荷和肉库区等地的视觉艺术、纳什维尔的乡村音乐和迈阿密的拉美音乐行业等。这些都是文化产业的行业“圣地”，多产生于长期的自组织集聚，是各利益相关方长期反复互动的经济和社会现象。

国际文化大都市的第二个特征是城市文化空间和文化设施发达，城市成为生活和工作场景，作为静态展示和动态表演的空间。比如博物馆城市的双重含义：或如伦敦、巴黎、北京、纽约一样是馆藏丰富的著名博物馆的集中之地，或如罗马、伊斯坦布尔、巴黎一样是城市规划建筑所记录的时代的露天博物馆；又如活动之城(Eventful city)，即城市承接大型知名国际文化活动：体育赛事、电影节、狂欢节、音乐节、戏剧节、设计展、时尚周、宗教集会、电竞赛事等，成为日常、周期性、特定活动的全方位表演空间。

国际文化大都市的第三个特征是体现城市特质的有形或无形符号。按照佐金对纽约的批判认识，城市文化包括城市美学、城市民族志和城市品牌三个维度[①]。如果从由此产生的符号意义加以认识，一个城市的历史文脉和城市精神，特有的生活和工作方式，由行业定义的特定区域的特定意象，金字塔、斗兽场、埃菲尔铁塔、帝国大厦、大本钟等城市有形文化遗产，大苹果、永恒之城、魔都、狮城等城市无形符号，与城市形象紧密联系的球队、剧团、名人、明星、出版物、音乐、电影、品牌、网络段子等，一个个符号经由长时间的耳濡目染、现场观光、媒体演绎、政策提炼，构成国际文化大都市的符号群和感知体系。

二、上海建设国际文化大都市

2010年前后，文化开始逐步成为上海城市功能的一个重要维度，政策中最为常见的措辞即是国际文化大都市。从《上海市国民经济和社会发展第十个五年计划纲要》起，上海开始对城市文化有所定位，即按照建设有中国特色社会主义文化的要求，大力发展面向21世纪的文化事业，提高全社会的文化生活质量，努力把上海建成国际性文化交流中心之一。在此定位之下：创作出更多有全国影响、体现上海水平的戏剧、影视、小说等各类优秀文艺作品；努力

① 沙朗·佐金：《城市文化》，上海教育出版社2006年版。

建成音像、书刊、演出、电影电视节目、美术品等常设的、规模较大的、有国内外影响的文化商品交易市场；加强和促进对外文化交流，推动上海的文化艺术多渠道、多方式走向全国、走向世界。这一系列措辞以及“国际性文化交流中心之一”的定位，体现了上海从工业城市和经济中心向现代化都市转型过程中，在城市文化功能方面的谨慎和拘束。

2007年5月召开的中共上海市第九次党代会的报告提出：大力发展文化事业和文化产业，努力把上海建设成为文化要素集聚、文化事业繁荣、文化产业发达、文化创新活跃的文化大都市，不断满足人民群众多层次、多方面、多样性的精神文化需求，不断增强城市软实力。针对国际文化交流中心的功能，提出积极开展对外文化合作和交流，加快文化“走出去”步伐，努力使上海成为展示中华优秀文化的窗口之一、国外文化经典荟萃的舞台和中华优秀文化走向世界的重要平台。

到21世纪初，随着世博会在上海召开产生的文化效应，以及上海城市文化功能的不断升级，《上海市国民经济和社会发展第十二个五年计划纲要》提出：坚持社会主义先进文化的前进方向，按照开放、多元、传承、创新、繁荣的方针，全面增强城市文化软实力和国际影响力，推动商旅文体联动发展，满足人民群众不断增长的精神文化需求，加快建设更具活力、富有效率、更加开放、充满魅力的国际文化大都市。规划以“国际文化大都市”总括文化、体育、旅游、文明等方面，这一定位显示上海开始着眼与纽约、伦敦、东京和巴黎等大都市进行文化对标，并着手在国际文化舞台上扮演更为积极的角色；国际文化大都市从此成为上海文化定位的重要话语。从文化影响版图来看，对于高发展水平的长三角地区而言，上海是文化中心城市，随着长三角地区快速交通网络的逐步成熟，以及区域经济分工深化，上海在广告服务、工业设计、表演展示、互动娱乐等方面具有主导地位[①]；超出长三角范围，上海的文化影响开始减弱，相对于北京的国家文化中心地位而言，上海可被视为一个国家级的重要文化中心，同时良好的城市形象确保了全球化和互联网时代在更广阔范围内的影响力。

无论是文化产业园区还是创意产业集聚区，其中的一部分集聚了特色、明星和潜力文化创意企业，张江文创、创智天地、8号桥、M50等已经成为具有较高知名度的文化产业集群代名词。这些园区多数对市民和游客开放，提供了

① 王兴全：《从国际文化大都市的“标识度”谈起》，《文汇报》2018年6月25日。

舒适的邻里氛围和适于拍照留念的城市景观；另外一些园区封存了城市文化遗产，成为网红打卡地或旅游热点，构成了城市文化符号的组成部分。从这个意义上讲，在建设国际文化大都市政策体系之下，园区虽然不再像早期一样代表整个创意产业，但其规范发展是国际文化大都市的有机组成部分。上海发展文化产业园区/创意产业集聚区的初衷，就是在利用好闲置空间的基础上，形成具有一定经济和文化能级的集群，因而与前述国际地标集聚区相比，上海的园区规模较小、彼此隔离、细分行业多元、行业集聚度不高，总体而言有参照而无对标意义。

第二节 上海创意定位：设计之都

一、创意城市的四个政策架构

创意城市的概念最早由澳大利亚建筑和规划学者大卫·扬肯（David Yencken）于 1988 年进行了阐释①。他认为一个创意城市必须孕育市民的创意，并为他们提供情感上的场所和体验。从 20 世纪 90 年代开始，陆续有四个主要研究框架使用了创意城市的概念②，并在不同程度上影响了一些城市的决策和政策。

第一个创意城市架构是创意产业政策在城市空间方面的延伸。代表性学者如英国的安迪·普拉特（Andy Pratt）③、约翰·霍金斯（John Howkins）④等，其研究多基于英国的创意产业国家政策实践。除了这种从产业到城市的逻辑之外，从城市到产业的创意城市研究也比较常见，代表性学者如美国的艾伦·斯科特（Allen Scott）⑤，其创意城市概念反映的是后工业化时期创意产业在大都市的集聚和繁荣。

第二个创意城市架构是对城市发展软环境的概念化。代表性学者如美国

① Yencken D, "The Creative City", *Meanjin*, 1988, 47(4).

② 王兴全：《创意经济研究的向度》，载《国外社会科学前沿》，上海人民出版社 2015 年版。

③ Pratt A C, "The cultural contradictions of the creative city", *City, culture and society*, 2011, 2(3): 123 - 130.

④ Howkins J, *The creative economy: How people make money from ideas*, Penguin UK, 2002.

⑤ Scott A J, "Creative cities: Conceptual issues and policy questions", *Journal of Urban Affairs*, 2006, 28(1): 1 - 17.

的理查德·佛罗里达(Richard Florida)[①],他将“创意城市”的概念纳入城市研究领域,构建了广为接受的“3T”模型,即人才、技术和宽容度(Talents, Technology and Tolerance),在城市研究和创意经济研究的交叉点影响了多个城市的发展战略。城市中的“超创意核心”由从事科学和工程、建筑与设计、教育、艺术、音乐和娱乐的人构成,他们的工作是创造新观念、新技术和/或新的内容,城市政策在以他们为主的创新创意人群提供具有生活品质的环境,如宽容度、多元文化、娱乐设施等,以此吸引创意阶层,进而推动城市经济发展。从政策效果角度来看,佛罗里达的创意城市理念至少受到两种批判:一是创意城市根植于新自由主义,其自由主义的文化创新是对正统规划政策的复述,比如区域间的竞争、场所营造、不动产和市场引导的开发、绅士化,由此会造成空间和社会上的不平等[②]。二是对吸引创意阶层与促进城市发展之间联系的批判。反例之一是德国柏林,柏林拥有特色的建筑、丰富的历史内涵,并保留了冷战时期留下的 3 个歌剧院、7 个交响乐团和大量的博物馆,这种良好的文化氛围吸引了大量的创意阶层,但是严重供过于求的创意阶层并没有带来城市的发展,反而使之成为德国高失业、低增长的城市之一[③]。

第二个创意城市框架是香港大学文化政策研究中心受香港特区政府家庭事务局委托研发的香港创意指数(Hong Kong creativity Index, HKCI)[④],包括 5 个一级指标:一是创意成果,包括经济贡献,经济部门的发明活动,创意的非经济贡献;二是结构/制度资本,包括法律体系、清廉度、信息通信基础设施、社会和文化基础设施、社区设施、金融基础设施、企业家精神等;三是人力资本,包括知识发展环境、知识阶层、人力资源流动性;四是社会资本,包括一般信任、制度信任、互动性、效率感、合作、接受多样性和包容性、对外国移民态度、支持现代价值、表达自我、社会参与等;五是文化资本,包括公共部门和公司资源对文化艺术发展的贡献,对创造力、艺术、艺术教育和知识产权保护的文化标准和价值,社区文化参与的层次和程度。

---

① Florida R, *The Rise of the Creative Class and How It's Transforming Work, Leisure, Community and Everyday Life*, New York: Basic Books, 2004.

② Peck J, "Struggling with the creative class", *International Journal of Urban and Regional Research*, 2005, 29(4): 740-770.

③ Moretti E, *The New Geography of Jobs*, Houghton Mifflin Harcourt, 2012.

④ Hui D, Ng C, Mok P, et al., "A study on Hong Kong Creativity Index", Home Affairs Bureau, The Government of Hong Kong Special Administrative Region, 2005.

第三个创意城市框架是将广义的创意应用于城市更新，使之成为城市更新的理念和工具。代表性学者如英国的查尔斯·兰德利（Charles Landry）①，其在空间规划领域应用了创意城市概念，将创意用于城市规划、空间再造和建筑设计。其城市创新规划工具箱体系包括10个主要的指导性维度：政治和公共服务框架；特色、多样性、活力和表达；开放、信任、宽容和便利；企业家精神、开拓和创新；战略领导力、灵活和远见；才能和学习前景；沟通、联通和社会网络化；环境和环境营造；宜居和幸福；专业和效率。兰德里的架构将各种创造性能力投射到城市的方方面面，特别是用于提升城市文化生活。

第四个创意城市框架是将文化创意形式作为城市发展的主题。代表性的推荐机构是联合国教科文组织于2004年设立创意城市网络（UCCN，UNESCO Creative Cities Network）。网络成员城市的共同目标是将创意和文化产业置于本地发展规划的核心，并在国际层面开展积极合作，网络内的城市在4个方面建立各部门间的合作关系并分享最佳实践：一是加强文化活动、产品和服务的创作、生产、分销和散播；二是发展创意和创新的网络中心，并拓宽文化行业创意者和专业人士的机会；三是改善文化生活的可获得性和可参与性，特别是对边缘或弱势群体而言；四是完全将文化和创意融入可持续发展规划。创意城市网络主要设立7个主题，即手工艺和民间艺术、设计、电影、美食、文学、媒体艺术和音乐。截至2020年5月底，我国加入联合国创意城市网络的城市包括：手工艺和民间艺术之都杭州（2012年）、苏州（2014年）、景德镇（2014年）；设计之都深圳（2008年）、上海（2010年）、北京（2012年）、武汉（2017年）；电影之都青岛（2017年）；美食之都成都（2010年）、顺德（2014年）、澳门（2014年）、扬州（2019年）；文学之都南京（2019年）；媒体艺术之都长沙（2017年）。

二、上海加入创意城市·设计之都

我国有4个城市已申请成为创意城市·设计之都。要成为设计之都，申请城市需要满足联合国教科文组织创意城市网络设定的一系列指标，比如：有设计产业基础，由设计和环境（建筑设计、城市规划、公共空间、纪念建筑、交通设施）支撑的文化景观，设计学校和设计研究中心，在本地和国家层面活跃的设计

① Landry C, *The Creative City: A Toolkit for Urban Innovators*, London: Earthscan Publications, 2000.

师群体，举行设计相关的博览会、活动和展览带来的体验，本地设计师和城市规划师利用本地材料和城市/自然条件的机会，设计驱动的创意产业，包括建筑和装潢设计、时尚和纺织、珠宝和饰品、互动设计、规划设计和可持续设计。

表 4.1 《上海申请加入“创意城市网络”报告》的产业介绍摘录

设计细分行业	2008 数据	2010 年前后观察的禀赋优势与行业力量
工业产品设计	企业/机构近 4 000 家，从业人员达 7 万余人	依托制造业，成为中国工业产品设计最为活跃的地区之一。三股力量：汽车、船舶、飞机、航天和电气装备制造等企业集团的研发设计部门；院校的工业产品设计师资队伍；行业中大量中小型设计公司
建筑和规划设计	营业收入 784.46 亿元，从业人员 9.5 万人，设计大师 33 位	20 世纪初的上海是邬达克等国际优秀建筑设计师施展才华的大舞台，是中国建筑与规划设计机构甲级资质拥有量最多的城市之一，汇聚了国际一流的设计力量
平面设计		中国现代平面设计的发祥之地；聚集了海内外优秀设计力量，涌现了一大批充满创新活力的本土设计公司，以及具有国内和国际影响的设计大师；上海双年展等著名展会
服饰设计	时装/时尚设计师 4 000 多名，时尚设计工作室 500 多家	上海市服装研究所；数量众多的时尚服饰类杂志；国际化的服装设计培训；服装设计业新人辈出
会展设计	收入超过 40 亿元；参观总人次 831 万，境外占比 7.5%；展出面积 706.69 万平方米	集聚了一大批会展设计公司和机构；家具、机械、食品、酒店、汽车、建筑等领域多个展会获得国际展览业 UFI 认证
广告设计	广告经营单位 30 757 户，专业广告企业 16 205 户，广告从业人员 11 万余人；广告经营额 313.35 亿元，占全国的 16.5%	20 世纪 20 年代上海的户外广告和招贴；新中国、改革开放广告业的多个第一；中国最大的媒体广告发布平台之一，拥有一大批多层次的传媒企业和机构；中广国际广告基地
珠宝首饰设计	珠宝经销企业 300 多家，典当企业 50 多家，拍卖行 70 多家	中国早期银楼业的发祥地和集聚中心；拥有一大批著名设计机构，集聚了各类珠宝钻石加工、检测、鉴定机构
软件设计	经营收入 1 004.8 亿元，企业 1 561 家，从业人员 20.9 万人	中国规模最大的软件设计研发基地

续 表

设计细分行业	2008 数据	2010 年前后观察的禀赋优势与行业力量
动漫和游戏设计	(2007 年)网络文化服务业增加值 84.67 亿元,约占全国的 60%;动画片产量 22 部,10 855 分钟,占全国的 10%	2+4+2 格局:“2”指张江和华东师大两个国家级的动漫游戏产业基地;“4”指普陀区、长宁区、浦东新区、闸北区的市级动漫游戏创意产业园区;“2”指 2 个动漫电视频道:炫动卡通和东方少儿频道。其他资源如上海美术电影制片厂、China Joy 等
印刷包装设计	工业总产值 464 亿元,约占全国包装工业的 10%,从业人员 14.2 万,机构数量 5 213 家	依托长三角的纸媒产业和消费品行业;上海国际印刷包装纸业展览会

资料来源:《上海申请加入“创意城市网络”报告》。

在 2005 年和 2006 年上海国际创意产业活动周期间,联合国教科文组织官员建议上海申请成为创意城市·设计之都。2009 年 4 月 27 日市政府常务会议决定正式启动申报工作,成立了由 14 个部门共同参与的“申创”工作领导小组。5 月 7 日,市政府代表团赴法国巴黎联合国教科文组织,正式提出加入“创意城市网络”的申请。5 月 29 日,中国联合国教科文组织全国委员会组织召开专家咨询评审会,复函上海市人民政府同意“申创”工作。6 月 26 日,上海向联合国教科文组织递交申请报告和宣传片。10 月初,联合国教科文组织“创意城市网络”项目官员完成初审,并向国际评委征求意见。2010 年 1 月,全部国际评委反馈评审意见。2010 年 2 月 10 日,联合国教科文组织总干事向上海市市长韩正发函,批准上海正式加入联合国教科文组织“创意城市网络”;2 月 12 日,中国联合国教科文组织全国委员会向上海市人民政府发函,告知已批准上海加入联合国教科文组织“创意城市网络”[①]。这样,上海的创意设计行业有了新的城市品牌和新的行业主题。在上海申请设计之都之时,UCCN 设计之都网络虽并未囊括主要的全球设计产业中心城市,但是我国的深圳,以及柏林、蒙特利尔等设计名城已经赫然在列。上海的基础尤为突出,产业、活动、人才、教育等诸多方面皆有体现城市行业实力的城市资源,很好地满足了“创意城市网络”的要求。后续我国的北京和武汉也先后加入创意城市

① 相关信息来自《上海市政府 2010 年 2 月 26 日专题新闻发布会》,[2020-05-25],http://www.scio.gov.cn/ztk/xwfb/jjfyr/28/wqfbh/document/649635/649635.htm。

网络成为设计之都。但也应看到，随着这个网络的不断拓展，虽然城市间联系和交流渠道更为丰富，然而对于一个超大型城市而言，其作为城市品牌的价值却在不断降低。

表 4.2　联合国教科文组织"创意城市·设计之都"（截止 2020 年 5 月 31 日）

年份	创意城市·设计之都		
2005	柏林(德国)	布宜诺斯艾利斯(阿根廷)	
2006	蒙特利尔(加拿大)		
2008	深圳(中国)	名古屋(日本)	神户(日本)
2010	上海(中国)	圣艾蒂安(法国)	首尔(韩国)
2011	格拉茨(奥地利)		
2012	北京(中国)		
2014	赫尔辛基(芬兰)	都灵(意大利)	毕尔巴鄂(西班牙)
	库里蒂巴(巴西)	邓迪(英国)	
2015	新加坡	布达佩斯(匈牙利)	底特律(美国)
	普埃布拉(墨西哥)	万隆(印度尼西亚)	考纳斯(立陶宛)
2017	武汉(中国)	伊斯坦布尔(土耳其)	科灵(丹麦)
	巴西利亚(巴西)	开普敦(南非)	吉朗(澳大利亚)
	科尔特赖克(比利时)	迪拜(阿联酋)	墨西哥城(墨西哥)
2019	曼谷(泰国)	巴库(阿塞拜疆)	宿务(菲律宾)
	旭川(日本)	克雷塔罗(墨西哥)	穆哈拉格(巴林)
	河内(越南)	福塔莱萨(巴西)	圣何塞(哥斯达黎加)

资料来源：https://en.unesco.org/creative-cities/。

三、创意设计行业的政策动力

创意产业集聚区在 2010 年迎来了新一轮政策推力。2010 年 1 月，胡锦涛总书记视察 8 号桥。其时，园区积聚了境内外 70 多家建筑设计、室内设计、服装涉及、广告、咨询、影视制作等行业的企业。胡锦涛总书记指出，创意产业蕴藏着巨大发展潜力，要求进一步做好园区规划，不断完善服务体系，努力营造创新氛围，真正把创意产业培育成上海经济发展的新亮点[①]。加之上海加入设计之都网络，对创意产业集聚区的支持进一步向以设计为主题的创意产业聚焦。

2010年7月，工信部等11部委联合印发《关于促进工业设计发展的若干指导意见》[②]，提出大力发展工业设计是提升工业竞争力的有效途径，是转变经济发展方式，扩大消费需求的客观要求。在行业集聚方面，要求推动工业设计集聚发展，鼓励各地根据区域经济发展实际和产业、资源比较优势，建立工业设计产业园区；加强公共服务平台建设，吸引工业设计企业、人才、资金等要素向园区集聚；培育和认定一批国家级工业设计示范园区，发挥辐射和带动作用。实际上，国家级工业设计示范园区认定并未实施，但从2013—2019年，工业和信息化部分四批认定了国家级工业设计中心和工业设计企业。

表4.3　　　　四批国家级工业设计中心和工业设计企业信息

批　次	文　　号	上海的中心/企业名单
第一批	工信部产业函〔2013〕500号 26个企业工业设计中心， 6家工业设计企业	上海家化联合股份有限公司工业设计中心（技术中心）
		企业：上海指南工业设计有限公司
第二批	工信部产业函〔2015〕606号 24个设计中心，10家企业	企业：上海龙创汽车设计股份有限公司
第三批	工信部产业函〔2017〕507号 43个设计中心，4家企业	中国商飞上海飞机客户服务有限公司民用飞机工业设计中心
		中芯国际集成电路制造（上海）有限公司设计服务中心
		上海晨光文具股份有限公司产品设计中心
第四批	工信部产业函〔2019〕336号 56个设计中心，6家企业	泛亚汽车前瞻设计与造型中心
		上汽大通汽车有限公司工业设计中心

资料来源：笔者整理。

2011年5月，上海发布《关于促进上海市创意设计产业发展的若干意见》[③]，提出以加入联合国教科文组织“创意城市网络”、建设“设计之都”为契机，全面推动创意设计业快速发展，优化创意设计业在创意产业集聚区的建设

① 参见《人民日报海外版》2010年1月18日相关报道。
② 工信部联产业〔2009〕390号。
③ 沪经信都〔2011〕282号。

布局。在产业方面，结合上海产业发展重点和优势，选择工业设计、时尚设计、建筑设计、多媒体艺术设计等产业规模较大、产业带动效应强、在国内外具有一定影响力、具有较好发展基础和潜力的创意设计行业给予重点支持。在集聚区方面：一是促进创意设计业在重点产业基地和工业园区的配套布局，引导先进重大装备、汽车、船舶和海洋工程装备等领域的配套设计企业在临港装备制造业基地、长兴岛造船基地、嘉定汽车工业基地等相关产业基地内部或周边集聚，推动产业升级；二是优化创意设计业在创意产业集聚区的建设布局，鼓励创意产业集聚区加强园区环境和设施建设，提高园区管理和服务水平，引导经认定的设计创新示范企业、企业设计中心向园区集聚。在活动方面，提出进一步丰富上海国际创意产业活动周的内涵，逐步将其打造成为集展览展示、论坛和奖项评选等于一体的综合性品牌活动；同时积极支持和鼓励参与包括中国国际工业博览会、中国国际动漫游戏博览会、上海时装周、上海国际服装文化节、上海国际室内设计节、国际黄金珠宝展等在内的一批创意设计类大型活动，为创意设计业发展提供成果展示、发布和交易的平台。2012 年起，"上海国际创意产业活动周"更名为"上海设计之都活动周"。另外，2011 年召开的全市创意产业集聚区推进工作会议，明确了当时授牌的 89 家创意产业集聚区，2012 年的名单更新共包含 87 家①。2014 年 1 月，上海市设计之都建设 3 年行动计划(2013—2015 年)发布，提出以上海各类产业园区和科技园区为依托，以"园中园"的形式加强设计服务业的配套入驻，提升园区建设内涵，促进产业融合；继续做好文化创意产业园区的提升发展，促进园区的品牌化、特色化和集聚化发展。

第三节　案例六：典型创意设计园区 8 号桥②

一、8 号桥的开发模式探索

8 号桥最初起步于黄浦区(原卢湾区)建国中路 8—10 号，原是上海汽车制

① 完整名单可见《上海文化创意产业发展报告》，上海市文化创意产业推进领导小组办公室，2013 年。

② 主要信息来源包括：2010 年、2015 年、2017 年三次实地调研；《上海创意产业园的"策源地"为什么会是"8 号桥"?》，[2020-07-08]，https://mp.weixin.qq.com/s/Yz3WeNmeu9Lv-WAbosyRPQ；上海八号桥集团官网，http://www.bridge8group.com/index/index/index.html；黄浦区人民政府官网，https://www.shhuangpu.gov.cn/qq/004004/004004009/subpageSingle.html。

动器厂的老厂房。2003年6月，在与上汽集团协调之后，上海华轻投资管理有限公司与上海汽车制动器公司签订租赁协议。上海华轻投资管理有限公司(简称"上海华轻")最初的设想是在这里做一个"上海产业咨询服务园"，其中有上海市工业开发区招商服务中心和上海(国际)产业转移咨询服务中心，即"一园两中心"。曾在1996—2002年任上海新天地总经理的H先生从瑞安离职后创立了时尚生活策划公司，在区经委负责人W的联络下，有意愿入驻创意氛围浓郁的老场房改造办公场所，遂与上海华轻商定合作共同开发园区，原计划功能变为增加了"上海时尚生活策划中心"的"一园三中心"结构。2003年12月，双方签订了合作开发建国中路8—10号的协议。

改造的难点在于要在建筑面积超过2万平方米的园区延续外观历史风格和在内部功能上进行大的改造，这最后交由日本初创设计公司HMA完成。"桥"是园区的一个标志，在功能结构上，园区内每一座办公楼都有天桥相连，通向其他办公楼；在内涵寓意上，它是连接国内外各创意咨询专业服务团队的沟通之桥。由于所在地址门牌号为8—10号，故最终定名为"8号桥"。

2003年，上海市经委与商委合并成立了新的上海市经委，其兼具制造业和服务业推进和管理职能，而此时正值"创意产业"理念在中国引起反响，8号桥开始结合创意产业政策趋势考虑园区的开发模式。H先生新天地的运营经历便利了项目的招商，改造还在进行过程中就完成了70%以上的预招商，入驻企业不乏建筑设计、文化传媒、电影特效、数字娱乐等领域的翘楚。2004年10月，时任副市长胡延照赴8号桥调研，并在12月再度赴8号桥参加开园仪式；2005年4月，上海第一批18家"创意产业集聚区"授牌仪式在8号桥举行，8号桥位列其中。

二、8号桥模式的3个特征

在8号桥的后续发展中，区级政策支持、周边蔓延扩张和专业形象定位3个特征值得关注。

第一个特征是8号桥作为上海中心区域老厂房开发的一种模式突破，享受了区政府的一系列强力政策支持。其一，8号桥属于历史风貌保护区范围，改造审批权限在上海市而不在卢湾区。为了避免由于审批程序的过度复杂而导致这样一个特色项目搁置，最后的变通方式是确认该地是风貌保护区内的规划绿地，如果按装饰装修改造则无须审批，若后续需要实施绿化再行拆除，但是如果能够把项目做出创新和水平，就有理由保留下来，最后在25个部门参加的区联席会议的把关支持下，这一问题得到解决。其二，依据都市型工业园区和创意产业集聚区的一般标准，入驻企业不得擅自改变工业建筑的结构和使用性质，而8号桥需要进行较大幅度的开发。最终经过一次区长专题会和分管副区长召开的三次联席会议，卢湾区政府同意将8号桥作为老厂房改建的第一个试点。其三，8号桥建成后，为了支持这一模式创新，区级财政给予了专项支持政策，如税收区得部分第一年奖励60%，第二年50%，第三年30%。

第二个特征是8号桥在周边区域继续开发运营，成为具有文化地标蔓延意义的创意产业集聚区。早期运营的成功，使8号桥能够在周边扩张发展，完成了一期到四期的建设：8号桥一期改造前为上海汽车制动器厂和上海新建齿轮厂，建筑面积约1.6万平方米；二期位于黄浦区局门路436号，改造前为上海申贝机械厂、色织三厂和上海电气集团；三期位于局门路550号，改造前为上海电池汇明分厂，二期三期同时开发，总建筑面积约3万平方米，2009年改造完成；四期位于局门路457号，改造前为海色织三厂（后改造为浴场），之后废弃停用，建筑面积约为1.4万平方米，2015年改造完成。8号桥的四期发展，与区域品牌紧密联系，使其成为江南智造区域的主导园区，也使局门路成为著名的创意街区。

第三个特征是8号桥借力于较早启动的先发优势，确立了创意设计的专业园区品牌形象。8号桥内容纳了建筑、装潢、产品、广告、时装、网络等行业的设计企业。比如戴森、Musical.ly、洛可可等设计行业明星，园区后台辅以专业物业管理，借助国家和各省市领导频频视察参观造访的新闻效应，设计业商业地产的形象定位不断明晰，行业影响力日增，吸引的群体特别包括那些需要快速确立设计业市场定位和公司形象的企业[①]。

8号桥吸引了各方面的注意和重视，先后获得上海市首批创意产业集聚区（2005年）、上海市示范性创意产业集聚区（2010年）、第二批上海市文化产业园区（2011年）、上海市文化创意产业园区（2014年）（2019年）、文化创意产业示范园区（2015年）（2019年）[②]、全国工业旅游示范点（2005年）、上海市企业

---

① 王兴全、王慧敏：《破局"千园一面"的文创园区品牌化升级模式》，《中国软科学》2017年第5期，第78—91页。

② 江南智造·上海8号桥文化创意产业园区（二期）（三期）（四期）均名列137家上海市文化创意产业园区（2019—2020年）。

信息化示范园区（2005 年）、上海市对外文化交流基地（2008 年）、上海市 A 级创业孵化示范基地（2017 年）等荣誉。国家和各省市领导纷纷到 8 号桥考察。2006 年 1 月，上海市市长韩正视察 8 号桥；2007 年 8 月，上海市委书记习近平视察 8 号桥；2007 年 12 月，上海市委书记俞正声视察 8 号桥；2010 年 1 月，胡锦涛总书记视察 8 号桥。笔者团队在 2015 年年底承担黄浦区创新办委托的《推进黄浦文创园区结构调整与能级提升研究》课题时，对 8 号桥和其他 3 个园区的租金与周边优质（甲级）商务楼宇租金进行了比较，发现 8 号桥的租金水平明显高于周边，从经济角度反映了其集聚能级较强，具备较高的溢出效应和品牌效应。

表 4.4　　8 号桥与周边商业物业的租金比（2015 年 8 月）

单位：元/平方米/天

创意集聚区	集聚区租金（算术平均）	周边甲级物业	物业租金（算术平均）	集聚区租金/物业租金
8 号桥一期	7(6.5—7.5)	国信商务大厦	4.5(3.5—5.5)	1.56
		巴士大厦	5	1.4
		新电大厦	3	2.33
		复兴广场	5.25(4.5—6)	1.33
8 号桥三期	6.25(6—6.5)	容科大厦	3.25(2.5—4)	1.92
		汇典商务楼	2.25(2—2.5)	2.78
		新富港中心	6	1.04
越界文化产业园	5.1(平层 4；复式 6.2)	华鑫中心	5(4—6)	1.02
		明申商务广场	4.5	1.13
		中国电子贝岭大厦	4.5(4—5)	1.13
德必易园（长宁）	5(4—6)	华宁国际广场	2.5	2
		兆丰广场	6.25(6—6.5)	0.8
西岸创意园	4.2	宏汇国际广场	5.75(5.5—6)	0.73
		兆丰环球大厦	5.25(5—5.5)	0.8
		汇鑫国际	5	0.84

资料来源：走访、邮件、电话等方式从园区招商部获得；商业物业租金数据来源：电话方式从物业招商部、房产中介公司获得。具体工作由 2017 届上海社会科学院部门经济研究所硕士研究生秦彪、信息研究所硕士研究生郑雯共同承担。

第四节 文化创意产业推进领导小组及办公室

一、文创办的组建与职能

对上海文化和创意领域而言，无论是产业还是园区，都存在群龙治水、双头管理的情况。特别是创意设计（产品、建筑、时尚设计等）归属于经济部门，文化传媒（电影、电视、出版、院团）归属于文化部门，兼具经济和文化属性的相关产业和园区/集聚区成为市经济和信息化委员会与市委宣传部并行管理的领域，“创意产业集聚区”和“文化产业园区”名录也在很大程度上有交叉，管理显得重叠、冗余，政府、企业和学界对协同管理的呼声越来越高。2010 年 9 月，中共上海市委办公厅发文《关于建立上海市文化创意产业推进领导小组及办公室的通知》，成立上海市文化创意产业推进领导小组及办公室。领导小组包括市委宣传部、市经济信息化委员会、市发展和改革委员会、市商务委、市教委、市科委、市政府外办、市文广影视局、市新闻出版局（版权局）、市知识产权局、市财政局、市人力资源社会保障局、市规划国土资源局、市地税局、市工商局、市统计局、市住房保障房屋管理局、市旅游局、市政府新闻办公室、市金融办、市建设委、市国资委 22 家成员单位①，由市委副书记兼任领导小组组长。区政府则选择性复制市级模式，依据本区组织架构和产业特征，将办公室设在相应的部门。

表 4.5　　上海市各区文创办所在部门（2020 年）

区　县	部　门
浦东新区	区委宣传部
徐汇区	区委宣传部
虹口区	区委宣传部
金山区	区委宣传部
黄浦区	区商务委

① 后由于机构调整，成员单位变为 17 个，参见上海市文化创意产业推进领导小组办公室官方网站，[2020-06-08]，http://www.shccio.com/home/survey。

续　表

区　　县	部　　门
静安区	区商务委
长宁区	区商务委
嘉定区	区商务委
杨浦区	区商务委
	区文旅局
普陀区	区文旅局
宝山区	区文旅局
青浦区	区文旅局
闵行区	区经委
松江区	区经委
奉贤区	区文创办
崇明区	区生态产业办

资料来源：上海市文化创意产业推进领导小组办公室官方网站，"各区文创办联系方式（2020版）"，[2020－05－31]，http：//www.shccio.com/home/notice/119。

上海市文化创意产业推进领导小组办公室（简称"文创办"），其职能可以归纳为：一是发展规划、年度计划、行业政策的编制与实施；二是行业年度报告编制、年度统计数据发布、重大课题调研、行业简报编发；三是重大项目组织和公共服务平台建设；四是各种行业活动的策划、组织和协调，包括宣传活动、国际国内交流活动、行业会展与活动；五是协调市级文化产业园区创意产业集聚区建设。文创办成立后，逐步对并行管理模式进行了梳理和整合，其中一些工作涉及产业特别是园区的发展。

二、文化创意产业统计口径

文化创意产业推进领导小组及办公室的成立标志着文化产业与创意产业合并为文化创意产业。2011年9月《上海市文化创意产业分类目录》[①]包含10个大类，分别是出版业、艺术业、工业设计业、建筑设计业、网络信息业、软件与

① 沪文创办〔2011〕40号。

计算机服务业、咨询服务业、广告及会展服务业、休闲与娱乐服务、文化创意相关产业。2010 年，上海市文化创意产业增加值为 1 673.79 亿元。2013 年版[①]在《国民经济行业分类》(GB/T4754—2011)基础上将休闲与娱乐服务调整为休闲娱乐业，将出版业调整为媒体业，增加时尚创意业；2018 年版在《国民经济行业分类》(GB/T4754—2017)基础上，将网络信息业调整为互联网和相关服务业，将软件与计算机服务业调整为软件与信息技术服务业，将文化创意相关产业分列为文化装备制造业、文化创意投资运营、文化创意用品生产。

表 4.6　　上海文化创意产业增加值历年统计(2011—2018 年)

分类 \ 年份	2011	2012	2013	2014	2015	2016	2017	2018
媒体业	160.5	143.82	146.06	156.76	184.07	193.10	174.11	349.46
艺术业	58.14	67.25	71.16	80.50	83.17	91.39	103.12	71.89
工业设计业	189.45	196.54	248.47	273.99	338.31	354.71	449.32	425.56
建筑设计业	283.67	301.93	352.59	385.98	397.05	407.11	439.23	404.42
时尚创意业		143.52	131.03	121.29	126.48	126.26	138.38	395.20
网络信息业	80.48	96.46	130.4	159.99	216.66	225.93	259.34	134.37
软件与计算机服务业	357.61	395.33	436.65	509.06	502.31	619.31	695.4	850.11
咨询服务业	237.83	256.97	308.9	367.47	365.36	396.71	467.61	563.06
广告及会展服务业	188.24	214.67	230.36	247.40	259.74	261.39	279.22	308.45
休闲娱乐服务业	146.22	156.58	189.42	217.37	232.81	284.72	334.42	326.18
文化创意相关产业	221.6	296.69	310.35	313.26	332.52	349.75	378.21	399.02*
总计	1 923.75	2 269.76	2 555.39	2 833.08	3 038.48	3 310.39	3 718.35	4 227.72

注：其中，文化装备制造业为 161.62 亿元、文化创意投资运营为 155.60 亿元、文化创意用品生产为 81.81 亿元。

资料来源：2018 年数据来自上海市文化创意产业推进领导小组办公室、上海图书馆(上海科学技术情报研究所)：《上海文化创意产业发展报告》，2019。2011—2017 年数据来自王慧敏、王兴全、曹祎遐：《上海文化创意产业发展报告(2017—2018)》，社会科学文献出版社 2018 年版；王慧敏、王兴全、曹祎遐、孙洁：《上海文化创意产业发展报告(2015—2016)》，社会科学文献出版社 2016 年版。

这一分类的争议之处在于范围过广，囊括了国家统计口径的文化产业和原本就有争议的上海创意产业，并加入了网络新兴业态。但不可否认，这种相

① 沪文创办〔2013〕19 号。

对宽泛的定义，一方面使文化创意产业能够在市级战略中占有一席之地，另一方面使园区可以合理容纳更广泛的业态，让更多的园区产生发展成为可能，也增强了对创意属性较高的现代服务业的推动。另外，如同英国的创意产业统计的演变一样，文化创意产业统计工作的开展是主题化发展重要性和跨部门协调成本的折衷。2019 年年底，上海市统计局明确今后只向社会发布国家认定的文化及相关产业数据，不再发布文化创意产业相关数据[1]。

表 4.7　　文化创意产业统计相关机构分工(2012 年)

<table>
<tr><th>产业领域</th><th>牵头部门</th><th>配合部门</th><th>协调部门</th></tr>
<tr><td>媒体业</td><td>市委宣传部</td><td>市文广局、市新闻出版局</td><td rowspan="4">市委宣传部</td></tr>
<tr><td>艺术业</td><td>市委宣传部</td><td>市文广局</td></tr>
<tr><td>广告及会展服务业</td><td>市委宣传部</td><td>市工商局、市商务委、市经信委、市文广局</td></tr>
<tr><td>休闲娱乐服务业</td><td>市委宣传部</td><td>市旅游委、市经信委、市文广局</td></tr>
<tr><td>工业设计业</td><td>市经信委</td><td></td><td rowspan="4">市经信委</td></tr>
<tr><td>时尚创意业</td><td>市经信委</td><td>市商务委</td></tr>
<tr><td>软件与计算机服务业</td><td>市经信委</td><td></td></tr>
<tr><td>建筑设计业</td><td>市建交委</td><td>市经信委、市规土局</td></tr>
<tr><td>网络信息业</td><td>市委宣传部、市经信委</td><td>市文广局、市新闻出版局</td><td rowspan="2">市委宣传部、市经信委</td></tr>
<tr><td>咨询服务业</td><td>市商务委</td><td>市经信委</td></tr>
</table>

资料来源：《上海文化创意产业发展报告》，上海市文化创意产业推进领导小组办公室，2012 年。

第五节　“十二五”时期文化创意产业相关规划

中共十八大报告[2]对文化产业的论述是：增强文化整体实力和竞争力，要坚持把社会效益放在首位、社会效益和经济效益相统一，推动文化事业全面繁

① 信息来源：《对区政协十四届四次会议第 20—1131 号提案的答复》，索引号：SY0024368010202000005，徐汇区统计局发，发文字号：徐统〔2020〕4 号。

② 参见《坚定不移沿着中国特色社会主义道路前进，为全面建成小康社会而奋斗——在中国共产党第十八次全国代表大会上的报告(2012 年 11 月 8 日)》。

荣、文化产业快速发展。在产业组织和企业发展方面,一是注重促进文化和科技融合,发展新型文化业态,二是提高文化产业规模化、集约化、专业化水平,在这一时期的一系列规划中,集聚发展都被解释为实现这一目标的主要方式。这代表了"十二五"期间文化产业和园区发展阶段特征的认识。此处介绍和讨论的重点是与《上海市文化创意产业发展"十二五"规划》有关的上位规划和平行规划,特别是其中涉及文化产业、产业园区和工业遗产的规划政策措辞。

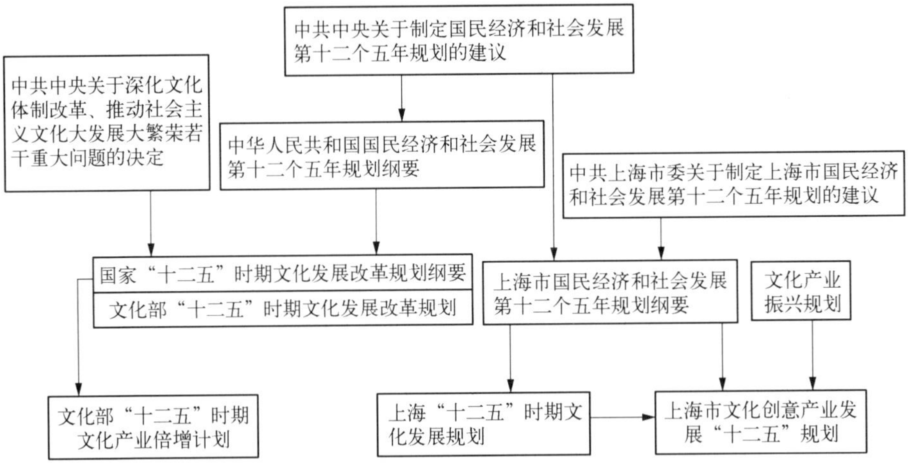

图 4.3 "十二五"时期相关规划之间的依据关系概貌

一、三个层级的上位规划

第一个规划是 2011 年 3 月发布的《国民经济和社会发展第十二个五年规划纲要》①,其中提出加快发展文化产业,推动文化产业成为国民经济支柱性产业,增强文化产业整体实力和竞争力。关于重点行业和领域,提出推进文化产业结构调整,大力发展文化创意、影视制作、出版发行、印刷复制、演艺娱乐、数字内容和动漫等重点文化产业;推进文化产业转型升级,推进文化科技创新,研发制定文化产业技术标准,提高技术装备水平,改造提升传统产业,培育发展新兴文化产业;关于产业集聚,提出实施重大文化产业项目带动战略,加强文化产业基地和区域性特色文化产业群建设;关于遗产保护,提出加大近现代革命文化遗存、民族工业文化遗存和优秀建筑保护,提高文化遗产的传承、保

① 第十一届全国人民代表大会第四次会议表决通过。

护、管理和利用水平，切实保护城市历史文脉。

第二个规划是 2012 年 2 月中共中央办公厅、国务院办公厅印发的《国家“十二五”时期文化改革发展规划纲要》，其中提出构建结构合理、门类齐全、科技含量高、富有创意、竞争力强的现代文化产业体系，推动文化产业跨越式发展，使之成为新的经济增长点、经济结构战略性调整的重要支点、转变经济发展方式的重要着力点，为推动科学发展提供重要支撑。关于重点行业和领域，提出推进文化产业结构调整，发展壮大出版发行、影视制作、印刷、广告、演艺、娱乐、会展等传统文化产业，加快发展文化创意、数字出版、移动多媒体、动漫游戏等新兴文化产业；关于产业集聚，提出规划建设各具特色的文化创业创意园区，支持中小文化企业发展，加强文化产业基地规划和建设，规范建设一批全国文化产业示范区，发展文化产业集群，提高文化产业规模化、集约化、专业化水平；关于遗产保护，提出正确处理保护与利用、传承与发展的关系，促进文化遗产资源在与产业和市场的结合中实现传承和可持续发展，鼓励对工业遗产、文化景观、考古遗址公园进行综合开发利用。

2012 年 5 月《文化部“十二五”时期文化改革发展规划》[①]，对集聚有更为具体的论述，即提出建设文化产业基地、园区和特色产业群，借以推动文化产业结构调整，促进文化产业转型升级，提高文化产业规模化、集约化、专业化水平。具体包括：加强对文化产业基地、园区的规划、认定、调整和指导工作，对园区、基地实行动态管理，建设一批高起点、规模化、代表国家水准和未来发展方向的国家级文化产业示范园区和一批集聚效应明显的文化产业示范基地；加强对现有动漫游戏产业基地的指导，强化基地的孵化、交易、展示、培训等作用；开展特色文化产业示范区创建工作，在特色文化资源富集地区，培育一批特色鲜明、主导产业突出的特色文化产业集群。

2012 年 2 月《文化部“十二五”时期文化产业倍增计划》(简称《倍增计划》)，[②]针对文化产业的 5 年计划，将集群发展作为产业升级的重要抓手，以及作为落实中共十八大报告要求，提高文化产业规模化、集约化、专业化水平的方式；提出建设 10 家左右高起点、规模化、代表国家水准和未来发展方向的国家级文化产业示范园区和一批集聚效应明显的文化产业示范基地；开展特色文化产业示范区创建工作，在特色文化资源富集地区，培育 100 个左右特色鲜

① 文政法发〔2012〕13 号。

② 文产发〔2012〕7 号。

明、主导产业突出的特色文化产业集群和一大批特色文化产业乡镇；强化品牌意识，以国家文化产业示范基地为依托，培育 300 家左右品牌文化企业，开展国家文化产业示范基地影响力评价活动，激励示范基地争创一流、扩大影响、打造品牌。

在推进的同时，《倍增计划》也注重引导调控，防止盲目投资、一哄而上，推动文化产业从数量速度型向质量效益型转变。这不仅包括加强对文化产业园区、基地布局的统筹规划，坚持命名和认定的标准，严格控制文化产业园区、基地数量，强调文化内容，突出各自特色，提高发展水平；也包括规范各类文化产业博览会的举办，防止盲目跟风、过多过滥，造成资源浪费；还包括配合行业主管部门，加大土地使用监管力度，不断提高文化产业用地使用效率，严格禁止以文化产业之名违规占地。

表 4.8　《文化部“十二五”时期文化产业倍增计划》中的集群表述

类　别		计　划　表　述
加强文化产业区域布局	东部地区	加快发展动漫游戏、创意设计、网络文化、数字文化服务等行业，培育科技型文化产业集群
	中西部及限制开发功能区	重点发展演艺、文化旅游、艺术品、工艺美术、节庆会展等文化产业，走特色化、差异化、集聚化发展之路
统筹城乡文化产业发展	大型城市和城市群	加快发展新兴文化业态，鼓励科学制定功能区域规划，形成各具特色、合理分工、重点突出的文化产业空间布局
	中小城市	完善文化消费基础设施，利用特色文化资源打造产业亮点
	资源型城市	合理利用闲置旧厂房、废弃工业设施等，发展创意设计、演艺、会展、文化旅游等文化产业项目
	农村	鼓励发展手工艺品、民间演出和乡村文化旅游，培育打造一批特色文化产业乡镇和文化产业特色村
培育区域性特色文化产业群	特色文化产业	通过规划引导、政策扶持、典型示范等办法，引导有序聚集，发展壮大一批特色明显、集聚度高的特色文化产业基地
	文化遗产	培育一批民族演艺、文化旅游、工艺美术等产业集群，推进藏羌彝文化产业走廊等重大项目，增强特色文化产业群的聚集力、辐射力和竞争力
推进文化科技创新体系建设		依托国家高新技术园区、现代服务业产业化基地、国家级文化产业示范园区和基地，建立各具特色的国家级文化与科技融合示范基地

续　表

类　别		计 划 表 述
特色文化产业工程		推动特色文化城市和特色文化产业示范区建设，引导各地加大扶持力度，因地制宜，突出特色，形成一批具有地方特色的基地、园区和文化产业群
国产动漫	振兴工程	加大原创动漫游戏产品扶持力度，支持重点动漫企业和动漫产业园区；推动中国动漫游戏城(北京)和国家动漫产业综合示范园(天津)建设
	公共技术平台	在动漫产业集聚区建立动漫技术设备、公共技术服务支撑体系和共享机制
加强教育培训	创办中国文化产业研究院	积极探索政府、高校、院所、企业合作培养机制，建立一批文化产业人才培养基地和文化产业创业园、孵化器
重点行业	动漫业	加强对国家动漫产业基地园区的管理，优化基地园区布局，提高基地园区的孵化、集聚、交易、展示、交流功能
	演艺业	形成 1—2 个国际知名的演艺产业集聚区；发挥地方特色演艺品牌的辐射效应，培育民族民间演艺产业群
	文化旅游业	科学编制规划，积极策划文化旅游的精品线路，建设旅游文化名街、名镇，打造文化旅游特色产业集聚区
	艺术品业	形成 2—3 家具有世界影响的艺术产业集聚区，鼓励原创艺术创作，推动画廊业发展，鼓励各地结合自身资源建立艺术产业集聚区
	工艺美术业	建设一批工艺美术特色产业集聚区和工艺美术研发、设计、创意基地；推动农村手工艺业发展，通过产业集聚培育一大批特色文化产业乡镇
	创意设计业	支持打造 3—5 个世界知名的“设计之都”；支持创意设计企业与高等院校联合建设创意设计产业人才培养基地

资料来源：笔者整理。

二、上海本地的 3 个规划

第一个本地规划是 2011 年 1 月通过的《上海市国民经济和社会发展第十二个五年规划纲要》[①]。其中提出加快发展文化创意产业，坚持文化、创意、金

① 2011 年 1 月上海市第十三届人民代表大会第四次会议通过。

融、科技融合发展，提升文化创意产业竞争力和辐射力，努力使文化创意产业走在全国前列。对于重点行业和领域，提出积极发展文化新业态，聚焦媒体、艺术、工业设计、时尚、休闲娱乐等领域，重点发展数字出版、新媒体、网络文化、动漫游戏等新兴业态，加快发展服装服饰、黄金珠宝等都市型时尚产业。对于产业集聚，提出实施重大项目和基地建设战略，积极盘活西藏中路、人民广场区域内原有文化娱乐设施，集聚国内外各种演艺娱乐资源，打造环人民广场文化演艺娱乐集聚区；加快建设国家动漫游戏产业示范区、国家数字出版基地、佘山文化影视产业基地、国家音乐产业基地、国家网络视听产业基地、国家绿色印刷创意示范园区、国家工业设计示范园区以及各类创意产业集聚区。

第二个规划是 2011 年 1 月发布的《上海文化文物广播影视发展“十二五”规划》①。其将城市文化定位描述为文化魅力十足、文化特色突出、文化设施一流、文化产业发达、文化市场规范、文化精品纷呈、文化氛围浓厚、文化人才辈出的“国际文化大都市”，并提出逐步形成辐射全国的文化强市、亚太地区一流的文化名城、具有全球影响力的文化高地。规划还从各个细分领域对城市文化定位提出了规划设想，比如打造形成“全国深入推进文化体制改革的领先城市”“具有广泛影响、文化氛围浓郁的公共文化服务便捷之都”“全国乃至亚太地区的文化产业中心和资源配置中心”“全球城市体系中重要的文化交流国际平台”“具有全国影响力与辐射力的文化艺术创作与创意中心”。对于产业集聚，规划提出加快上海的文化产业基地建设，建立一批具有区域特色的文化产业集群；落实土地政策，切实推动文化产业园区建设。

第三个规划是 2012 年 6 月印发的《上海市服务业发展“十二五”规划》②。其将文化创意产业作为支柱产业，提出建成一批各具特色的文化创意产业园区，提高产业规模化、集约化和专业化水平。对于产业重点，提出大力发展媒体产业、提升文化艺术业、做强创意设计产业。在创新规划土地管理政策中，提出优化用地结构，提高服务业用地比例；复述国办发〔2008〕11 号文的意见，即支持以划拨方式取得土地的单位利用工业厂房、仓储用房等存量房产和土地资源，兴办信息服务、文化创意、科技服务等现代服务业，土地用途和使用权可暂不变更。

---

① 由于《上海“十二五”时期文化发展规划》并未公开发表，因而选择《上海文化文物广播影视发展“十二五”规划》（沪文广影视〔2011〕154 号）以作比较之用。

② 沪府发〔2012〕59 号。

三、上海市文化创意产业发展“十二五”规划

2011年《上海市文化创意产业发展“十二五”规划》制定完成，其上位规划是国家《文化产业振兴规划》《上海市国民经济和社会发展第十二个五年规划纲要》《上海“十二五”时期文化发展规划》及创意城市建设目标，这是至2020年为止第一份也是唯一一份文化创意产业规划，是从跨部门议程形成的“文化创意产业”规划共识。《上海市文化创意产业发展“十二五”规划》是对2010年前后上海“新生”的文化创意产业的全面总结和展望。当时恰逢土地政策绿灯开始发挥效力、财政资金开始启动，行业发展推动力强劲，规划体现了行业的发展愿景。

从其中对“十一五”期间园区的总结来看，有2/3以上的园区是以“三个不变”的操作办法对老厂房、老大楼、老仓库的改造。截至2010年年底，经两部门认定的文化产业园区15个，创意产业集聚区80个，园区总建筑面积超过270万平方米，入驻企业超过8 200家，从业人员达15.5万余人。其中的14个项目或是大型园区，或是园区的集群，或是园区与其他机构的联动。从今天来看，或是受行业周期影响，或是受体制机制约束，或是由于新媒体技术更迭并未依循预想的路径，建筑设计、黄金珠宝、音乐出版等一些规划未如愿景；而从全市布局来看，线上内容产业等则超出了预期，成为发展亮点。

表4.9　《上海市文化创意产业发展“十二五”规划》的主要基地项目

园区和基地		规划设想
国家数字出版基地	新闻出版总署与上海合作	电子书工程，加快传统出版业转型；其中张江国家数字出版基地和虹口延伸园区参与建立电子书工程技术标准
国家音乐产业园区	新闻出版总署产业部署/上海产业发展	建立若干个以原创为核心的国家级音乐产业集聚区，使上海成为中国主要的音乐作品创作、演出、出版、体验中心，音乐产品生产、销售中心
国家绿色印刷产业示范园区	国际绿色印刷和服务外包转移重要承载地	实现绿色印刷产业链整合、成长型印刷企业孵化、印刷数字化技术创新、印刷高端人才培育、印刷业务国际交流
国家网络视听产业基地	广电总局和上海合作	(紫竹)形成年产值50亿元的网络视听产业基地；(金桥)扶持中国移动视频运营中心、中国电信视讯运营中心

续 表

园区和基地		规划设想
国家动漫游戏产业示范区	文化部与上海合作	中国国际数码互动娱乐产品展览会等活动；率先形成多园区格局示范区，使上海成为国际知名动漫游戏原创中心、技术创新中心和生产运营中心
环东华时尚产业基地		一轴双核三带四片区，形成设计、研发、智造、营销、贸易、零售、会展、传媒、模特演艺、时尚培训、金融服务等组成的时尚创意产业链
上海国际时尚中心	开展二期、三期项目建设	时尚创意、品牌体验、时尚文化、时尚配套、时尚生活和主题炫动六大功能，打造成东亚和东南亚地区规模最大、时尚元素最为丰富的创意园区
江南智造创意产业集聚区		打造以 8 号桥、智造局、龙之苑等园区为重点的江南智造，以一区多园、组团发展方式，形成设计创意产业高地；局门路沿线形成特色创意走廊
昌平路时尚设计集聚带		调整改造一批集聚区，推进 800 秀、源创等重点集聚区建设，完善静安时尚、传媒、广告、动漫、戏剧等产业链，提升国际品牌高地和时尚中心地位
碧海金沙旅游创意园		在奉贤海湾旅游区东部建设国际一流滨海旅游、休闲度假、游乐运动、文化创意于一体的大型文化和旅游产业园区
环同济建筑设计基地	依托同济大学周边知识资源集聚优势	加快同济大学创意设计学院等项目建设，打造面向设计企业的公共服务平台、设计创意展示平台和设计人才培养平台
国际黄金珠宝产业创意园区	豫园黄金珠宝城的优势	推进豫园中圈、外滩南京路东段和福州路开发建设，打造国家级黄金珠宝饰品的设计研发、信息发布、精品展示和采购交易中心
上海迪士尼项目（一期）	根据国务院批复，按计划推进	带动动画影视制作、休闲娱乐提升能级量级
上海国际汽车城设计研发港	国际汽车城多动能综合性产业基地优势	与同济嘉定校区校企联动，在国内领先公共研发平台以及上海大众和上海汽车研发、技术中心基础上，打造功能完善、国际先进的汽车研发设计基地

资料来源：笔者整理。

在规划的产业整体空间布局中，上述文化创意基地多数是具有文化或创意政策意义的重要能量点。综合考虑文化产业园区、创意产业集聚区、文化设施、文化空间、文化创意产业带等各种空间组织形式，上海文化创意产业的规划布局在“十一五”的“两带”基础上，扩展至“一轴两河多圈”。这是根据全市规划的现代服务业集聚带，综合考虑区域文化创意产业发展特征后的提炼。“一轴”串联了从东到西的高能级文化创意集聚区或集聚带；“两河”一方面反映了黄浦江开发的文化战略的叙事，另一方面反映了苏州河开发的工业遗产封存和空间文化再造；“多圈”则是根据各个区域的要素禀赋，从规划角度进一步明确区域文化定位和文化品牌，进而使上海的文化品牌建立在一系列具有辨识度的区域文化“马赛克”之上。

表 4.10　　一轴两河多圈的具体内涵

	范　围	功　能	节　点
一轴	横贯中心城区东西向的轴线，西起虹桥商务区，东至金桥、张江	东段延伸到金桥、张江，以网络信息和动漫游戏为主的战略性新兴文化创意产业基地；西段延伸到虹桥商务区，以专业会展、广告创意、商贸咨询、数码制作、文化贸易、工艺礼品、高端演艺、特色娱乐等商务型文化创意服务为主的服务全国、辐射长三角的产业基地	虹桥商务区、虹桥国际舞蹈中心、环东华时尚产业集聚区、静安时尚创意产业示范区、静安现代戏剧谷、淮海中路国际时尚消费区、南京东路—环人民广场文化旅游消费区、陆家嘴金融贸易旅游会展集聚区、张江国家数字出版基地、张江文化科技创意产业基地和动漫谷
两河	黄浦江滨江文化创意集聚带，北起杨浦区，南至徐汇区的黄浦江沿岸	以黄浦江两岸开发和世博后效应为契机，重点发展研发设计、会展、广告、旅游、咨询、时尚消费、文化创意展示、演艺娱乐、主题观光等产业，努力打造集中体现产业历史文脉、展现国际化大都市特点的文化创意产业集聚带	上海国际时尚中心、杨浦滨江工业设计功能区、北外滩航运中心咨询策划功能区、十六铺上海码头文化创意旅游功能区、世博园区城市最佳实践创意区、江南智造创意设计功能区、徐汇滨江创意商务功能区等
	苏州河滨河文化创意产业集聚带，西起普陀区，东至虹口区的苏州河沿岸	以普陀、长宁、静安、闸北和虹口苏州河两岸开发和旧区改造为契机，利用沿岸老厂房、老仓库等工业遗存等，建设以设计、媒体、艺术、广告、动漫游戏等为主体特色，体现仓库文化与沿岸工业文化相融合、集旅游休闲与创意体验功能于一体的文化创意产业集聚带	普陀长风生态文化园、M50、长宁湖丝栈创意园、静安苏州河沿线时尚体验区、闸北苏河湾、虹口上海音乐城等
多圈	文化产业园区及创意产业集聚区	形成若干个国家级文化产业示范基地、工业设计示范基地，数十个文化产业园区和百个以上的创意产业集聚区	设计卢湾（黄浦）、低碳世博、时尚静安、旅游黄浦、经典虹口示范创意城区，环同济创意产业集聚区、上海汽车设计之都等

资料来源：笔者整理。

第六节　文化创意产业园区认定与基金支持

一、文化创意产业园区授牌

文化创意产业推进领导小组及办公室的成立，不仅便利了文化产业和创意产业在统计上的并轨，还便利了文化产业园区与创意产业集聚区在授牌上的并轨，两者合并为"文化创意产业园区"。上海市文化创意产业推进领导小组办公室（文创办）依据《上海市文化创意产业园区管理办法（试行）》[①]，进行存量翻牌和增量新授牌。2014 年分两批共授牌 106 家"上海市文化创意产业园区"，2016 年第三批又授牌 22 家，共 128 家。正式版认定条件（文创办〔2017〕11 号）包括四个方面：一是要求园区自身建设和发展规划符合城市总体规划和文化创意产业发展规划，且应符合建筑、消防、安全、节能、环保、卫生、历史建筑保护等相关规定，并按规定办理有关手续。二是园区建筑面积一般在 1 万平方米以上；园区内的商业配套服务设施面积原则上不超过园区总建筑面积的 20%；园区完成建设改造，入驻率达到 70%以上。三是有鲜明的产业特色和定位，产业门类符合本市文化创意产业规划重点发展领域；拥有一个或若干个主导产业门类，主导产业门类的企业应占园区可出租面积（不包括园区内的商业配套）的 70%以上。四是有合理规范的管理机构和运营机制，能够有效组织开展园区的建设、招商、运营管理以及相关统计工作；有较完善的公共服务支撑体系，能够为园区内企业提供相关公共服务；园区房屋租赁应由园区运营管理机构负责，房屋租赁应符合园区产业功能要求，并按规定办理登记备案手续。

区级政府也实施了园区认定或评比，部分街镇政府也有相应举措。与市一级园区认定相比，区级主管部门往往将双落地（注册和税收）或三落地（功能、注册和税收）纳入认定条件，即对落地率有明确要求。另外一些区还有特定条件，比如：宝山区要求租赁合同的剩余有效期限不少于 5 年；杨浦区要求运营管理主体净资产不低于 2 亿元；松江区要求园区企业整体税收在 1 000 万

① 沪文创办〔2014〕20 号，正式版沪文创办〔2017〕11 号，后又有沪文创办〔2018〕16 号。

元/万平方米以上[①]。各级政府的认定不仅为部分需要进行品牌定位的园区提供了官方背书，更解决了沪府办发〔2008〕37 号文对园区提出的产业部门认定要求。对园区而言，认定工作显得至关重要，因为从 2005 年的创意产业集聚区政策和 2007 年的服务业绿灯政策之后，在认定之外，几乎没有针对园区的专门政策。

另外，市文创办根据《上海市文化创意产业示范园区认定和管理实施细则》(简称《实施细则》)[②]，在 2015 年进一步优选，授牌了上海张江文化创意产业园区、国家对外文化贸易基地(上海)、8 号桥、800 秀创意产业集聚区、长宁德必易园、M50 艺术产业园、中广国际广告创意产业园、上海天地软件园、创智天地、越界创意园十家"文化创意产业示范园区"。《实施细则》注重品牌效应，这一方面包括申报园区自身注重品牌塑造，具有良好的品牌效应和较高的社会知名度，品牌价值名列全市文创园区前列，另一方面园区内的入驻企业也应注重品牌塑造。在集群效应方面，园区产业应特色鲜明，从事特色行业的企业应占园区入驻企业总数的 70%(不含商业配套)以上；园区对产业链和相关产业集聚具有较强的引领、带动作用，园区还应集聚一定数量的行业领军人才，包括国家、省市级工艺美术大师等。在经济效应方面，园区单位面积产出应位于全市文创园区前列。在规模方面，园区原则上建筑面积不小于 3 万平方米，对于实行连锁经营的文创园区，可按同一区县内连锁经营园区的面积合并申报。这反映了管理部门在品牌、产业、经济、空间四个方面对园区的要求。

表 4.11 上海市区(部分)两级《文化创意园区管理办法》的部分条件比较

管理办法	建筑面积(m^2)	商业配套(%)	入住率(%)	主导产业占比(%)	注册和税收落地率(%)
《上海市文化创意产业园区管理办法》(文创办〔2017〕11 号)	10 000	20	70	面积 70	
《上海市创意产业集聚区认定管理办法(试行)》(沪经规〔2008〕375 号)	10 000	20	70	企业数量 70	
《黄浦区文化创意产业园区、文创楼宇及空间管理办法》(黄商务委〔2018〕071 号)	7 000	20	70	面积 70	

① 资料来源见表 4.11。

② 沪文创办〔2015〕2 号，后并入《上海市文化创意产业园区管理办法》沪文创办〔2017〕11 号。

续 表

管理办法	建筑面积（m^2）	商业配套（%）	入住率（%）	主导产业占比（%）	注册和税收落地率（%）
《杨浦区文化创意产业园区管理办法》（杨文创办〔2015〕4号）	10 000	20		数量70	70
《上海市长宁区文化创意产业园区管理办法（试行）》（2018年7月）	8 000	15	70	面积65	50
《闵行区特色文化创意产业园区认定管理办法（试行）》（闵经委发〔2018〕76号）	10 000	20	50	数量40	60
《宝山区文化创意产业园区及楼宇认定办法》（未注日期，应为2018年7月之后）	10 000	30	60	面积60 营收60	60
《松江区文化创意产业园区认定和管理办法》（沪松经〔2019〕46号）	10 000	10	50	数量40 面积50	80
《青浦区区级文化（创意）产业园创建办法（试行）》（2017年）	10 000		50		
《上海市奉贤区文化创意产业园区管理办法（试行）》（2017年）	8 000	10	70	数量65	50

资料来源：笔者整理。

二、促进文化创意产业发展财政扶持资金

自2012年起，上海市财政通过“上海市促进文化创意产业发展财政扶持资金”支持行业发展。从2013—2017年度《上海市促进文化创意产业发展财政扶持资金项目申报指南》引用的参照文本来看，财政扶持资金主要由创意设计、宣传文化、信息化和服务业四个专项资金渠道构成。其对应的办法包括：《上海市促进创意设计产业发展财政专项资金实施办法》（2013—2016年为试行）、《上海市信息化发展专项资金管理办法》、《上海市宣传文化专项资金管理暂行办法》（2017年名称微调为《上海市市级宣传文化专项资金管理办法》）、《上海市服务业发展引导资金使用和管理办法》。扶持资金每年为包括文创园区及其入驻企业在内的文创行业提供约3亿元的产业资助，区财政对市财政扶持资金予以相应配套。财政扶持资金的设立，使得文化创意产业和文化创意产业园区再获强劲扶持动力。

表 4.12　　2016—2019 年文化创意产业相关的四种上海市财政专项资金　　单位：万元

专项基金＼年份	2016	2017	2018	2019
文化创意产业设计财政扶持专项资金	13 702.9	14 247.5	14 250	14 250
宣传文化专项资金	56 000	56 000	86 000	85 800
文化创意产业财政扶持资金	5 000	5 000	5 000	14 200
其他重点文化产业项目扶持资金(含动漫、网络视听)	7 200	4 400	2 800	200
上海市信息化发展专项资金	54 984.4	54 962.7	54 461.7	56 373.5
服务业发展引导资金	32 444.9	27 202	27 485.1	26 719

资料来源：参见上海市人民政府官方网站[2020-04-28]，http://www.shanghai.gov.cn/nw2/nw2314/nw2319/nw32905/nw41584/index.html。

从实施办法文本来看，2012 年 6 月发布的《上海市促进文化创意产业发展财政扶持资金实施办法(试行)》[①]，依据的上位政策文本是《上海市文化创意产业发展“十二五”规划》，其中并未明确提及文化创意园区。其后的更新文本在支持范围内明确，支持文化创意产业公共服务平台(包括文化创意产业园区等)建设和推广应用。以沪文创办〔2015〕36 号的规定为例，文创资金采取无偿资助、贷款贴息等方式安排使用：采取无偿资助方式的，单个项目支持比例一般不超过总投资的 50%，研究课题为全额资助；采取贷款贴息方式的，根据项目贷款额度及人民银行公布的同期贷款法定基准利率确定。各区县根据区域文化创意产业发展的特点，应对项目安排不低于 1∶0.5 的配套资金支持(其中公共服务平台或人才梯队建设特征明显的项目除外)。

历年《上海市促进文化创意产业发展财政扶持资金项目申报指南》(简称《申报指南》)都将文化创意产业园区列入支持范围。2012 年《申报指南》资助范围包括园区综合信息咨询服务平台的建设和应用推广。2013 年《申报指南》支持文化创意产业集聚发展；主要用于支持具有示范带动作用的各类文化创意产业集聚区公共服务平台项目，以及为促进集聚区发展制定的发展战略、产业发展、功能定位等规划类项目。文化创意产业园区成了 2012 年和 2013 年

① 试行版为 2012 年和 2013 年基金实施依据；其后更新版本依次为：沪文创办〔2014〕3 号(2014 年度基金)、沪文创办〔2014〕19 号(2015 年度基金)、沪文创办〔2015〕36 号(2016 到 2018 年度基金)、沪文创办〔2018〕38 号(2019 年度基金)。

最为重要的支持方向之一。2014年《申报指南》拓展了政策视野，支持文化创意产业集聚和外溢发展；主要用于支持具有示范带动作用的各类文化创意产业集聚区（园区）公共服务平台项目，以及为促进集聚区（园区）发展制定的发展战略、产业发展、功能定位等规划类项目，促进产城融合，实现外溢效应。2015年和2016年《申报指南》在2014年《申报指南》基础上增加了“对市级文化创意产业示范园区发展予以重点支持”；2017年《申报指南》删除了“为促进园区发展制定的发展战略、产业发展、功能定位等规划类项目”。2018年《申报指南》支持具有示范带动作用的各类文化创意产业园区的公共服务平台项目，促进产城融合，推动城市产业升级和城市更新。2019年《申报指南》将文创园区、楼宇和空间纳入成果类项目：支持市级文化创意产业园区、示范楼宇、示范空间等载体建设公共服务平台，提供专业化服务、举办高端展览展示、开展行业交流等。

表4.13　部分获扶持资金的文化创意产业示范园区

年份/编号	项目名称	建设运营单位
2012年	江南智造创意设计转化和培训平台	上海史坦舍商务服务有限公司
2012年	八号桥设计交流平台	时尚生活策划顾问（上海）有限公司
2012年	上海影视产权服务平台	上海紫竹数字创意港有限公司
2012年	德必文化创意企业综合服务平台	上海德兰郡行物业服务有限公司
2012年	中国（上海）网络视听产业基地网络集群渲染平台	上海紫竹数字创意港有限公司
2012年	M50文化艺术传播体验服务平台（一期）	上海M50文化创意产业发展有限公司
2012年	中广国际广告创意产业基地孵化器	中广国际广告创意产业基地发展有限公司
2012年	上海数字信息传播服务平台	上海张江文化控股有限公司
2012年	徐汇德必易园设计与制造产业对接平台	上海徐汇德必文化创意服务有限公司
2013年	天地文化创意企业公共服务平台	上海天地软件创业园有限公司
2013年	国际创意城市网络智库（I期）	上海八佰秀企业管理有限公司
2013年	局门路创意设计街区规划方案及一期实施方案	上海尚乐房屋租赁有限公司
2013年	天地文化创意企业公共服务平台	上海天地软件创业园有限公司

续 表

年份/编号	项 目 名 称	建设运营单位
2013年	大宁文化创意企业创业学院	上海大宁德必创意产业发展有限公司
2014－134	越界文化创意与信息科技产业融合服务平台	上海锦和商业经营管理股份有限公司
2014－37	国际创意设计展、节、周联盟平台	上海M50文化创意产业发展有限公司
2015010650	上海金山绿色创意印刷发展示范园发展有限公司	出版物绿色印刷材料交易中心项目
2015010646	上海国际文化创意设计产业与新兴产业融合平台	上海德必经典创意发展有限公司
2016010211	“800秀”秀空间创意创业展示平台	上海八佰秀企业管理有限公司
2018012525	中广国际新媒体广告孵化服务平台	中广国际广告创意产业基地发展有限公司
2018012198	越界田林坊文化创意产业集聚发展平台	上海锦和商业经营管理有限公司
2018011832	wehome-面向文化创意产业园的智慧园区服务平台	上海德必创新科技发展有限公司
2018011612	M50文创项目体验及展示平台	上海M50文化创意产业发展有限公司
2018010715	上海文化创意展东欧行	上海八号桥文化产业投资有限公司
2018010685	“800秀”文创交流年项目	上海八佰秀企业管理有限公司

资料来源：历年资助项目公示。

第七节 案例七：“环”大学文化创意带

在开始注重文化创意产业园区集聚量级和能级的“十二五”时期，大学内具有经济溢出效应的专业受到进一步关注。这种集群成长来自各方利益的交汇点：对学校来讲，这是校企合作、知识溢出和扩大社会影响的直接方式；对于行业主管部门来说，处于行业金字塔顶端的大学周边产生的集群，保证了集群的能级和品牌；对区级政府来说，这是与大学之间实质性的合作，有利于释放行业知识溢出效应，如果管理得当，也能改变周边的文化和社会氛围；对入驻企业而言，不仅可以便利地与大学的知识和人才近距离接触，也能帮助塑造企业品牌。在上海的环大学文化创意产业带中，有依托同济大学建筑设计专业的环同济建筑设计集群，有依托东华大学纺织服装相关专业的环东华时尚产业集群，有依托上海大学影视制作专业的环上大影视业集群，有依托上海戏剧学院的华山系表演传媒集群，等等。

一、环同济建筑设计业集群[①]

环同济文化创意产业集聚现象的主要特点是知识和品牌溢出，这得益于同济大学久负盛名的土木、建筑、城规等学科实力。与近乎同一时期苏州河沿岸工业建筑空置形成的文化创意集聚带相比，在要素禀赋和集聚逻辑上都截然不同。20世纪90年代初期，部分同济教师曾挂靠校办企业，在校园里创办了大大小小的公司，学校周边也零星出现一些教师工作室。随着学校房产资源日益紧张，校内用房政策开始收紧；这时杨浦区政府在赤峰路组建了上海沪东科技经济园区，与同济科技园相互呼应，提供了新的办公空间。校办工厂开始外迁，工作室模式逐渐被公司取代，区域内形成了建筑设计、工程监理、模型制作、效果图制作、图文输出等完整的产业链。在1996—2002年，以860米长的赤峰路为标志的"现代设计一条街"成型，赤峰路由此闻名。在此期间，杨浦区政府通过厂房置换、旧区改造等多种方式"腾笼换鸟"，协助解决了赤峰路"设计一条街"发展中的瓶颈问题。根据2006年的统计数据，当时赤峰路集聚了约500家国有、外资、合资、私营等性质的设计企业，平均不到两米就有一家；企业业务中80%以上与建筑设计相关，每年承担来自全国各地的几千万平方米的建筑设计任务。

2003年2月，杨浦区政府实施"依托高校、发展杨浦"的战略，打造"知识杨浦"新形象，计划在同济大学周边建设一条环同济知识产业带。产业带设想以建筑设计业为龙头，辅以汽车研发、环保设计、生物医药、艺术传媒设计等知识型服务业，形成沪东北地区重要的高科技产业基地。除赤峰路外，附近的密云路、国康路、四平路也逐渐被包括进来；同济大学建筑设计研究院、同济城市规划设计研究院、上海市政工程设计研究总院、上海邮电设计院、中建国际设计

---

① 主要信息来源：2007年和2018年两次课题调研；彭德倩：《300亿"环同济"经济圈如何造就》，《解放日报》2015年5月15日；同济大学校友会：《历史上的这周|漫步"环同济知识经济圈"》，[2020-06-21]，https://www.sohu.com/a/340603001_660308。

集团、安藤忠雄设计公司等多家大型知名设计机构先后落户同济大学周边，集群的能级得以不断提升。2007 年 6 月，同济大学和杨浦区签订《杨浦环同济知识经济圈建设合作协议》，对外发布总体规划纲要，成立经济圈管理委员会，建立“同济杨浦新技术创新基地”。经济圈核心区以密云路、中山北二路、江浦路、控江路、大连路围合而成，面积为 2.64 平方千米。

2010 年前后是环同济规划和发展手笔最大的时期。2009 年 4 月，国家科技部正式批复同意杨浦区建立“国家火炬计划环同济研发设计服务特色产业基地”，成为首个以现代服务业为主的特色产业基地。2009 年 9 月，上海市首个市、区、校三方共建的大型创意产业集聚区——“上海环同济设计创意产业集聚区”揭牌。当时集聚区已经吸引了近 1 200 家设计类企业集聚，从业人员近 3 万人。2010 年 5 月，环同济设计创意产业集聚区成为上海市首批示范创意产业集聚区。

经过 20 余年，环同济知识经济圈从 8 000 平方米的学校旧厂房发展起来，逐步形成了以建筑设计、城市规划、景观设计、工程咨询、环保科技、工程设计软件等为核心的知识型服务业集群。在特定历史阶段的市场需求激励下，经各级政府与学校联手策动，同济大学优势学科长期以来积淀的厚重底蕴，得以转化成为区域经济增长和社会发展的强大动能。环同济知识经济圈的总产出从 2002 年的 10 亿元，到 2005 年的 27 亿元，到 2007 年的 80 亿元，再到 2012—2018 年分别实现总产出 198 亿元、223 亿元、264 亿元、305 亿元、345 亿元、368 亿元、415 亿元，成为杨浦区由“传统工业杨浦”到“知识创新杨浦”成功转型的经典案例。在与市场需求紧密互动的过程中，同济大学相关学科也凭借资金力量和社会影响赢得强势发展机遇，土木工程学科、城乡规划学、环境科学与工程、设计学等学科地位均不断巩固提升。

环同济建筑设计产业集群的兴起源自时代驱动力：一是环同济的兴起伴随着我国城市化、基础设施建设、房地产发展的浪潮，市场需求巨大；二是同济大学在土木工程和城市规划领域拥有卓越声誉，外界对与其品牌和知识合作的需求不言而喻；三是同济大学采用了比较灵活的办学机制，使得产学之间合作的利益机制畅通；四是杨浦区政府在从工业杨浦向知识杨浦转型的过程中，在土地供给和公共服务方面给予了充分支持；五是环同济集群得到了国家和上海市领导的重视，社会资源和社会关注助力良多。环同济建筑设计业集群已经成为上海文化创意产业发展的一种主流模式符号。当然，这种“天时地利人和”的发展条件具有复制难度。

二、环东华时尚业集群[①]

另一个因大学而兴起的集群是环东华大学时尚设计集群。从国外经验来看,借力于法国宫廷和罗马教廷对装饰、服装、服饰的奢侈和时尚需求,而产生先发优势的法国和意大利一直处于时尚领域全球等级体系的顶端。后来随着英国和美国品牌在时尚领域的兴起,逐渐形成了巴黎、米兰、纽约、伦敦四大时尚之都的全球行业格局。上海在这一与服装业、消费风格、财富基础等紧密相关的行业发展迅速,从纺织业发达的“上青天”时期的工业城市,崛起为亚洲著名的时尚之都;2018 年和 2019 年全球时尚之都(Global Language Monitor)排名,上海分别列第 22 和第 20[②]。上海时尚界具有行业话语权的不仅包括海外著名品牌和本土新兴品牌,还包括纺织控股等纺织业原生体系中的中坚力量,以及业内顶尖的东华大学。

上海解放后进行了专业化院系调整的华东纺织工学院(中途曾更名为上海纺织工学院),1985 年更名为中国纺织大学,1999 年更名为东华大学,其纺织科学与工程、材料科学与工程、服装设计等相关专业是其久享盛誉的王牌专业,是行业的学术殿堂。然而产业集聚中的一个重要命题是,行业是否要在相关大学周边集聚,行业是否要依靠与大学内专业人才的反复互动。从巴黎和纽约的时尚和高级定制产业的区位来看,企业总部和旗舰店一定位于级差地租最高的城市中心,借以彰显时尚企业的行业地位,品牌的符号价值相比专业化人才库更能左右企业选址的决策。

在 2009 年同济大学被命名为“国家火炬计划环同济研发设计服务特色产业基地”,以及市区校共建“上海环同济设计创意产业集聚区”之后,主要利益相关方将对东华大学知识资源的开发提上议程:市经信委希望复制环同济的经验和模式;长宁区需要开发在地大学的溢出效应;东华大学希望形成良性的产学互动。于是 2010 年 4 月,上海市经信委、长宁区政府、东华大学签署“环东华时尚创意产业集聚区”战略合作协议,形成如《上海市文化创意产业“十二五”规划》所提出的,各方共同建设由“一轴双核三带四片区”构成的环东华时尚创意产业集聚区。“一轴”为凯旋路时尚发展轴;“双核”包含东华大学时尚

① 主要信息来源:东华大学官方网站,http://www.dhu.edu.cn/;徐瑞哲:《环东华:延安路创意+松江城科技》,《解放日报》2015 年 5 月 19 日等。

② 参见 https://languagemonitor.com/category/fashion-capitals/。

创意核及东虹桥时尚贸易核;“三带”为苏州河沿线时尚体验带、天山路延安路时尚消费带、虹桥路新华路时尚文化带;“四片区”为环东华时尚创意区、中山公园时尚数码区、凯桥绿地时尚商务区、新十钢时尚休闲区。规划中的环东华时尚创意产业集聚区包括了东华大学及其周边地区、虹桥国际贸易中心、中山公园商业中心和上钢十厂文化创意中心及周边区域,东起江苏路、华山路,西抵威宁路、北虹路,北至苏州河,南达古羊路、淮海西路,区域覆盖长宁区东部及中部的大部分区域,面积达 14.74 平方千米。

环东华旨在大力吸引时尚创意领域研究机构、骨干企业、行业协会、专业服务机构等入驻集聚区,基本形成设计、研发、制造、营销、贸易、零售、会展、传媒、模特演艺、时尚培训、金融服务等组成的时尚创意产业链。由于规划面积巨大且缺乏统计数据支持,所以很难对环东华的实效做出客观评价。值得一提的是,由于学校具有大量年轻人才及活跃氛围,加之时尚业得天独厚的展示和表演效果,所以在集聚区举办时尚周等活动颇具特色。

三、环上大影视业集群

2014 年 5 月,国家财政部等 7 部委印发《关于支持电影发展若干经济政策的通知》①,涉及专项资金、税收优惠、影院建设、金融支持、土地使用政策。其中资金支持力度较大:电影事业发展专项资金支持电影事业产业发展;每年 1 亿元电影精品专项资金用于扶持 5—10 部有影响力的重点题材影片;在文化产业发展专项资金中,专门安排资金支持电影产业发展,主要用于 5 个方面,即推动高新技术在电影制作中的应用、支持中国电影企业走出去、支持重要电影工业项目和高科技核心基地建设、资助具有较强市场竞争力的重点影片、加强重点专业性电影网站建设。相应地,2014 年由上海市委宣传部、上海市发展和改革委员会等 9 部门联合制定的《关于促进上海电影发展的若干政策》提出,整合现有相关扶持政策和资金,每年安排不少于 2 亿元资金,支持上海电影发展:支持精品优品创作生产;支持影片在上海的取景、摄制;支持电影发行;支持新建、改建数字化影院;支持上海电影后期制作技术项目的引进、创新与发展;支持电影走出去;支持影视类园区的建设和发展,在重点项目、公共服务平台搭建、人才培养等方面给予支持。

---

① 财教〔2014〕56 号。

除了政策外，在上海本地电影行业的实际发展中，随着迪士尼、梦工厂、温哥华电影学院等旗舰项目落地上海，上海重振电影之都的愿景提上日程。但是，上海会成为怎样的电影之都却是不得不考虑的问题。电影业是高度集聚的行业，2019 年传统好莱坞六大电影公司①占全球票房的比例超过 60%，全球电影行业高度集聚于以好莱坞为中心的全球文化生产网络。对于中文电影而言，自世纪之交起，影视业重心开始由东方影都香港向北京转移，北京在机构、政策、人才等方面形成了强大的集聚效应。鉴于行业高度集聚的内生特征，上海电影之都的建设只能另辟蹊径。上海要成为北京之外的第二个电影业中心，可以倚重的核心资源就是其强大的信息网络服务业基础，这使上海可在电影业数字化的全球潮流中占据一席之地。因而建设工程撬动的支点应该在影视和数字结合的新业态，如网游、素材库、特效、动漫、广告影视融合、在线在地互动等领域，而不是北京所倚重的政策、机构、明星等不可复制的资源上。上海电影之都的推进呈现多元主体并举的格局，除了承载电影历史的上海戏剧学院、上海电影集团有限公司等，几个区都在谋划电影产业发展，比如：松江所依托的车墩、仓城影视基地，徐汇以东方梦工厂总部为代表的“西岸传媒港”产业和设施群。

如同环同济和环东华项目，环上大影视产业集群也是一个重要的市、区、校、产合作项目。2016 年 10 月，静安区政府决定成立上海市环上大国际影视园区管理委员会②。环上大国际影视产业园区范围为：东至俞泾浦河、南至洛川路、西至彭越浦河、北至汶水路，占地约 6.42 平方千米，以上海大学延长路校区作为核心区。《上海市城市总体规划(2017—2035 年)》提出加快世博会文化博览区、徐汇滨江、环上大国际影视区、虹桥国际舞蹈中心等重点文化集聚区建设，给予了环上大影视集群较高的定位。而 2018 年 5 月发布的《关于促进上海影视产业发展的实施办法》③，则在布局中并列了浦东国际影视产业园、静安影视产业基地、环上大国际影视产业园区、金沙江路互联网影视产业集聚带等影视制作投资类集群，将其视为上海若干个行业基地之一。环上大所依靠的资源主要是上海大学影视学院等专业院系，2014 年成立的上大温哥华电影学院，是上海引进的好莱坞体系电影工业技术学院，还有 2016 年入驻的博纳影业集团，构成了环上大集群的关键机构，这也使集群定位于教育培训功能和电影产业链综合服务功能。

---

① 迪士尼、华纳兄弟、索尼、环球、派拉蒙、二十世纪福克斯。

②《上海市静安区人民政府关于成立上海市环上大国际影视园区管理委员会的通知》(静府任〔2016〕38 号)。

③ 沪文广影视〔2018〕149 号。

第八节　2012年前后主要政策及要点列表

表4.14　　2012年前后主要政策及要点

时　间	编　号	政　　策	要　　点
2001年2月	上海市十一届人大四次会议通过	《上海市国民经济和社会发展第十个五年计划纲要》	努力把上海建成国际性文化交流中心之一
2007年5月		上海市第九次党代会上报告	文化要素集聚、文化事业繁荣、文化产业发达、文化创新活跃的文化大都市
2009年9月		市、区、校三方共建的上海环同济设计创意产业集聚区	市、区、校三方共建模式开启，后续又有环东华、环上大等集聚区
2010年1月		胡锦涛总书记视察8号桥	创意产业蕴藏着巨大发展潜力，要求进一步做好园区规划，不断完善服务体系，把创意产业培育成上海经济发展的新亮点
2010年2月		中国联合国教科文组织全国委员会函告批准加入“创意城市网络”	上海的创意设计行业有了新的城市品牌、新的行业主题和政策动力
2010年4月		上海市经信委、长宁区政府、东华大学签署战略合作协议	各方共同建设由“一轴双核三带四片区”构成的环东华时尚创意产业集聚区
2010年7月	工信部联产业〔2009〕390号	《关于促进工业设计发展的若干指导意见》	推动工业设计集聚发展；培育和认定一批国家级工业设计示范园区，发挥辐射和带动作用
2010年9月		《关于建立上海市文化创意产业推进领导小组及办公室的通知》	协调22个部门，在基金管理、园区管理、活动组织、行业统计、规划编制等方面发挥行业协调管理功能
2011年		全市创意产业集聚区推进工作会议	明确了89家创意产业集聚区，2012年名单更新共包含87家

续 表

时 间	编 号	政 策	要 点
2011 年		《上海市文化创意产业发展“十二五”规划》	上海文化创意产业发展愿景的全景图，对行业集聚和布局有了具体的认识
2011 年 1 月	沪文广影视〔2011〕154 号	《上海文化文物广播影视发展“十二五”规划》	主要文化细分行业的规划
2011 年 1 月	上海市十三届人大四次会议通过	《上海市国民经济和社会发展第十二个五年规划纲要》	加快建设更具活力、富有效率、更加开放、充满魅力的国际文化大都市
2011 年 3 月	十一届全国人大四次会议批准	《国民经济和社会发展第十二个五年规划纲要》	推动文化产业成为国民经济支柱性产业；实施重大文化产业项目带动战略，加强文化产业基地和区域性特色文化产业群建设
2011 年 5 月	沪经信都〔2011〕282 号	《关于促进上海市创意设计产业发展的若干意见》	促进创意设计业在重点产业基地和工业园区的配套布局；优化创意设计业在创意产业集聚区的建设布局
2011 年 9 月	沪文创办〔2011〕40 号	《上海市文化创意产业分类目录》	2013 年和 2018 年依据《国民经济行业分类》进行了相应调整
2012 年 2 月		《国家“十二五”时期文化改革发展规划纲要》	规划建设各具特色的文化创业创意园区；加强文化产业基地规划和建设，规范建设一批全国文化产业示范区，发展文化产业集群
2012 年 2 月	文产发〔2012〕7 号	《文化部“十二五”时期文化产业倍增计划》	建设国家级文化产业示范园区和基地；开展特色文化产业示范区创建工作
2012 年 5 月	文政法发〔2012〕13 号	《文化部“十二五”时期文化改革发展规划》	建设一批高起点、规模化、代表国家水准和未来发展方向的国家级文化产业示范园区和一批集聚效应明显的文化产业示范基地
2012 年 6 月	沪府发〔2012〕59 号	《上海市服务业发展“十二五”规划》	将文化创意产业作为其支柱产业，提出建成一批各具特色的文化创意产业园区

续　表

时　间	编　号	政　　策	要　　点
2012年6月		《上海市促进文化创意产业发展财政扶持资金实施办法（试行）》	更新版本依次为〔2015〕36号等；支持文化创意产业公共服务平台（包括文化创意产业园区等）建设和推广应用
2012年11月		中国共产党第十八次全国代表大会	注重文化和科技融合，发展新型文化业态；提高文化产业规模化、集约化、专业化水平
2014年	沪文创办〔2014〕20号	《上海市文化创意产业园区管理办法（试行）》	更新版本文创办〔2017〕11号等；明确规范、体量、主导行业、运营机制等各方面的要求；区级政府一般要求注册和税收落地率
2014年		文化创意产业园区授牌	2014年分两批共授牌106家，2016年第三批又授牌22家，共128家
2014年1月		《上海市设计之都建设三年行动计划（2013—2015年）》	以上海各类产业园区和科技园区为依托，以"园中园"的形式加强设计服务业的配套入驻；促进园区的品牌化、特色化和集聚化发展
2014年5月	财教（2014）56号	《关于支持电影发展若干经济政策的通知》	专项资金、税收优惠、影院建设、金融支持、土地使用政策；多渠道资金支持力度较大
2014年10月	中共上海市委宣传部等九部门	《关于促进上海电影发展的若干政策》	整合现有相关扶持政策和资金，支持上海电影发展；支持影视类园区的建设和发展
2015年	沪文创办〔2015〕2号	《上海市文化创意产业示范园区认定和管理实施细则》	后并入《上海市文化创意产业园区管理办法》沪文创办〔2017〕11号；从品牌、产业、经济、空间四个角度提出较高要求
2016年10月	静府任〔2016〕38号	《上海市静安区人民政府关于成立上海市环上大国际影视园区管理委员会的通知》	成立上海市环上大国际影视园区管理委员会；东至俞泾浦河、南至洛川路、西至彭越浦河、北至汶水路，占地约6.42平方千米

第五章

集约用地与审慎引导：工业用地更新中的文创园区（2015 年前后）

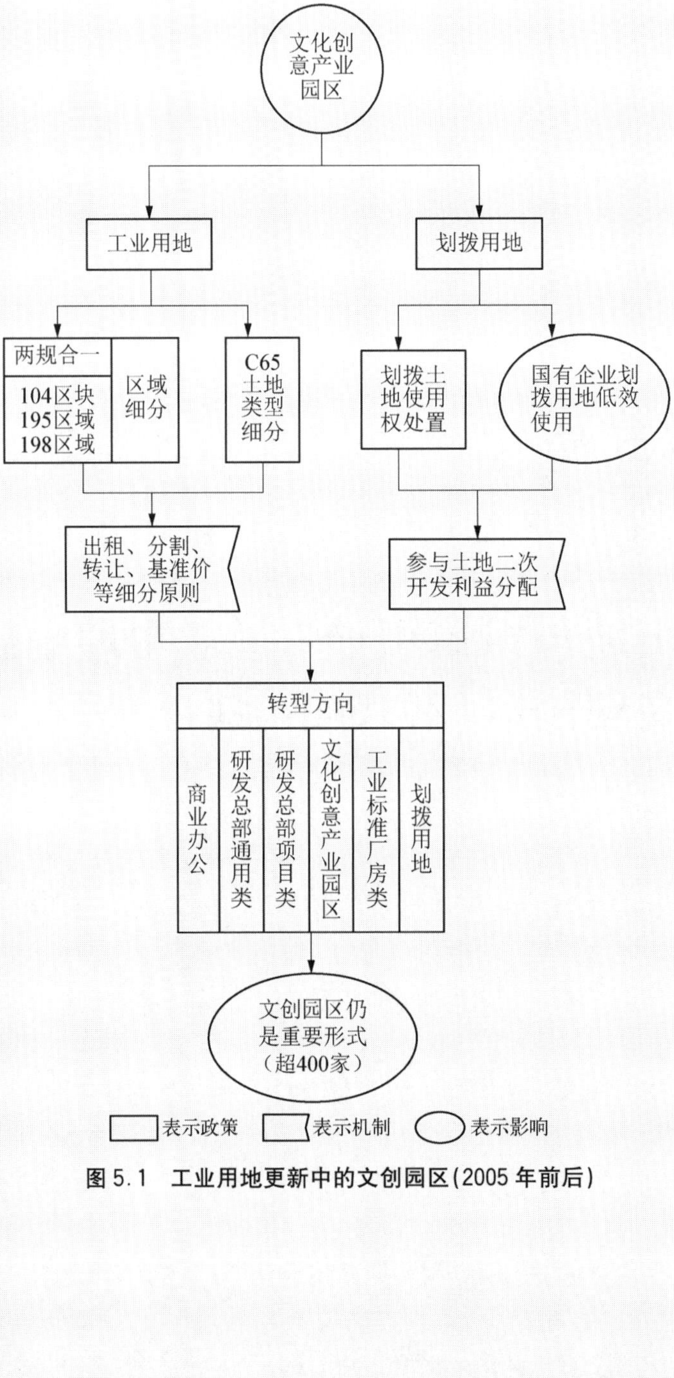

图 5.1　工业用地更新中的文创园区(2005 年前后)

第一节　104、195、198和C65

随着城区用地进一步紧张，梳理划拨土地使用权、工业用地用于商办、低效土地占用等问题，引导集约、规范使用成为土地政策的主旋律。从2008年开始，上海开展了城市总体规划和土地利用规划合并衔接的“两规合一”①工作。2009年1月，设立上海市规划和国土资源管理局，将原上海市城市规划管理局职责、原上海市房屋土地资源管理局有关土地和矿产资源管理的职责划入上海市规划和国土资源管理局②。

由此对工业区块进行了梳理调整。经过梳理后的地块可以分为三类：全市现有104个规划工业区块，分为公告（国家级和市级）开发区、重点产业基地、城镇工业地块，规划面积分别为494.5平方千米、179.4平方千米和115.5平方千米，总计789.3平方千米，约占全市建设用地总规模的25%，称为“104区块”；在规划工业区块外、集中建设区内的现状工业用地，约195平方千米，称为“195区域”；另有规划产业区外、规划集中建设区以外的现状工业用地，面积大约为198平方千米，称为“198区域”。

2011年12月发布的《关于委托区县办理农转用和土地征收手续及进一步优化控制性详细规划审批流程的实施意见》③，提出推动104工业区块管理重心下移，控制性详细规划编制（含调整）和审批由区县政府负责；鼓励195区域工业用地功能和业态发展转型，结合地区发展要求推进产城融合、功能提升；198区域工业用地应限制工业项目发展，逐步消除，确需在自有土地上进行建筑改建、扩建行为的，采取“一事一议”方式，通过计划、产业、规土和环保等部门联合会审，经区县政府集体决策后予以确认。2013年5月发布的《关于统筹

① 《上海市土地利用总体规划（1997—2010）》、《上海市土地利用总体规划（2006—2020）》；《上海市城市总体规划（1999—2020）》。

② 《上海市规划和国土资源管理局主要职责内设机构和人员编制规定》（沪府办〔2009〕7号）。

③ 沪规土资地〔2011〕1023号。

优化全市工业区块布局若干意见》[①]，进一步明确支持195区域工业用地向生产性服务业及城市生活功能转变，对需要提高容积率的项目，在明确企业自用并符合产业发展导向、地区规划和环境保护要求且不影响相邻基地合法权益的前提下，可经相关程序认定后予以确认。强化198区域工业用地的业态管理和综合治理，加大土地整理复垦力度。

2014年5月上海市第六次规划土地工作会议要求坚持工业布局向园区集中，坚持工业区块调整转型方针；要求工业用地负增长，到2017年减少20平方千米，基本就在198区域实施。处于工业用地更新背景之中的文创园区也因之一分为四：部分处于相对稳定的104区块，虽有现代服务业和创意产业政策支持，但仍受以工业用地成本获取商办用地收益的质疑；大部分集中在195区域国有企业持有的划拨用地，是利益关系复杂的"典型"文创园区；还有一部分198区域内的项目，面临土地历史权利和现实不确定性之间的博弈，遂将文创园区作为过渡模式以观望；当然还有一些处于划拨科研用地、出让商办用地等之上。

其实2011年6月印发的《上海市控制性详细规划技术准则》[②]，就新增了工业研发用地（M4）和科研设计用地（C65），细分了工业和商办之间的土地类型，希望能够推动一些原本在工业和商办用地性质之间犹豫摇摆的使用权人选择新的土地类型，政府也可以获取部分土地利益。在随后的土地出让和更新实践中，由于M4手续简便且避开了招拍挂程序，致使流程相对复杂的C65形同虚设[③]。2013年2月发布的《关于增设研发总部类用地相关工作的试点意见》[④]，在保持国家用地分类标准相对不变的前提下，结合上海实际，增设研发总部类用地分类（C65），规划阶段明确科研设计用地（C65）用于研发总部用途的，在备注栏注明"研发总部类用地"，已编制完成规划中使用M4用地的，若其实际用途与本文确定的C65用地定义相同，可参照C65政策执行，实际将原M4和C65合并为新的C65。

---

① 沪府发〔2013〕33号。
② 沪府办〔2011〕51号。
③ 郑德高、卢弘旻：《上海工业用地更新的制度变迁与经济学逻辑》，《上海城市规划》2015年第3期，第25—32页。
④ 沪规土资地〔2013〕153号。

第二节　工业用地更新的三个政策支点

2014 年上半年上海市出台 3 个文件，搭建了工业用地更新的基本政策框架。政府思路是进一步细化土地性质类型，通过补地价取得社会公平、获取增值利益，并通过限制分割等形式限制利益流失和土地投机[①]。2014 年 2 月发布的《进一步提高本市土地节约集约利用水平的若干意见》[②]明确，按照"总量锁定、增量递减、存量优化、流量增效、质量提高"的基本要求，严格控制建设用地规模，逐年减少新增建设用地，大力促进存量建设用地盘活利用，提升土地资源配置效率，进一步提高土地利用质量，以土地利用方式转变促进经济转型升级；要求强化"建设用地控制线、产业区块控制线、基本农田控制线、生态网络控制线"四线管控；要求促进"104 区块"结构调整和能级提升，重点发展战略性新兴产业和先进制造业；推进"195 区域"加快转型，重点发展生产性服务业；以土地综合整治为平台，编制实施郊野单元规划，推动"198 区域"减量化，重点实施生态修复和整理复垦；要求按照"提质增效、分类处置"的原则，允许采取升级改造、结构调整、用途调整等多种形式进行二次开发。

一、新增工业用地的供应

2014 年 4 月开始施行的《关于加强本市工业用地出让管理的若干规定》[③](简称《规定》，以下以 2016 年正式版为标准)，针对的是新增供应的工业用地产业项目类、工业用地标准厂房类、研发总部产业项目类、研发总部通用类等建设用地，这形成了对工业用地的进一步细分和范畴拓展。历史违法工业用地处置、存量工业用地扩大用地面积、提高建筑容积率、分割转让、原划拨土地转出让等情形，也参照该规定执行。《规定》明确市规划国土资源局负责本市工业用地规划和土地利用等管理工作；市经济信息化委、市发展改革委会同市规划国土资源局负责制定本市产业准入标准和产业用地标准，制定并实施土地利用绩效评估的指标、标准、方法和程序等；市环保局会同市经济信息化委、

---

① 胡映洁：《开发区工业用地更新的利益还原机制研究》，上海社会科学院出版社 2016 年版。

② 沪府发〔2014〕14 号。

③ 试行版沪府办〔2014〕26 号，正式版沪府办〔2016〕23 号。

市规划国土资源局负责本市工业用地环境保护的监督管理工作。各区县政府以及市政府派出机构负责各自区域内的工业用地节约集约利用的组织实施与协调管理。

在规划管理中,《规定》要求工业用地利用必须符合土地利用总体规划、城乡规划和产业发展规划,符合本市产业准入、用地标准、环境保护和社会管理等要求。“104 区块”内存量工业用地,以及“195 区域”的规划保留工业用地可转型为研发总部类用地。“104 区块”主要进行结构调整和能级提升,重点发展高端制造业、战略性新兴产业、生产性服务业,研发总部类用地可用于产业类项目和通用类项目。“195 区域”按照规划加快转型,进一步完善城市公共服务功能,重点发展现代服务业。

关于土地供应方式,《规定》明确经产业准入审核认定后,工业用地产业项目类、研发总部产业项目类采取“带产业项目”挂牌方式供应土地;工业用地标准厂房类、研发总部通用类通过公开招拍挂方式供应土地。鼓励采取租赁方式使用土地,逐步实行工业用地“租让结合,先租后让”的供应方式。关于土地出让价格,《规定》要求在价格上完善以基准地价、区段地价和标定地价为核心的建设用地价格成果体系和更新机制。土地出让起始价最低标准为:工业用地产业项目类、工业用地标准厂房类出让起始地价,不得低于相同地段的工业用地基准地价;研发总部产业类用地出让起始价,不得低于相同地段工业用地基准地价的 150%;研发总部通用类出让起始地价,不得低于相同地段办公用途基准地价的 70%。关于出让年限,《规定》原则上要求新增工业用地产业项目类出让年限不超过 20 年,出让价格按照基准地价对应的最高年限进行年期修正;国家和本市重大产业项目、战略性新兴产业项目,按照本市相关规定和程序进行认定后,以认定的出让年期出让,最高不超过 50 年;工业用地标准厂房类、研发总部产业项目类、研发总部通用类用地的最高年限为 50 年。

二、存量工业用地的盘活

2014 年 4 月施行的《关于本市盘活存量工业用地的实施办法》[①](简称《办法》,以 2016 年正式版为标准),规定市规划国土资源局负责组织、协调全市盘活存量工业用地工作,各区县政府是盘活存量工业用地的责任主体,负责辖区

① 试行版沪府办〔2014〕25 号,正式版沪府办〔2016〕22 号。

内存量工业用地的使用管理，会同市规划国土资源局组织编制存量工业用地转型规划（简称“转型规划”）、非特定区域控制性详细规划。该《办法》提出了整体转型和零星开发两种存量工业用地盘活方式。

关于区域整体转型开发机制，可以建立由区县政府主导、以原土地权利人为主体的开发机制；转型区域内土地权利人分散的，可以通过商议的方式明确权利义务后，建立以区县政府主导、原土地权利人参与的联合开发体，实施区域整体转型开发，原土地权利人不得单独实施开发。整体转型区域范围内涉及其他存量建设用地的，可以参照存量工业用地一并实施整体转型。经区县政府批准，可通过存量补地价方式，实施整体转型开发。第一，转型为研发总部类用地的，“195区域”“104区块”内的研发总部类用地，均应当以产业项目类自用为主。其中，“104区块”内因功能需要转型为通用类的，应严格按照经批准的规划执行。研发总部通用类，可以出租，但开发单位须在出让年期内长期持有70%以上的物业产权，剩余部分可以分割转让。第二，转型为商业、办公用地的，开发单位须在出让年期内长期持有50%以上的物业产权。如果控制性详细规划明确转型为公寓式办公、公寓式酒店的，开发单位须在出让年期内长期持有公寓式办公、公寓式酒店的全部物业产权，仅用于出租，不得整体和分幢、分层、分套转让。第三，转型为教育、医疗、科研、养老等用途的，房屋不得分割转让。

对未划入整体转型区域的零星工业用地，除依法应收回的外，同时满足以下条件的，根据年度计划，经区县政府常务会议集体决策同意后，可由原土地权利人采取存量补地价的方式，按照规划用途自行开发：规划用途为非住宅类的经营性用地；未纳入旧城改造范围内的；权利主体单一且周边无规划开发建设用地，具备独立开发条件的；拟转型发展的项目，经区县政府相关部门评估，具有明确的产业和功能，并满足投入、产出、节能、环保、本地就业等相关准入标准。零星工业用地自行开发的，应向政府无偿提供不少于10%比例的建设用地用于公益性设施、公共绿地等建设；如无法提供，应将不少于15%的地上经营性物业产权无偿提供给区县政府相关部门，定向用于公共等用途。对转型为商业、办公用地的，开发单位须在出让年期内长期持有60%以上的物业产权。

对于土地价款补缴方式和要求，区县规划土地管理部门通过委托土地评估机构，按照批准时点进行市场评估，经区县政府集体决策后，由单一主体或联合开发体，按照新土地使用条件下土地使用权市场价格与原土地使用条件下剩余年期土地使用权市场价格的差额，补缴出让价款，并按照规划用途取得新的建设用地使用权。其中，研发总部产业项目类用地的市场评估地价不得低于相同地段工业用途基准地价的150%；研发总部通用类用地的市场评估地价不得低于相同地段办公用途基准地价的70%；商业、办公等经营性用途的市场评估地价不得低于相同地段同用途的基准地价。

除了工业用地盘活之外，与文化创意产业园区紧密联系的两个问题分别是划拨使用权和“暂不变更”的期限争议。《办法》规定以划拨方式取得的存量工业用地，现状使用条件符合规划的，须经产业、规划土地管理等部门对土地利用情况进行综合评估，达到经济社会环境综合评估要求，并符合所在区县或园区工业投资项目准入条件的，经区县政府批准，可按照存量补地价方式办理划拨转出让手续。《办法》按照国土资源部等《关于支持新产业新业态发展促进大众创业万众创新用地的意见》[①]的相关规定，规定原土地使用权人利用存量工业用地发展先进制造业、生产性服务业、研发总部经济以及“互联网+”等产业，按照规划转型为研发总部产业类用地的，园区平台利用存量工业用地建设众创空间、孵化器等新型服务平台，按规划转型为标准厂房、研发总部通用类用地的，经投资或相关主管部门认定后，可以实行继续按原用途和土地权利类型使用土地的过渡期政策。适用过渡期政策的项目，应按照规划批准用途和土地全生命周期管理要求签订土地出让合同，过渡期内仍按照原土地批准用途管理；过渡期支持政策以5年为限，5年期满以及过渡期内经出让人同意整体转让的，应按照批准转让时点、新用途、新权利类型的市场评估地价，补缴土地价款，完善相关用地手续。

第三节　存量工业用地的更新选择

从稳定预期、获取利益、促进集约角度考虑，政策实际上为存量工业用地提供了多种更新途径，其中以下3种最为常见。

第一种路径是非正式更新为文创园区，土地性质保持不变，但容积率调整，分割性方面仍应遵守原用地性质的约束。这一时期的政策仍审慎支持文创园区形式的非正式更新，强调适用于划拨用地，并提供协议形式的正式更新

① 国土资规〔2015〕5号。

渠道。2014 年 3 月发布的《国务院办公厅关于推进城区老工业区搬迁改造的指导意见》[①]，鼓励改造利用老厂区、老厂房、老设施积极发展文化创意、工业旅游、演艺、会展等产业，重视城区老工业区工业遗产的历史价值，把工业遗产保护再利用作为搬迁改造重要内容，支持将具有重要价值的工业遗产及时公布为相应级别的文物保护单位和历史建筑。

2014 年 3 月印发的《关于推进文化创意和设计服务与相关产业融合发展的若干意见》[②]，在推动和支持相关领域发展的同时，支持以划拨方式取得土地的单位利用存量房产、原有土地兴办文化创意和设计服务，在符合城乡规划前提下土地用途和使用权人可暂不变更，连续经营一年以上，符合划拨用地目录的，可按划拨土地办理用地手续；不符合划拨用地目录的，可采取协议出让方式办理用地手续。值得说明的是，连续经营一年以上的处置，是对"暂不变更"的一种政策解释。上海的贯彻实施意见[③]，除了提出加强规划引导外，制定和实施《上海市文化创意产业园区认定和管理办法》，支持各类市场主体以项目化方式打造形成一批文化创意产业园区、基地，鼓励各类产业园区、基地集聚文化创意和设计服务企业，在土地政策上完整使用了国发〔2014〕10 号的政策措辞。

2014 年 5 月发布的《节约集约利用土地规定》[④]，提出在符合规划、不改变用途的前提下，通过厂房加层、厂区改造、内部用地整理等途径，提高土地利用率和增加容积率的，不再增收土地价款。这在模糊用途的条件下，契合文创园区一直以来对高屋顶建筑进行内部加层以提高容积率的操作惯例。对于行业外人士而言，直接基于建筑面积和预期租金对待改造园区进行可行性分析，很难得出正的净现金流。而业内的惯例是根据工业建筑高屋顶的特征，可以从容进行选择性内部加层，这样不仅大大增加容积率，而且可以增强创意园区建筑内部空间的设计感和文化感，提升园区的美学和文化能级。从笔者调研和访问的文创园区来看，这种行业惯例无处不在。在 2017 年调研闵行区 L 企业的时候，负责人谈到其有一栋闲置厂房，刚刚与园区集团 D 合作改造为文创园区，提升了整体空间文化氛围，与其另外建设的办公楼相得益彰，成为周边区

---

① 国办发〔2014〕9 号；该文件虽然被较多引用，但其中城区老工业区是指依托"一五""二五"和"三线"建设时期国家重点工业项目形成的、工业企业较为集中的城市特定区域，因而使用范围有争议。

② 国发〔2014〕10 号。

③ 《上海市人民政府关于贯彻〈国务院关于推进文化创意和设计服务与相关产业融合发展的若干意见〉的实施意见》（沪府发〔2015〕1 号）。

④ 国土资源部第 61 号令。

域的标杆建筑之一。当地政府后来得知改造经过了内部加层之后，找到企业L要求分享容积率增加带来的经济利益。

由于上海土地资源稀缺，所以上海的相关规定不支持提高容积率不再增收土地价款。《关于本市盘活存量工业用地的实施办法》(沪府办〔2016〕22号)明确规定，存量产业项目类工业用地、产业项目类研发总部用地因扩大生产、增加产能等原因，需按照规划提高建筑容积率的，须经区县产业部门会同规划土地管理等部门对存量土地利用情况进行综合评估，达到经济社会环境综合评估要求，并符合所在区县项目投资强度、产出绩效、节能、环保、本地就业等准入条件的，允许按照规划提高建筑容积率，并落实规划明确的公共服务设施配建要求；经批准同意按照规划提高建筑容积率的，土地权利人应按照市场评估价，补缴土地价款，市场评估地价不得低于相同地段相应用途基准地价。区县政府可以根据产业类型和土地利用绩效等情况，按照一定比例收取土地出让价款，鼓励企业创新创业和产业转型升级。

第二种是正式更新为商业办公用地。这对于获取土地增值价值来说是最为理想的方式(参见后面的红坊案例)。设立研发总部型土地是因为考虑到土地使用权持有企业的需求差异。

第三种是正式更新为研发总部类用地。一个转型为研发总部类用地的案例是浦东新区北蔡镇的御桥科创园[①]。该区域原系2003年成片出让的工业用途土地，使用权人为上海陆家嘴(集团)有限公司，现状用地总面积为43.23公顷；该区域后被编制进浦东新区北蔡御桥社区Z00－0902单元，规划单元整体定位为商业办公功能，2010年6月获得上海市浦东新区人民政府批复[②]。随着浦东新区功能结构的调整，加之陆家嘴软件园有强烈的扩园发展需求，经上海市城市规划委员会2014年12月29日会议审议的《上海市浦东新区北蔡御桥社区Z00－0902单元控制性详细规划03A等街坊(御桥软件园)局部调整》，将其中03A－01、03B－03、04A－01、10A－02、10B－04、11A－06 6个地块调整为研发总部用地，商业/商办混合用地04B－03容积率为3.5，用地范围也调整为43.37公顷，其调整被列入上海市2015年盘活存量工业用地计划[③]，通过区域整体转型实施存量盘活。项目功能定位更改为3D打印材料与技术、互联

① 部分信息来自：2014年和2020年两次控制性详规局部调整草案公示；福睿研究：《工业地块更新难点：用地性质变更的案例与策略》，[2020－04－25]，http：//www.frzk.org/news_detail_1159.html。

② 浦府〔2010〕192号。

③ 上海市人民政府批复：沪府规〔2015〕75号。

网＋、科技金融产业、文化创意、总部经济以及特色商业、小型百货、专业卖场及餐饮、娱乐等；经营性用地按存量补地价方式，经市场评估和集体决策补缴土地价款，公益性用地按划拨方式落实；园区平台持有的研发总部通用类物业中不超过50%的部分，在明确土地利用绩效和退出机制等全生命周期管理要求的基础上，可以转让给高新技术企业、"四新"企业和生产性服务企业。

2020年4月公示的《上海市浦东新区北蔡御桥社区Z00-0902单元控制性详细规划03B、04A、10A街坊局部调整(实施深化)》草案，项目名称实际已调整为御桥科创园，调整用地面积为15.79公顷。03B-03地块用地性质由研发总部用地调整为Rr4C6(四类住宅用地/新增教育科研设计用地)，容积率由1.3上调至2.87，建筑限高由40米上调至80米；04A-01和10A-02用地性质调整为C6Rr4，容积率由2.8调整至4.0，建筑限高由55米调整至100米。

表5.1　工业用地更新路径的政策比对

类　别	转　型	出　让	出租	分割和转让	市场评估地价	年限
研发总部产业项目类	存量补地价104 195	"带产业项目"挂牌	自用	使用权不得整体或分割转让；房屋不得分幢、分层、分套转让	不得低于相同地段工业用途基准地价的150%(外环内不低于办公用途基准地价的70%)	50
研发总部通用类	存量补地价104	公开招拍挂	出租	开发单位须持有70%以上物业产权，剩余部分可分割转让	不得低于相同地段办公用途基准地价的70%	50
商业、办公	存量补地价	公开招拍挂	出租	开发单位须持有50%以上的物业产权，剩余部分可分割转让	不得低于相同地段同用途的基准地价(底价不得低于基准地价的70%)	40
公寓式办公、公寓式酒店	存量补地价	不得建设	出租	开发单位须持有全部物业产权，不得整体和分幢、分层、分套转让	市场评估地价需向上修正	40

续 表

类 别	转 型	出 让	出租	分割和转让	市场评估地价	年限
教育、医疗、科研、养老	存量补地价	协议；两个及以上意向，公开招拍挂		房屋不得分割转让		
工业用地标准厂房类	存量补地价	公开招拍挂	出租	使用权不得整体或分割转让；房屋不得分幢、分层、分套转让	不得低于相同地段的工业用地基准地价	50
工业用地产业项目类		“带产业项目”挂牌	自用	使用权不得整体或分割转让；房屋不得分幢、分层、分套转让	不得低于相同地段的工业用地基准地价	20
文化创意园区			出租	三个不变、土地用途和使用权人可暂不变更	未要求出租收益上缴	无期限

资料来源：笔者根据沪府办〔2016〕22 号、沪府办〔2016〕23 号、沪府办〔2017〕19 号(《关于加强本市经营性用地出让管理的若干规定》,2017 年 3 月 31 日)整理而成。括号内的内容为与转型不同的出让条件。

以与文创园区关联紧密的划拨工业用地为例，政策涵盖了存量补差价、收储出让等更新方式。不难看出，虽然商业办公、研发总部、出让工业用地等更新路径提供了容积率、人才公寓、可部分分隔转让等正面反馈，但对一般企业而言，这些正向反馈显然不足以抵消存量补地价程序、招拍挂程序、土地利用综合评估、产业准入审核、区县政府审批等流程的高复杂度和高不确定性，以及可能在寸土寸金的中心城区丧失土地长期使用权的风险。在本章中所列举的两个例子分别是宝钢集团(红坊)和陆家嘴集团(御桥)，只有此类实力雄厚的企业集团才能够有效降低和避免这些风险。这些负面反馈使多数划拨用地使用权者直接回避正式更新，而倾向于简单稳定的文创园区，政策的初衷实际并未实现。正因如此，工业用地更新中做法通行但相对使用效率较低的文创园区，将在持续集约用地的背景下继续受到决策者的关注。

笔者在“十三五”规划之前曾经调研过有较高业界知名度的 B 园区，问过园区的工业用地性质是否会影响其经营，比如园区便利设施和美学改造举步维艰。园区负责人坦言，并没有太多经营上的问题，反倒是进行用地性质变更，不仅要补差价，还要进入复杂的变更程序之中，无论是对经营者还是使用权人而言，些许不便与之相比都不是问题。可见政策仍重在利益引导，并没有进行严格的土地性质转换倒逼，也没有消解原有的利益模式，因而向研发总部用地转型的情况不多，文创园区成为简单易行的选择。

第四节　案例八：台资文化创意产业园区

2017 年笔者参加了闵行区台办委托的“闵行台资企业转型发展”课题研究①，对 21 家闵行台资企业进行详细访谈。在调研过程中，我们发现，台企的转型在很大程度上是土地问题，多家涉及 2.5 产业，6 家直接涉及文化创意园区和空间，包括麦可将、台青创客家、丽婴房、台尚、优生宝贝、斯米克。鉴于中国台湾地区一直以来以文化创意产业和文化创意产业园区著称，我们对这种兼有台湾文创特色和上海本土特色的园区进行了考察。

从 20 世纪 90 年代初期起，看好大陆劳动力市场和消费市场的台资企业开始大量进入上海发展。对台资企业而言，一方面是巨大的市场，大陆与台湾地区经济发展水平差异巨大，台资企业的产品、包装、销售、营销水平都远高于大陆；另一方面是文化背景差异较小，这保证了台企在与跨国企业之间的差异竞争中立于不败，迅速成为市场赢家。21 世纪第一个 10 年，一些前期落户的企业在土地关系上开始理顺，批租了原工厂所在工业用地发展楼宇经济，为公司后续提供了稳定的土地基础。从 2007 年前后开始，国有企业和民营企业凭借融资便利、地产投资、行业扩张，快速成长为多元化发展的行业巨头，而反观集中于食品、电子、婴童、机电等领域的台企，经济重要性则相对在减弱。2015 年左右，承受主业环保安全、劳动力成本、区域产业升级等多重压力的企业，在向内地转移的同时，开始考虑如何利用租期未到的厂房所在土地；“104 区块”内的土地再建配套办公楼的难度愈来愈大，“198 区域”内的厂房也面临难以处置的局面，而文化创意产业园区成为一种各方都能接受的选择。台湾地区的文化创意产业虽然在规模和体量上不能与大陆相比，但其在注重细节和特色文化方面则有独到优势；在台企的实践中，这些好的做法在相当程度上被从台北引入上海，成为改造工业建筑的一种文化创意产业园区经营风格。

---

① 王兴全、秦彪、王慧敏：《闵行台企转型模式：从用地到创意》，载《上海文化创意产业发展报告（2017—2018）》，社会科学文献出版社 2018 年版，第 208—220 页。

一、台北的“酒厂”和“烟厂”[①]

台湾地区最为著名的两家文化创意产业园区是曾为酒厂的“华山 1914”和曾为烟厂的“松烟”。华山 1914 文创园区前身为 1914 年创设的“芳酿株式会社酒造厂”和“台湾总督府专卖局台北酒工厂”，曾先后生产清酒、人参酒，以及米酒及各种再制酒。1945 年日本投降后由国民政府接收，改名为“台北酒工厂”，1949 年改名为“台北第一酒厂”。台北第一酒厂早年以树薯为原料的“太白酒”广受喜爱，后研发各种水果酒而进入“水果酒工厂”的黄金发展时代。后来由于地价上升和台北水污染，台北第一酒厂于 1987 年迁至林口。1997 年开始，文艺界的人士开始推动闲置 10 年的台北第一酒厂成为文化艺术展演空间，并引发了冲突；自 1998 年起，将旧酒厂委托当局文化管理部门代管，文化管理部门再委托艺文环境改造协会经营；1999 年，台北酒厂正式更名为“华山艺文特区”，成为文艺界、非营利组织及个人使用的艺术展览、音乐表演等活动场地，也有多间餐厅、咖啡馆、店铺、画廊等商业设施。2003 年 3 月，“台北酒厂”成为台北市市定古迹，华山艺文特区也正式向文创园转型。2007 年起，华山艺文特区被分为三个区块委托经营：台湾地区文创产业旗舰基地的 ROT(Rebuild-Operate-Transfer)案，由远流出版公司等成立的台湾地区文创发展股份有限公司取得整建及营运权；电影试验场 OT(Operate-Transfer)案，由导演侯孝贤代表的台湾地区电影文化协会取得经营权；另有台湾地区文创产业旗舰中心的 BOT(Build-Operate-Transfer)案。2011 年，华山地区被正式定名为“华山文化创意产业园区”，其网站或民间称谓为“华山 1914 文创园区”。

松山文创园区，简称“松烟”，位于台北市信义区，建于 1937 年，1945 年日本投降后更名为松山烟草工厂，1947 年又更名为松山烟厂，专制卷烟、烟丝和雪茄，1987 年达到产能高峰，有员工 2 000 人。1998 年松山烟厂停止生产，并入台北烟厂；2002 年 4 月，松山烟厂成为台北市市定古迹。2011 年，松山文化创意园区正式对外开放，台北市当局下属的财团法人台北市文化基金会负责营运园区。旧址内的台北文创大楼为 BOT 模式独立经营，不属于松山文创园区，内有混业经营的诚品生活松烟店。

笔者于 2019 年 5 月访问台湾地区，特别参观了华山 1914 和松烟，认为两

---

① 主要信息来自其官方网站及作者 2019 年 5 月实地调研。

个园区有以下发展特色：一是两个园区均位于台北中心地段，处于旅游线路之上且人员集散便利，这样很容易激活文化旅游功能，提升网络热度；二是建筑特色明显、空间开阔，在城市的拥挤氛围中开辟了一块大型开放空间，成为空间组织的稀缺品；三是剧场、设计师店等文创业态极为简洁，这对比业态繁复的上海文化创意产业园区显得难能可贵；四是空间社会开放度高，成为游客参观、社区小憩、婚纱摄影、文艺展演、亲子教育、学生排练的文化场所，园区功能复合度和社会群体认可度双高；五是无论是园区运营者还是店铺经营者，都对作品、沟通、宣传倾注了时时刻刻都能让人感受到的热情和活力；六是园区改造土地性质约束较少，甚至还有专门的 BOT 模式，这在工业用地大量用于发展文化创意产业园区的上海不可想象。实际上，对于少数重点发展的文化创意产业园区，作为一种独立空间业态在土地政策上有所突破也未尝不可。

二、麦可将文创园

麦可将工业有限公司于 1977 年成立于台北，主要业务是家居服的设计、生产和销售。麦可将在 1992 年进入大陆市场，之后经历了三个发展阶段。

第一阶段：传统服装业(1992—2007 年)。1992 年，麦可将在七宝镇联明路 389 号批租了集体所有制工业用地 2.2 万平方米，租期 50 年，至 2042 年终止。在台湾地区和海外市场已经拥有稳定市场的麦可将把总部也迁至上海。由于当时台湾地区在家居生活方面发展水平大幅度领先大陆，所以公司旗下“麦可将”很快成为知名品牌。

第二阶段：2.5 楼宇经济(2007—2014 年)。2007 年，已经不适宜在联明路进行服装生产的麦可将配合政府“腾笼换鸟”政策，将工厂迁至江西玉山。原有厂房开始空置，麦可将于是将其用于发展 2.5 产业，将厂房转型为办公楼宇对外租赁。2013 年，新办公大楼落成，很快也达到满租；入驻的多为小型企业，园区纳税情况不太理想。

第三阶段：文创园区阶段(2014 年后)。园区负责人 L 喜爱绘画，后来在大学时期又学习了经济和纺织专业，所以最后选择了结合经济、文化和产业的文创园区。自 2014 年起，麦克将开始第二次腾笼换鸟，从一楼起采用展示、体验、销售模式，从而吸引人流量，同时保持和改善楼上的商务功能，行业重点聚焦于服装设计、制作体验、文化旅游、文艺教育、展会展览。

调研中，笔者感到麦可将的经营中有以下发展特色：一是对贴近生活的台湾地区文创企业大力引进。麦可将先后引进了纸箱王、青木工坊等台湾地区知名品牌,使得台湾地区元素扎堆,麦可将也成为台湾地区文创在上海的一个窗口。二是开放式社区的打造。麦可将的文创企业以展示和体验为主,青木工坊、Q. U. E. 插画馆等都有匠人和设计师亲力亲为,来访游客可以现场向匠人请教专业问题。麦可将为这些具有高溢出度的入驻文创企业提供了 3 年租金优惠:第一年免租金,第二年租金减半,第三年房租维持 3 年前的价格。三是广为宣传、积极推广,如同前文提到的华山 1914 和松烟一样,麦可将非常注重园区的形象推广,利用交流、集市、参观、观光、网络等所有渠道,塑造了麦可将台胞园区、观光园区、体验园区的行业认知度。2018 年 11 月,麦可将文创园被批准为国家 3A 级旅游景区;2019 年,麦可将被授牌为上海文化创意产业园区。

三、台青创客家

另一个台湾地区特色鲜明的文创空间是台青创客家。其创始人 Y 2002 年从台湾地区来到上海,当时主要是利用知识和人脉为台湾来沪创业人员提供法律、会计等专业服务,也曾帮助青浦区、嘉定区、南汇区等引进台资。2013 年,上海佑慧实业有限公司成立,创建了以台湾地区青年创新创业服务为主业的服务空间"台客加油站",并入驻位于莘松路 380 号的智慧园办公。

2015 年,上海佑慧实业有限公司出资创立台菁创业孵化器管理(上海)有限公司,联合台湾地区室内设计技术人才协会、高雄市空间艺术协会、台中市中小企业经营领袖协会等,扩展了众创空间,将"台客加油站"更名为"台青创客家"。2015 年 12 月,5 000 平方米的智慧园众创空间基地启用,含创业苗圃、科技孵化器、企业加速器等特色服务。2016 年 8 月,台青创客家获得中共中央台湾工作办公室、国务院台湾事务办公室授予的"海峡两岸青年创业基地"称号;2016 年 8 月,台青创客家被上海市科技创业中心、上海科技企业孵化协会评定为上海市 2016 年第一批众创空间;2019 年,台青创客家成为 2019—2020 年度上海文化创意产业示范楼宇。2016 年 10 月,台青创客家厦门基地在厦门市湖里区正式揭幕,台青创客家上海经验得以复制。台青创客家的经验,如同麦可将的经验,在于以台引台,台湾地区来上海的创业群体不熟悉市场和政策环境,由台资企业提供服务从心理上更容易接受。另外,台青创客家也如麦可将一样,将创意空间作为文化品牌来经营,利用交流、参观、网络等各种渠道,非常积极地提升企业形象,沿袭了台湾地区文创区的一贯风格。

第五节　国企划拨使用权人

2010年,上海市国资委以2009年12月31日为基准日,针对52家出资监管企业所属的共4 180户企业,通过发放调查问卷、企业自查登记申报、上海市国资委检查汇总等方法开展了土地专项检查工作。所有单位均进行了申报。据统计,出让土地占土地总量26.8%,划拨土地占72.8%,另有少量集体使用权土地。在划拨土地中,已实施空转①的土地面积占划拨土地总量的17.6%(该部分空转土地企业拥有权证,并计入无形资产管理,但土地价格与市场价格差异巨大);没有实施空转的土地占划拨土地总量的82.4%,这部分土地存在产证不全、核算不规范、土地纠纷多等问题。

这次的调查结果与国有企业年报数据差异较大。在同口径下(剔除房地产开发用地),调查掌握的土地总量比国资年报统计多了一倍多。在汇总土地面积中,10%的土地无产权证;60%的土地管理和使用分离,特别是这些管理的土地又分布在层级较低并处于关停并转状态的企业,给监管工作带来较大风险。由于土地并不完整入账,也未实施市场化管理,因此企业的资产负债表不能完整体现企业真实的资产状况,使土地使用成本在经营管理考核中被忽视,土地使用水平难以作为评价企业绩效的依据和标准,造成土地被低效甚至无效使用②。

2013年12月出台的《中共上海市委、上海市人民政府关于进一步深化上海国资改革促进企业发展的意见》,要求完善土地资产管理的配套政策,研究以国有划拨土地采用国家作价入股的方式支持企业发展,探索企业参与土地二次开发利益分配的机制。

2016年7月,《关于推进市属国有企业改制重组和清理调整中划拨土地使用权处置的意见》③发布,要求市属国有企业持有的划拨土地使用权,原则上应依法逐步实行有偿使用制度;保留划拨用地方式处置的国有土地使用权应继

---

① 由政府部门按照土地出让价向开发公司开出支票,作为政府对企业的资本投入,并成为该开发公司的国家股股东;开发公司将此支票背书后,作为土地出让金支付,交给土地管理部门,并签订土地使用权的出让合同;上海市土地管理部门出让土地使用权后,再将从开发公司得到的出让金(支票)收入全部上缴给财政部门。

② 《上海市国资委出资监管企业土地调查报告》,《中国纪检监察报》,http://jcw.sh.gov.cn/2015jjw/n2230/n2237/u1ai34552.html。

③ 沪府发〔2016〕52号。

续按照原用途使用，如改变房地产权证记载用途，应办理有偿使用；对列入市政府改制重组事项以及市国资监管机构改制重组和清理调整计划的国有企业，在改制重组、关闭注销、破产清算等活动中，原企业的划拨土地在未改变土地使用权性质和用途的前提下，经市有关部门审核后，可将划拨土地使用权变更到出资监管单位或者出资监管单位所属的国有独资企业名下，保留划拨用地方式的期限不超过5年。保留期间，土地使用权用途不变，土地使用权人主体不变。未经市有关部门批准并办理有偿使用手续的，不得转让。

据统计，上海市国资委出资监管企业所拥有的土地总量超过700平方千米[①]。假如这些区位好、地段佳的土地进行二次开发，土地资源将得到更加有效的利用，比如用途功能匹配、容积率提高等，对上海的整个土地市场将产生重大影响。如果企业希望保持现状，开发文化创意产业园区、现代服务业园区、2.5产业大楼等都是目前可行的途径，典型案例如划拨使用权土地大户上海纺织集团，其旗下的M50、尚街LOFT、半岛1919、卓维700等文化创意产业园区遍布上海。如果企业将划拨用地交由政府收储，企业获得建筑物价值等补偿后，还可以按照土地储备收益的一定比例进行再补偿。如果企业通过存量补地价形式实现土地更新，由于国有企业持有的土地很多已不适宜整体转型，其更新就会以有条件的零星开发方式来进行。

第六节　案例九：红坊的两次更新[②]

一、上钢十厂的工业辉煌

位于淮海西路上的上海第十钢铁厂，始建于1956年。20世纪60年代初，我国需要花费大量外汇进口作为工业包装材料和原材料的镀锡薄板（俗称马口铁）。1962年，上钢十厂试研小组成功试制出第一块镀锡薄板。1965年，国务院有关部门决定进行四项工程（即连续酸洗、冷连轧、连续光亮退火、电镀锡等机组）试验，由于上钢十厂产品专业化程度高，又有制造热镀锡机组的成功经验，所

① 《融侨27.5亿曲线上海拿地》，《东方早报》2014年12月9日。

② 主要资料来源：作者2011年实地调研；《红坊：上钢十厂的优雅转身》，[2020-05-25]，https://mp.weixin.qq.com/s/IbgbXE_Si3qr1uyhI0oIFA；《上钢十厂"刚柔并济"，将再一次优雅变身！》，[2020-05-25]，https://mp.weixin.qq.com/s/M0jCMfgMSg1hG_8f_bWKHw。

以成为实验基地；1971 年，我国第一座 700 毫米电镀锡机组正式在此建成，1972 年镀出第一批电镀锡薄板。国产镀锡薄板的产量和质量有了新的突破，减少了环境污染，而且为国家节省了外汇。上钢十厂还创下年产冷、热轧带钢 40 万吨的辉煌历史。其产品商标为“三川牌”，“三川”借助黄河、长江、珠江的形象，来表示上钢十厂的三大类主要产品：热、冷轧钢带，镀锡板带，薄壁焊管。20 世纪 70 年代，上钢十厂工会和长宁区工人美术创作组曾共同编绘连环画《推钢姑娘》。

二、文创园区新十钢(红坊)

20 世纪 90 年代起，上钢十厂因效益不好而沉寂，1995 年工厂转型，厂房从此闲置，中途曾计划引入北京华联开设综合性卖场。上钢十厂原厂房群占地面积 15.5 万平方米，建筑面积 12.6 万平方米。2002 年起，厂房改造开始投入运营，创意产业集聚区和艺术社区“红坊”起步。红坊占地面积约 5 万平方米，由上海城市雕塑艺术中心及原十钢旧厂房改造而成的创意产业商务与商业设施构成，总建筑面积约 4.5 万平方米。一期工程建筑面积 1.8 万平方米，分 A、B、C、H 四个区域。A、B 区为包括上海城市雕塑艺术中心在内的艺术展示区，其主体建筑长 180 米，宽 18—35 米，建筑结构高大、空间开阔；改造最大限度地保持了建筑原有结构、空间特征，将素混凝土、钢、玻璃和木材融入原建筑，使其兼具特殊工业厂房的雄健与现代化艺术展示空间的精致。C、H 区为以物业租赁为运营模式的文化创意产业商务及商业空间。2007 年底竣工的二期工程建筑面积 2.7 万平方米，分 D、E、F、G 区。中央绿化及广场面积约 2.2 万平方米。

2006 年 5 月“新十钢”园区被认定为第三批上海市创意产业集聚区；2009 年“新十钢视觉文化艺术产业基地”被认定为第一批上海市文化产业园区；2010 年 5 月，“红坊”被认定为第一批上海市示范创意产业集聚区；2014 年“新十钢 · 红坊文化创意园”被翻牌认定为第一批上海市文化创意产业园区。另外，上钢十厂冷轧带钢车间旧址(红坊的 A、B 区，上海城市雕塑艺术中心所在地)作为近现代重要史迹及代表性建筑，于 2014 年被上海市人民政府核定为第八批市级文物保护单位[①]。

上海城市雕塑艺术中心是集公共文化艺术展示交流、艺术储备、艺术交

---

① 《上海市人民政府关于核定并公布上海市文物保护单位的通知》(沪府发〔2014〕29 号)，市政府核定市文物局提出的新增市级文物保护单位共 85 处。

易、艺术教育功能于一体的公益性文化艺术平台。围绕上海城市雕塑艺术中心，红坊引入10多家优质画廊和艺术机构，还以低廉租金支持导入了不少具有潜力的文化艺术企业，并因此吸引了文化代理、广告设计、策划等租户进驻。欧米茄110周年庆典、施华洛世奇亚太之夜、芝华士“米兰时尚派对”、保时捷新车发布会等各类商业文化活动也在此举办。红坊中的公共雕塑利用了钢铁厂内原来的废弃材料制作，联通了文化创意产业园区及其工业历史；红坊也造就了上海的爵士乐表演圣地On Stage舞台，以及特色鲜明的咖啡、餐厅等配套商业，具有一批忠实的年轻市民拥趸。笔者曾经在2011年随课题组调研红坊，当时比较主流的园区政策措辞是鼓励园区主题化发展，红坊在雕塑细分行业的特色令人印象深刻；其空间载体上海城市雕塑艺术中心的建筑格局和改造方式令人叹为观止。

三、上海融侨中心

2014年，红坊迎来了又一次土地更新。2013年10月，上海宝钢长宁置业有限公司成立，注册资本15.8亿元，其中宝钢集团有限公司持股65%、其下属公司上海十钢有限公司持股35%。2014年4月，长宁区新华路街道71街坊8/3丘A1－10地块的土地使用权挂牌出让，土地面积57 000平方米(含保留部分，实际为47 970.5平方米)，土地位置四至：东至淮海西路、南至凯旋路、西至新华公寓、北至安顺路。由于条件苛刻，最终只有上海宝钢长宁置业有限公司参加竞标，并以14.76亿元中标，容积率为2.69，楼板价为11 438元/平方米[①]。规划用途为办公、文体、商业，文体娱乐用地使用年限50年，其他商服用地使用年限40年。由于红坊项目尚在租期，租赁协议有效期截至2017年6月底，所以根据上海宝钢长宁置业有限公司与上海市长宁区规划和土地管理局签订的《上海市国有建设用地使用权出让合同》，长宁规土局在2017年9月30日前交付该地块，租户清退工作由上海十钢承担。

2014年10月，宝钢集团有限公司和上海十钢有限公司，通过上海联合产权交易所和上海东方国际拍卖有限公司，挂牌转让上海宝钢长宁置业有限公司100%股权[②]，挂牌价格为274 587.963 263万元，保证金为5.5亿元；该公

① 地块编号：201405001；电子监督号：3101002014B04950。

② 项目编号：G314SH1007636。

司核心资产正是上海市长宁区新华路街道71街坊8/3丘A1－10地块。至此长宁置业尚未实现营业收入；以2014年7月31日为评估基准日，转让标的对应评估值274 519.66万元，其中已经不含国有划拨土地。挂牌信息显示，如信息发布期满只征集到一个符合条件的意向受让方递交保证金，采用协议方式转让；如征集到两个及以上符合条件的意向受让方，则选择拍卖的竞价方式，委托上海东方国际商品拍卖有限公司组织拍卖。信息要求意向受让方需保证在成功受让后，长宁置业不再使用"宝钢"字号，并在一个月内完成公司名称变更工作；另外考虑到租户清退工作需要时间，交地时间由《土地使用权出让合同》约定的"2017年9月30日之前"调整到"2017年12月31日之前"。

2014年12月，融侨集团股份有限公司通过拍卖竞价方式，以27.46亿元竞得上海宝钢长宁置业有限公司100%股权。新建成的上海融侨中心将是文化、商业、办公融合的综合社区，计划按文化10%、商业15%、办公75%的比例开发，并保留上钢十厂七号(冷轧带钢)车间以及上海城市雕塑艺术中心。按照工程信息，上海融侨中心项目2018年12月开工，2020年12月竣工，总占地面积约47 970.5平方米，总建筑面积约231 099平方米，设有3—4层高的地下室，包含一幢18层、一幢17层、一幢15层、三幢5层、一幢4层高的办公楼，一幢2层高的商业楼，2层高的裙楼。

根据长宁区政府的要求：受让人应长期持100%商场物业和办公楼物业，或整体转让出售；若确需分割转让和出售办公物业，须经长宁区商务委核定符合区域产业规划发展要求，且须满足两个条件：一是购买办公物业的企业，工商税务须注册在长宁，且上一年度产税总额不低于1 500万元，或产税不少于7 000元/年·平方米(建筑面积)；二是购买其办公楼用于出租的企业，须书面承诺其购置的物业交由该楼物业公司统一管理和运营不少于10年。

在从红坊到侨融中心的两次交易中，如果计算一下27.46亿元股权转让收入的去向，可以看到宝钢集团实际收益为7.579亿元，上钢十厂实际收益为4.081亿元，财政实际所得为14.76亿元，侨融集团理论上获得剩余收益1.04亿元。这种转让方式保证了各方利益的均衡，但是出于价格原因，其操作并不具有广泛适用性。2013年5月与其相邻的长宁区新华路街道71街坊1/2丘J1A－04、16/2丘J1B－01地块，由北京富润天成以总价46亿元竞得，成交楼板价为28 497元/平方米，成功摘得当年长宁区总价与单价的"双冠"地王称号。

从上钢十厂到红坊再到融侨中心的发展历程，完整折射了上海土地资源使用的四个阶段：中华人民共和国建设初期的划拨工业用地；20世纪90年代难以为继的市区工业；2000年之后划拨工业用地用于发展文化创意产业；21世纪10年代土地资源的集约使用。笔者在搜集上钢十厂资料时，看到了大量上钢十厂人保留的珍贵资料，以及人们对自己青春和工厂生活的怀念，种种老友聚会的照片令人感动。这种回忆中的生活情景在国有企业改革和经济快速发展中黯然消失。新的厂区迎来了新的人群，艺术家、设计师、文化人，特别是时常来享受一下艺术或休闲生活的市民，这些人群赋予了红坊艺术文化休闲社区的生态，让红坊成为这些“社员”文化意象、文化仪式和文化交流的场所；然而，这种工作方式和生活方式也在用地资源紧张和土地集约使用的时代洪流中，随着红坊的几近消失戛然而止。在上海侨融中心的时代，保留下来的只有上钢十厂冷轧带钢车间旧址，亦即上海城市雕塑艺术中心，以及在新的用地方式上诞生的新生活方式。

对于艺术圈内外的大批红坊粉丝而言，这次城市更新又是纽约艺术区或田子坊“保卫战”的重演。另一个与之情况相近的是诞生于2013年、位于宝山区逸仙路淞沪铁道边的“叠·UP”创意园和美术馆，89个集装箱整齐地摆放组合在中外运宽阔的仓库堆场中，箱体与箱体之间由空中栈桥连接。园区内聚集有先锋的家居、服装等创意企业，由于聚焦北欧主题，特别注重活动和社会网络构建，所以有很多“粉丝”。后来中外运决定空间改作他用，园区被迫搬离，园区负责人曾展示搬离前夜“粉丝”以烛光为“叠·UP”守夜的照片，令人唏嘘。

第七节　2015年前后主要政策及要点列表

表5.2　　2015年前后主要政策及要点

时　间	编　号	政　　策	要　　点
2008年		城市总体规划和土地利用规划“两规合一”	104区块、195区域和198区域
2011年6月	沪府办〔2011〕51号	《上海市控制性详细规划技术准则》	新增了工业研发用地(M4)和科研设计用地(C65)，细分了工业和商办之间的土地类型

续　表

时　间	编　号	政　策	要　点
2011年12月	沪规土资地〔2011〕1023号	《关于委托区县办理农转用和土地征收手续及进一步优化控制性详细规划审批流程的实施意见》	鼓励195区域工业用地功能和业态发展转型，推进产城融合、功能提升；198区域工业用地应限制工业项目发展
2013年2月	沪规土资地〔2013〕153号	《关于增设研发总部类用地相关工作的试点意见》	增设研发总部类用地分类(C65)，实际将原M4和C65合并为新的C65
2013年5月	沪府发〔2013〕33号	《关于统筹优化全市工业区块布局若干意见》	支持195区域工业用地向生产性服务业及城市生活功能转变
2013年12月	中共上海市委、上海市人民政府	《关于进一步深化上海国资改革促进企业发展的意见》	研究以国有划拨土地采用国家作价入股的方式支持企业发展，探索企业参与土地二次开发利益分配的机制
2014年2月	沪府发〔2014〕14号	《进一步提高本市土地节约集约利用水平的若干意见》	104区块结构调整和能级提升，重点发展战略性新兴产业和先进制造业；195区域加快转型，重点发展生产性服务业；198区域减量化
2014年3月	沪府办〔2014〕26号，正式版沪府办〔2016〕23号	《关于加强本市工业用地出让管理的若干规定》	对工业用地的进一步细分和范畴拓展：工业用地产业项目类、标准厂房类，研发总部产业项目类、通用类；规定出让方式、价格、年限等
2014年3月	试行版沪府办〔2014〕25号，正式版沪府办〔2016〕22号	《关于本市盘活存量工业用地的实施办法》	整体转型和零星开发；土地价款补缴规定；划拨转出让规定；过渡期政策
2014年3月	国发〔2014〕10号	《关于推进文化创意和设计服务与相关产业融合发展的若干意见》	划拨土地兴办文化创意和设计服务，连续经营一年以上，可按划拨土地办理用地手续，或可采取协议出让方式办理用地手续

续 表

时　间	编　号	政　　策	要　　点
2014 年 3 月	国办发〔2014〕9 号	《国务院办公厅关于推进城区老工业区搬迁改造的指导意见》	鼓励改造利用老厂区、老厂房、老设施积极发展文化创意、工业旅游、演艺、会展等产业
2014 年 5 月	国土资源部第 61 号令	《节约集约利用土地规定》	通过厂房加层、厂区改造等途径提高土地利用率和增加容积率的，不再增收土地价款
2014 年 5 月		上海市第六次规划土地工作会议	坚持工业区块调整转型方针；要求工业用地负增长，到 2017 年减少 20 平方千米，基本就在 198 区域实施
2015 年 1 月	沪府发〔2015〕1 号	《上海市人民政府关于贯彻〈国务院关于推进文化创意和设计服务与相关产业融合发展的若干意见〉的实施意见》	支持各类市场主体以项目化方式打造形成一批文化创意产业园区、基地，鼓励各类产业园区、基地集聚文化创意和设计服务企业
2016 年 7 月	沪府发〔2016〕52 号	《关于推进市属国有企业改制重组和清理调整中划拨土地使用权处置的意见》	市属国有企业持有的划拨土地使用权，原则上应依法逐步实行有偿使用制度；保留的应继续按照原用途使用
2017 年 3 月	沪府办〔2017〕19 号	《关于加强本市经营性用地出让管理的若干规定》	商业、办公、商品住宅等用地出让管理，商业、办公涵盖金融、娱乐、旅游、会展和服务业等

第六章

复合模式探索：城市更新时代的文创园区（2018年前后）

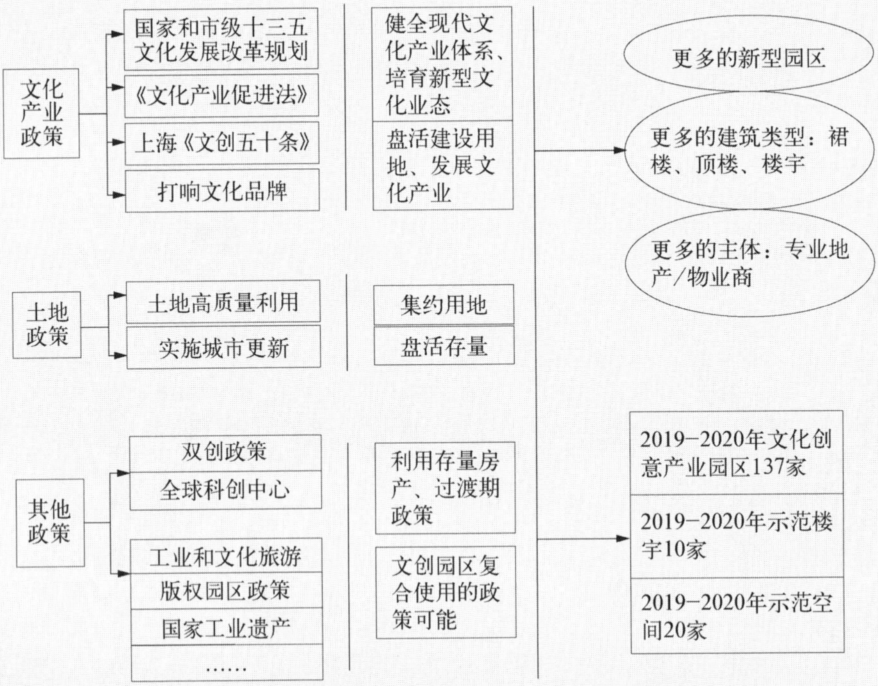

图 6.1 城市更新时代的文创园区(2018 年前后)

第一节 “十三五”国家文化产业规划体系

中共十九大报告[①]对文化产业的论述简明扼要，即健全现代文化产业体系和市场体系，创新生产经营机制，完善文化经济政策，培育新型文化业态。在“十三五”时期，一直以来作为文化产业重点之一的科技和业态创新，成为行业发展的重中之重。本章第一节和第二节重点介绍“十三五”期间与上海文化创意产业发展关系密切的规划体系，特别是涉及文化创意产业、文化创意产业园区和工业遗产的规划措辞。

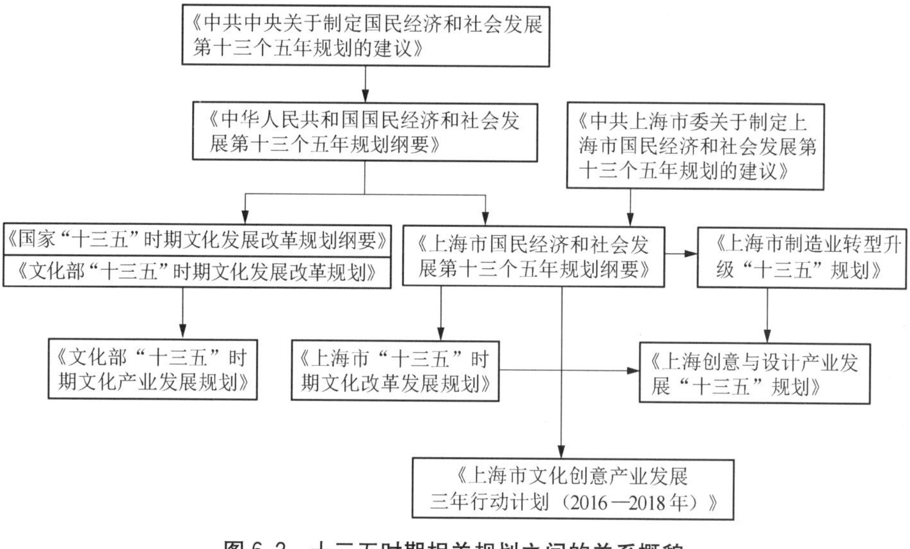

图 6.2 十三五时期相关规划之间的关系概貌

我国《国民经济和社会发展第十三个五年（2016—2020 年）规划纲要》[②]对文化产业的论述是：加快发展网络视听、移动多媒体、数字出版、动漫游戏等

① 参见《决胜全面建成小康社会，夺取新时代中国特色社会主义伟大胜利——在中国共产党第十九次全国代表大会上的报告（2017 年 10 月 18 日）》。

② 2016 年 3 月 16 日十二届全国人大四次会议通过。

新兴产业；推动出版发行、影视制作、工艺美术等传统产业转型升级；推进文化业态创新，大力发展创意文化产业，促进文化与科技、信息、旅游、体育、金融等产业融合发展。

中共中央办公厅、国务院办公厅 2017 年 5 月发布的《国家“十三五”时期文化发展改革规划纲要》（简称《规划纲要》），在确认加快发展新兴产业和推动传统产业升级的同时，还提出运用云计算、人工智能、物联网等科技成果，催生新型文化业态，加强虚拟现实技术的研发与运用，制定文化产业领域技术标准，深入推进国家文化科技创新工程，依托国家级文化和科技融合示范基地[①]，加强文化科技企业创新能力建设，提高文化核心技术装备制造水平等。《规划纲要》中的重大文化产业工程包括三个大类：第一类关于重要文化行业的发展，即电影繁荣发展、出版融合发展、广播电视繁荣发展、音乐产业发展。第二类涉及文化和网络的溢出效应：通过“文化＋”行动，增加文化含量和产业附加值，把文化资源优势转化为产业和市场优势；通过“互联网＋”行动，创新网络文化产品和服务，引导支持网络文化产业基地建设。第三类聚焦文化产业集聚：建设文化产业集聚区，结合主题功能区规划布局，依托中心城市和城市群，打造若干文化产业集聚平台，形成内容创新、文化科技创新、文化金融服务创新中心；规范引导文化产业园区，统筹推进各类文化产业园区（基地）建设，严格认定标准，建立退出机制，加强国家广告产业园区建设。

在土地政策方面，《规划纲要》提出将文化用地纳入城乡规划、土地利用总体规划，在国家土地政策许可范围内，优先保证重要公益性文化设施和文化产业设施、项目用地；修改城市用地分类与规划建设用地标准，完善文化设施用地类型，增加建设用地混合使用要求，保障文化事业文化产业发展；鼓励将城市转型中退出的工业用地根据相关规划优先用于发展文化产业。

2017 年 2 月《文化部“十三五”时期文化发展改革规划》针对文化产业园区聚焦严格规范、示范效应和结合双创发展提出：加强文化产业园区（基地）的规划建设和管理，严格命名标准，完善退出机制；进一步完善国家级文化产业示范园区创建工作，提升国家级文化产业园区（基地）的引领示范效应；推动文化产业发展与“大众创业、万众创新”紧密结合，加强文化企业孵化器、公共服

① 科技部、中宣部等部门；上海机构包括：第一批（2012 年）上海张江国家级文化和科技融合示范基地，第二批（2013 年）无，第三批（2019 年）上海科技馆国家文化和科技融合示范基地（单体类）。

务平台、众创空间建设。

2017 年 4 月《文化部“十三五”时期文化产业发展规划》[①](简称《发展规划》)中的重点行业包括演艺业、娱乐业、动漫业、游戏业、创意设计业、网络文化业、文化旅游业、艺术品业、工艺美术业、文化会展业、文化装备制造业。对于上海作为龙头的长江经济带文化产业发展,《发展规划》提出深挖长江流域文化内涵,支持依托中心城市和城市群,打造一批主业突出的文化产业园区和若干文化产业集群平台,促进长江经济带文化产业交流合作。

关于文化产业园区,《发展规划》的基调是严格规范和注重示范：一是加强对各级各类文化产业园区的规范管理,突出文化内涵、主导业态,引导特色发展、融合发展、创新发展,防止盲目投入和低水平、同质化建设。二是进一步完善国家级文化产业示范园区创建工作,提升国家级文化产业园区的引领示范效应;在全国确定一批具有一定产业集聚效应和特色的文化产业园区,通过规划管理和创建,形成一批社会效益和经济效益显著、发展特色鲜明、创新能力突出、产业集聚度高、配套服务完善的国家级文化产业示范园区。三是推进国家文化产业创新实验区、国家动漫产业综合示范园建设,形成面向区域和行业发展的协同创新中心。四是严格国家级文化产业园区命名标准,建立文化产业园区评价指标体系和评估机制,强化动态管理,完善退出机制。五是支持地方合理规划建设特色文化产业园区。

关于土地政策,《发展规划》提出：推动将文化用地纳入城乡发展规划、土地利用总体规划,在国家土地政策许可范围内,优先保证重要文化产业设施、项目用地;鼓励将城市转型中退出的工业用地根据相关规划优先用于发展文化产业;鼓励将旧厂房、仓库改造成文化创意场所,推动落实在 5 年内继续按原用途和土地权利类型使用土地的过渡期政策。

第二节　“十三五”上海文化创意产业规划体系

一、上海市城市总体规划(2017—2035 年)

2017 年 12 月获批的《上海市城市总体规划(2017—2035 年)》(简称《上海

① 索引号：000014348/2017-00025,发布机构：文化部文化产业司。

2035 规划》)①,在工业用地管理方面提出,大力推动存量工业用地减量化,中心城保留少量工业用地,郊区工业用地占建设用地的比重控制在 15%—20%。《上海 2035 规划》提出建设全球文化产品和服务平台,成为全球设计和时尚产业中心、创意设计中心,塑造兼具人文底蕴和创意时尚的国际设计之都,引导时尚创意功能向艺术设计之外的大量应用设计领域扩散。《上海 2035 规划》在空间功能定位和产业布局中将文化创意产业集聚作为城市的泛在功能。

表 6.1　《上海 2035 规划》中定位于文化创意产业的重点区域

重点区域	重点发展功能
城市主中心(中央活动区)	金融服务、总部经济、商务办公、文化娱乐、创新创意、旅游观光
黄浦江两岸地区	创意设计、博物博览、传媒等功能;世界级滨水文化功能带
苏州河沿线地区	公共文化服务、艺术、休闲等
世博前滩徐汇滨江	文化功能核心区;承载创新、创意、文化等全球城市功能
北虹桥江桥地区	电子商务文体创意等功能组团
松江新城	以服务经济、战略性新兴产业和文化创意产业为支撑的现代化宜居城市
川沙主城副中心	强化科技创新、文化创意、旅游休闲等功能
40 个以上村庄	具历史文化底蕴和风貌特色,适度发展休闲、旅游、创意产业

《上海 2035 规划》提到深入挖掘城市旅游资源,突出历史文化风貌区、历史建筑、公园绿地、景观河流、文化创意园区等特色空间;结合城市功能提升推进产业园区转型,重点发展创新孵化、文化创意和无环境污染的研发中试、都市工业等功能;鼓励结合历史风貌保护、工业遗产利用和文化设施建设,打造文创园区,推动文化产业发展;构建文化创意产业全球创新平台,围绕上海的物质和非物质文化遗产保护,聚焦文艺场所、文化创意园区、特色小镇、虚拟文化交流网络等空间与场所,提供有形和无形的文化发展平台。这要求文化创意产业园区兼具特色空间、产业园区、工业遗产和文化发展等功能,文化能级和经济能级都要具备竞争力。

① 国务院批复函〔2017〕147 号。

二、《上海市国民经济和社会发展第十三个五年规划纲要》

《上海市国民经济和社会发展第十三个五年规划纲要》[①]针对工业用地，提出大力推进低效建设用地转型增效；聚焦工业仓储用地，推进减量化和转型发展，加快 198 区域工业用地减量化，推进 195 区域向非工业用地转型，促进 104 区块空间优化、结构调整、绩效提高和能级提升。针对文化创意产业和集群，提出促进文化与科技、金融、教育、旅游、体育等产业融合发展，大力发展电影、演艺、出版、艺术品交易等文化创意产业，推进虹桥时尚创意产业集聚区、环上大影视产业基地等建设，培育壮大体育健身休闲产业，扩大文体消费。针对工业遗产保护，提出挖掘城市文化资源，将历史文化保护与城市更新相结合，突出城乡整体风貌和特色要素的保护。

三、《上海市"十三五"时期文化改革发展规划》

2016 年 11 月，《上海市"十三五"时期文化改革发展规划》（简称《上海市"十三五"文化规划》）[②]发布，其将"健全现代文化市场体系，加快文化创意产业创新发展"作为文化改革发展的一项重要任务，明确到 2020 年，上海文化创意产业增加值占 GDP 比重达到 13%以上。在土地政策方面，该规划提出积极推进国有文化企业划拨土地使用权处置中采取作价出资（入股）方式相关政策落地。

在文化空间和文化产业布局方面，《上海市"十三五"文化规划》提出构建"两轴一廊"文化集聚带：优化和提升沿朱家角—虹桥商务区—静安寺—人民广场—外滩—陆家嘴—花木地区—上海国际旅游度假区—浦东空港地区的东西向城市文化发展主轴；塑造和延伸沿宝山滨江地区—杨浦滨江地区—北外滩—外滩—陆家嘴—世博地区—徐汇滨江地区—闵行滨江的南北向的黄浦江文化发展轴；挖掘和开发苏州河沿岸都市文化景观长廊，规划、保护、利用沿岸文化遗存和景观资源，推动苏州河整体开发和多元提升；发展"双核多点"文化功能区，不断完善人民广场文化核心功能区，全力打造浦东花木地区文化核心功能区，结合城市副中心、新城和新市镇建设，推进多个点状文化功能区布局。

① 2016 年 1 月 29 日上海市第十四届人民代表大会第四次会议通过。
② 沪委办发〔2016〕38 号。

从某种程度上说，这是对“十二五”期间“一轴两河多圈”[①]布局的一种新的政策措辞提炼。

《上海市“十三五”文化规划》在推动产业载体建设方面，希望通过园区能级划分来理顺复杂的授牌体系：一是提高上海张江国家级文化和科技融合示范基地、国家版权贸易基地、国家数字出版基地、中国（上海）网络视听产业基地、金山国家绿色创意印刷示范园区等国家级基地的产业能级和引领作用；二是加强分层、分级、分类指导，推进市级文化创意产业园区向专业化、品牌化、特色化方向发展；三是鼓励发展众创空间、创新工场等新型创业服务平台，搭建虚拟园区，通过线上线下联动发展，为创业者和创业企业提供低成本、便利化、全要素、开放式综合创业服务。

四、《上海创意与设计产业发展“十三五”规划》

在“十三五”期间，上海并未发布文化创意产业的“十三五”规划，“创意”体系的规划是2017年1月印发的《上海创意与设计产业发展“十三五”规划》（简称《上海创意规划》）[②]，其目标为“三都”建设：着力建设国际“设计之都”，做强工业设计、做大建筑设计、做优时尚创意、做实“四新”设计；加快建设国际“时尚之都”，转型升级服装服饰业、延伸发展日用化学品业、提升发展黄金珠宝首饰业、创新发展家居用品业、培育发展时尚数码业、提升创新时尚服务业；大力构建国际“品牌之都”，任务是形塑上海城市品牌、打造行业（区域）品牌、培育产品（企业）品牌。

表6.2 《上海创意与设计产业发展“十三五”规划》涉及的园区和空间

分项		园区或空间
规划目标：三都	设计之都	“环同济”等文化创意产业园区
	时尚之都	虹桥时尚创意产业集聚区、上海国际时尚中心、东纺谷创意园、时尚谷、豫园黄金珠宝产业集聚区
	品牌之都	“江南智造”、昌平路创意产业设计区、“铂金级绿色街区”世博实践区、半淞园文化创意设计实践区

① 参见《上海市文化创意产业发展“十二五”规划》。
② 沪经信都〔2017〕22号。

续　表

分　项		园区或空间
布局：一轴一带、两河多圈	一轴	(三年行动计划)大虹桥会展产业园区、虹桥时尚创意产业集聚区、江宁路文化街区、环人民广场剧院集聚区、国家数字出版基地、迪士尼国际度假区
	一带	金领之都、创智天地、长江软件园、环上大国际影视园区、越界创意园
	两河	(三年行动计划)中国(上海)网络视听产业基地、西岸传媒港、世博城市最佳实践区、杨浦滨江文创产业带、普陀长风文化生态园
	多圈	国家音乐产业基地、“环同济”设计创意产业集聚区、国家绿色创意印刷示范园区、复旦软件园、中广国际广告创意产业园
载体	十	十余国家级文化创意产业基地：国家对外文化贸易基地、中国工业设计研究院
	百	百余市级文化创意产业园区：上海张江文化创意产业园区、8号桥
	千	千余文化创意楼宇和众创空间：国际时尚创意楼宇、方糖小镇
特色设计产业基地	工业设计	上海国际汽车城设计研发港、临港装备制造业基地、上海国际工业设计中心
	建筑设计	环同济创意产业集聚区
	时尚设计	虹桥时尚创意产业集聚区、国际黄金珠宝产业创意园区、尚之坊、时尚谷
	多媒体艺术设计	张江文化创意产业基地、虹桥会展创意设计园、金桥网络视频文化创意产业基地、动漫衍生产业园

资料来源：笔者整理。

《上海创意规划》将“十二五”“一轴两河多圈”空间布局延续和延伸为“一轴一带两河多圈”：进一步拓展“一轴”功能，在横贯中心城区东西向的轴线上重点布局时尚创意、时尚消费、品牌集聚等内容；抓住中环和外环附近工业用地退二进三和外环沿线区域生态经济圈建设契机，形成“一带”新经济圈；丰富“两河”内涵，在黄浦江、苏州河沿岸上重点梳理沿线的文化、历史和工业资源，为创意与设计产业发展提供载体空间。

对于文化创意产业园区的发展方向，《上海创意规划》提出了以下鼓励：鼓励各类文化创意产业园区、智慧园区、软件园区、生产性服务业功能区，集聚创意与设计服务企业；鼓励上海文化创意园区向集团化、品牌化方向发展，支持各类载体、要素资源向品牌开发运营商集聚，支持品牌开发运营商走集团化、连锁化发展之路；鼓励园区积极开展公共技术、资源信息、投资融资、交易展示、人才培养、交流合作、创新创业等服务能力建设，促进产业集群内部的有机联系，推进各类园区形成品牌化、专业化、特色化产业集群；鼓励各类产业园区、大型企业、办公楼宇和高校，结合实际和特点，向创新创业主体开放。

这一时期相对来讲具有跨部门性质的政策文本，是 2016 年 5 月发布的《上海市文化创意产业发展三年行动计划（2016—2018 年）》（简称《行动计划》），其行业发展主要任务包括：文化艺术类产业原创力激发行动、创意设计类产业驱动力升级行动、时尚体验类产业吸引力增强行动、网络信息类产业竞争力提升行动、咨询广告类产业影响力扩大行动。《行动计划》在空间布局上更多考虑了跨部门的特征：拓展“一轴”功能，西起朱家角、虹桥商务区，东经浦东金桥、张江，延伸至国际旅游度假区，进一步完善横贯上海东西向轴线上的城市文化设施、创意产业园区布局；形成“一带”新经济圈，把握老厂房、老大楼、老仓库等遗留建筑相对集中特点，呈现产城融合新亮点；丰富“两河”内涵，深化时尚休闲、文化展示、创意设计、娱乐观光等功能；深化“多圈”层级，结合城市商业副中心和特色小镇、文化旅游区域建设，形成文化创意产业集聚。

第三节　集约用地与城市更新政策

一、土地资源高质量利用

2018 年 11 月印发的《本市全面推进土地资源高质量利用的若干意见》（简称《若干意见》）①，是近年来集约用地的重要政策，对于广泛使用划拨用地和/或工业用地的文化创意产业园区来说，无疑增加了经济效益的压力。《若干意见》要求在坚持“亩产论英雄”“效益论英雄”“能耗论英雄”“环境论英雄”理念的基础上，覆盖全域土地资源，严守建设用地总量、强化建设用地流量、盘活建设用地存量，统筹城市的经济密度和空间品质，合理确定土地开发强度、优化土地资源配置、提高土地利用绩效、强化土地用途管制，全面提升土地综合承

① 沪府规〔2018〕21 号。

载容量和经济产出水平，实现土地资源更集约、更高效、更可持续的高质量利用。

《若干意见》要求推进城市开发边界内存量工业用地"二次开发"和开发边界外低效工业用地减量，到2035年，规划工业仓储用地占比控制在10%—15%，产业基地内用于先进制造业的工业用地不低于150平方千米，保障必要的产业发展空间。2018—2020年，全市每年减量化任务不低于15平方千米，其中工业用地减量不低于12平方千米，完善减量化支持政策，进一步提高市级资金补贴标准，加大国资企业用地腾退力度。

对于工业用地的使用，《若干意见》在进一步明确了在2014年三个关键文件的基础上，提出收储、转型、节余转让、低效退出等存量土地盘活路径；要求加大收储盘活力度，区政府可以划定区域，明确区域内产业用地必须通过收储进行盘活开发，建立市、区两级存量产业用地收储专项资金，探索"以房换地"等市场化补偿方式；倡导区域整体转型，由原土地权利人或原土地权利人为主导的联合开发体，通过存量补地价方式，实施区域整体转型开发，加快推进南大、桃浦、吴淞、吴泾、高桥等重点区域整体转型；要求对零星工业用地，在满足产业类型、投入产出、节能环保、本地就业等准入标准的前提下，可以由原土地权利人通过存量补地价方式实施开发，允许节余产业用地分割转让。《若干意见》强化低效用地退出机制，要求市、区产业部门建立资源利用效率评价制度，明确低效产业用地认定标准，市、区政府开展低效产业用地综合治理和退出专项行动；对低效产业用地，在技术改造、财税、电价、环保、金融服务等方面实施差别化政策；对低效产业用地涉及的违法违规行为，由相关主管部门开展联合执法；加强不动产登记、工商登记等环节管控，禁止低效产业用地以各种形式违规违约转让；对已签订土地全生命周期管理出让合同的低效产业用地，按照合同约定，追究违约责任。另外，《若干意见》要求加强违法用地整治力度，对于擅自改变土地使用用途的，特别是用于经营性用途的，加强联合执法力度，落实共同责任。

二、城市更新实施办法

如同其他国际大都市一样，上海在规模化城市化之后迎来城市更新时代。实施城市更新政策对文化创意产业园区具有双重意义：一是除了工业用地和物流仓储用地之外，越来越多的文化创意产业园区、楼宇、空间使用了商业用地、商务用地、科研用地等，亟须有如工业用地更新一样的政策架构来加以推进和规范；二是对于作为一种城市更新模式产生和发展起来的文化创意产业园区而言，新的城市更新模式意味着新的规则，而文化创意产业园区越来越表现为一个城市更新细分类别，其适用性和重要性有待通过其经济效益和文化效益来加以考量。沪府发〔2014〕14 号意见即提出探索存量商业、服务业等功能性项目升级改造路径，对用途变更但符合规划确定的地区功能和布局等条件的，可以按照实际用途使用。

2015 年 5 月印发的《上海市城市更新实施办法》（简称《实施办法》）[①]，主要是指对建成区城市空间形态和功能进行可持续改善的建设活动，已经市政府认定的旧区改造、工业用地转型、城中村改造的地区，按照相关规定执行。在规划政策方面，《实施办法》规定：在符合区域发展导向和相关规划土地要求的前提下，允许用地性质的兼容与转换，鼓励公共性设施合理复合集约设置；在同一街坊内，对符合相关要求的地块可进行拆分合并等地块边界调整；在地块所处高度分区的范围内，建筑高度可进行适当调整；为地区提供公共性设施或公共开放空间，以及增加风貌保护对象的，可予经营性建筑面积奖励。在土地政策方面，《实施办法》规定：第一，现有物业权利人或者联合体为主进行更新增加建筑量和改变使用性质的，可以采取存量补地价的方式，城市更新项目周边不具备独立开发条件的零星土地，可以扩大用地方式结合城市更新项目整体开发；第二，城市更新项目的土地使用条件应当根据经批准的控制性详细规划确定，可以以拆除重建、改建扩建、改建扩建涉及用途改变等方式实施；第三，城市更新按照存量补地价方式补缴土地出让金的，市、区县政府取得的土地出让收入，在计提国家和本市有关专项资金后，剩余部分由各区县统筹安排，用于城市更新和基础设施建设等。

2015 年 12 月《上海市城市更新规划土地实施细则》[②]，对城市更新的实施问题做了具体规定，其中至少有公共要素、持有要求、土地性质、风貌保护 4 个方面与创意空间改造相关联。第一，公共要素的布局、规模、形态等应满足公共活动的要求，方便周边居民使用，保证可达性，提供适宜的规模，处理好相邻关系，方便使用，注重设计和建设品质。第二，规划用途为商业办公用地的，由区政府根据区域情况明确持有要求：一般地区商业物业的持有比例为不低于

---

① 沪府发〔2015〕20 号。

② 试行版沪规土资详〔2015〕620 号，正式版沪规土资详〔2017〕693 号（2017 年 11 月）。

80%、办公物业为不低于40%，且持有年限不低于10年；规划用途为营利性教育、科研、医疗卫生、社会福利等社会事业的，现有物业权利人应当持有全部物业产权。第三，对于敏感的用地性质混合、兼容和转换问题，规定：鼓励公共服务设施合理混合设置；非住宅用地原则上不得调整为住宅用地，租赁住房除外；在满足地区规划导向的前提下，商业服务业用地与商务办公用地可以相互转换，住宅用地可以全部或部分转换为商业服务业或商务办公用地；根据风貌保护要求确认的保护、保留历史建筑，因功能优化再次利用的，其用地性质可依据实际情况通过相应论证程序进行转换。第四，建筑容量调整因风貌保护需要难以在项目所在地块实施的，在总量平衡的前提下，允许进行容量转移；经认定的历史风貌保护实施项目，所用土地可以按照保护更新模式，采取带方案招拍挂、定向挂牌、存量补地价等差别化土地供应方式，带保护保留建筑出让。

2018年《本市全面推进土地资源高质量利用的若干意见》，也要求盘活存量建设用地，推动城市有机更新：持续开展魅力风貌、创新园区、共享社区、休闲网络四大更新行动；完善规划土地政策，以落实公共要素和全生命周期管理为前提，允许按规划进行用地性质、建筑容量、建筑高度的适当调整，采取存量补地价的方式完善用地手续，调动更新主体积极性；鼓励土地混合利用，鼓励工业、仓储、研发、办公、商业等功能用途互利的用地混合布置、空间设施共享，强化公共服务设施和市政基础设施的功能混合。

由于城市更新的空间对象特征，以及同一街坊内"边角地""夹心地""插花地"、相邻地块、地块拆分等便利政策，一些文化创意园区开发企业开始参与到城市更新中。某外资文化创意产业园区经营者A，在经营其特色化"文化飞地"式园区之外，也依据城市更新路径实施了一些项目。在项目完成之后，又依据文化创意产业园区、空间、楼宇的认定办法，走"文化创意"的政策路径，保证土地和空间有尽量多的政策"护身衣"和"护身符"。当然，更多的更新选择可能，使文化创意型空间的背景更为复杂，形式更为多元，功能也更为动态。

第四节　四个旗舰性文化创意产业政策

一、文化产业促进法

《文化部"十三五"时期文化发展改革规划》在健全文化法律制度方面，提出积极推进文化产业促进法、公共图书馆法、故宫保护条例、古籍保护条例、文化市场综合执法管理条例等重点立法项目进程，修订《文物保护法》《营业性演出管理条例》《互联网上网服务营业场所管理条例》《娱乐场所管理条例》，贯彻《公共文化服务保障法》《博物馆条例》《非物质文化遗产法》。自 2016 年《公共文化服务保障法》出台后，我国文化综合领域另一部基础性法律《文化产业促进法（草案送审稿）》（简称《促进法（草案稿）》）[①]于 2019 年 12 月公示。《促进法（草案稿）》从法律角度明确了行业治理体系，即“国务院文化和旅游主管部门、广播电视主管部门、工业和信息化主管部门和国家网信部门、国家新闻出版（版权）主管部门、国家电影主管部门依照本法及相关法律法规和部门职责负责本领域文化产业促进工作；国务院其他有关部门在各自职责范围内负责文化产业促进相关工作”。

国家鼓励和支持综合运用文化表达方式进行创作，支持多种文化艺术题材、体裁、形式、风格、流派的探索和创新。《促进法（草案稿）》第 22—24 条涉及了具体行业发展：国家积极推动创意设计服务业发展，丰富创意设计文化内涵，促进创意设计产品的交易和成果转化，提升制造业和现代服务业的文化含量和附加值；国家鼓励和支持加强对传统工艺的传承保护和开发创新，鼓励在保持优秀传统的基础上，推动手工技艺与现代科技、工艺装备、创意设计的有机融合，推动传统工艺走进现代生活；国家鼓励和支持依托旅游资源创作生产丰富多彩的文化产品，提升旅游的文化内涵，推动文化产业与旅游业的深度融合。

在园区用地问题上，《促进法（草案稿）》明确了规划引导、用地支持、盘活存量和复合使用等问题。有条件的地方人民政府及有关部门应当依据国民经济和社会发展规划、国土空间规划、文化产业发展规划布局，规范引导文化产业园区建设，促进文化企业集聚发展；在用地支持方面，县级以上人民政府应当根据文化产业发展需要，将文化产业用地纳入国土空间规划，有效保障文化产业设施、项目用地需求；国家鼓励利用闲置设施、盘活存量建设用地发展文化产业；国务院自然资源主管部门应当完善文化设施用地类型，增加建设用地复合使用要求，保障文化产业发展。

---

① 全国人民代表大会官方网站 2019 年 12 月 13 日公示，[2020 - 06 - 30]，http：//www. npc. gov. cn/npc/c30834/201912/e9c9d9677e444915af5a945a11cdf728. shtml。

二、延续四轮的“两个规定”

从2003年开始每5年更新一次的《国务院办公厅关于印发文化体制改革中经营性文化事业单位转制为企业和进一步支持文化企业发展两个规定的通知》(简称《支持文化企业发展的规定》)(2018年名称)共发布4次①。其中很多政策条文具有连贯性，且为行业提供了直接的政策激励，比如“经营性文化事业单位转制为企业后，五年内免征企业所得税”等；特别是在支持文化企业发展的规定中涉及的土地处置问题，反映了划拨用地和/或工业用地在文化产业政策中的思路演进。

表6.3　《支持文化企业发展的规定》中的土地处置政策

文号和时效	内　　容
国办发〔2003〕105号，2004—2008年	无
国办发〔2008〕114号，2009—2013年	(十四) 国有文化企业使用的原划拨土地，改制前可继续以划拨方式使用。改制后，土地用途符合《划拨用地目录》的，经所在地县级以上人民政府批准，可仍以划拨方式使用；不符合《划拨用地目录》的，应依法办理土地有偿使用手续，经评估确定后，以作价出资(入股)等方式处置，转增国家资本
国办发〔2014〕15号，2014—2018年	(二十三) 文化企业改制涉及的原划拨土地，改制后用途符合《划拨用地目录》的，可继续以划拨方式使用；不符合《划拨用地目录》的，应当依法实行有偿使用。经省级以上人民政府批准，国有文化企业改制为授权经营或国有控股企业的，原生产经营性划拨用地，经批准可采用国家出资(入股)方式配置；文化企业改制为一般竞争性企业的，原生产经营性划拨用地可采用协议出让或租赁方式进行土地资产处置 (二十四) 利用划拨方式取得的存量房产、土地兴办文化产业的，其用地手续办理符合《划拨用地目录》的，可按划拨方式办理；不符合《划拨用地目录》的，在符合国家有关规定的前提下可采取协议出让方式办理

① 第一次为2003年12月印发的《国务院办公厅关于印发文化体制改革试点中支持文化产业发展和经营性文化事业单位转制为企业的两个规定的通知》，第二次为2008年10月印发的《国务院办公厅关于印发文化体制改革中经营性文化事业单位转制为企业和支持文化企业发展两个规定的通知》，第三次和第四次的印发时间分别为2014年4月和2018年12月。

续 表

文号和时效	内 容
国办发〔2018〕124号，2019—2023年	（十七）见国办发〔2014〕15号第（二十三） （十八）见国办发〔2014〕15号第（二十四） （十九）将文化类建设用地纳入城乡规划、土地利用总体规划，有效保障文化产业设施、项目用地需求。鼓励利用闲置设施、盘活存量建设用地发展文化产业。鼓励将城市转型中退出的工业用地根据相关规划优先用于发展文化产业。企业利用历史建筑、旧厂房、仓库等存量房产、土地，或生产装备、设施发展文化产业，可实行继续按原用途和土地权利类型使用土地的过渡期政策

三、上海《文创五十条》

2017年12月，上海市委、上海市政府印发的《关于加快上海市文化创意产业创新发展的若干意见》[①]（简称《文创五十条》），与上海的"创新"城市主题相结合，是本地文化创意产业最为系统和完整的政策文件。《文创五十条》要求夯实国际文化大都市的产业基础，使文化创意产业成为上海构建新型产业体系的新的增长点、提升城市竞争力的重要增长极。《文创五十条》发布5年后，文化创意产业增加值占全市生产总值比重达到15%左右，基本建成现代文化创意产业重镇；到2030年，本市文化创意产业增加值占全市生产总值比重达到18%左右，基本建成具有国际影响力的文化创意产业中心；到2035年，全面建成具有国际影响力的文化创意产业中心。

表6.4　　上海《文创五十条》中的重点发展行业

行 业	发 展 目 标
建设全球影视创制中心	构建影视产业目标体系
	优化影视产业扶持机制
	提升影视产业链发展能级
打造亚洲演艺之都	提升创作演出能力
	优化演艺设施布局
	培育优秀演艺市场主体

① 沪委发〔2017〕33号。

续 表

行　业	发 展 目 标
建设全球动漫游戏原创中心	提升动漫游戏原创能力
	深化动漫游戏公共服务
	加快全球电竞之都建设
巩固国内网络文化龙头地位	实施网络文化提升计划
	培育网络文化龙头企业
深化国际创意设计高地建设	建设国际设计之都
	建设国际时尚之都
	建设国际品牌之都
	建设国际会展之都
	建设信息技术支撑高地
构建出版产业新格局	推进传统出版转型升级
	加快数字出版产业发展
	推动实体书店升级发展
构建国际重要艺术品交易中心	优化艺术品产业格局
	鼓励艺术品业态创新
	促进艺术品贸易便利化
加快实施文化装备产业链布局	完善文化装备产业功能布局
	提升文化装备技术创新能力

《文创五十条》提出三个层次的文化创意产业园区能级提升。第一层次是深化部市共建，强化上海张江国家级文化和科技融合示范基地、国家对外文化贸易基地（上海）、上海张江国家数字出版基地、中国（上海）网络视听产业基地、金山国家绿色创意印刷示范园区、上海国家音乐产业基地、国家级文博创意产品开发生产基地、中广国际广告创意产业基地、江南智造等国家级基地的引领示范作用，支持南上海文化创意产业集聚区建设。第二层次是加快市级文化创意园区专业化、品牌化、特色化发展，实现园区品牌输出，加强市级文化创意园区和示范楼宇、示范空间的规划建设和认定管理。第三层次是支持符合条件的现有市级文化创意园区，新增重大文化创意园区开展公共服务平台建设和小微企业孵化、贷款担保等专业服务应用推广。

《文创五十条》对以往的土地政策进行了较完整的阐述和进一步明确。一方面加强建设用地保障，优化土地资源供给。优先保障新增文化创意产业项目土地供应，其中营利性文化事业项目使用文化用地的，可以协议出让方式供地；文化创意产业项目使用工业、研发总部用地的，可以“带产业项目”挂牌方式供地；引导社会力量投资兴办剧场、博物馆、美术馆、文化创意园区等文化创意产业基础设施，鼓励各级政府给予用地等政策支持。另一方面合理利用存量用地。一是支持各类市场主体合作利用工业厂房、仓储用房、传统商业街等存量房产、土地兴办文化创意和设计服务，在符合城市规划的前提下，土地用途和使用权人可暂不变更。二是在符合城市规划和建设规范、不影响相邻关系及严守安全底线的前提下，鼓励存量文化创意产业用地提高土地利用率。三是利用划拨方式取得的存量房产、土地兴办文化创意产业，连续经营一年以上，符合划拨用地目录的，可按照划拨土地办理用地手续；不符合划拨用地目录的，可采取协议出让方式办理用地手续。四是推进落实以作价出资（入股）方式处置国有文化企业的划拨土地使用权，明确市、区利益分配办法、转增国家资本的出资主体及后续管理要求。2018 年 5 月发布的《促进上海创意与设计产业发展的实施办法》①、2018 年 7 月发布的《上海市人民政府关于推进本市健康服务业高质量发展加快建设一流医学中心城市的若干意见》（简称《健康服务业五十条》）②、2018 年 8 月发布的《关于加快本市体育产业创新发展的若干意见》（简称《体育三十条》）③等均使用了相同或类似的土地政策措辞。这已成为现代服务业部分行业能够争取的土地政策绿灯上限。

四、打响“上海文化”品牌

2018 年 4 月《中共上海市委上海市人民政府关于全力打响上海“四大品牌”率先推动高质量发展的若干意见》，将“上海文化”作为上海四大品牌之一，进一步明确了城市的文化功能：到 2020 年，文创产业增加值占全市生产总值比重达到 13%以上；结合实施上海《文创五十条》，推动影视、演艺、网络文化等重点领域创新突破，加快建设全球影视创制中心、全球动漫游戏原创中心、国际艺术品交易中心和亚洲演艺之都，提升上海文化的原创力、辐射力、影响力。

---

① 沪经信都〔2018〕339 号。

② 沪府发〔2018〕25 号。

③ 沪府发〔2018〕31 号。

该意见提出充分利用上海丰富的红色文化、海派文化、江南文化资源：红色文化要完善传承、创新、传播、开发体系，发掘保护建党历史资源，建设思想理论创新和传播高地，打造红色文化旅游品牌；海派文化要强化交流、融合、创新，以“上海名人”“海派地标”“历史事件”为载体传承上海城市文脉，以“五年百部精品创作”为抓手打造海派文艺高峰，办好重大国际性文化节庆活动；江南文化要加强特色历史风貌和文化遗产保护，赋予优秀传统文化新的时代内涵和表现形式，增强市民的文化认同感、归属感、尊崇感。

第五节　工业遗产保护利用政策

一、第三个工业遗产保护体系

国家政策层面对工业遗产的较早关注见于2006年5月国家文物局《关于加强工业遗产保护的通知》①，其中提到产业结构调整留下很多工业旧址、附属设施、机器设备等工业遗存，是文化遗产的重要组成部分，但各地普遍存在重视不够的问题，工业遗产列入各级文物保护单位的比例较低，对工业遗产的数量、分布和保存状况不清，认为近代工业污染严重、技术落后，应退出历史舞台，使不少工业遗产成为城市建设的牺牲品；要求处理好工业遗产保护和经济建设的关系，将工业遗产保护纳入当地经济、社会发展规划和城乡建设规划，坚决制止乱拆损毁工业遗产，要像重视古代文化遗产那样重视近现代工业文化遗产。2014年8月，国家文物局下发《工业遗产保护和利用导则(征求意见稿)》②；2018年，《文物保护利用规范——工业遗产》(WW/T 0091—2018)编制完成并公布。

2018年11月发布《国家工业遗产管理暂行办法》③，其中国家工业遗产是指在中国工业长期发展过程中形成的，具有较高的历史价值、科技价值、社会价值和艺术价值，经工业和信息化部认定的工业遗存。国家工业遗产核心物项是代表国家工业遗产主要特征的物质遗存和非物质遗存：物质遗存包括作坊、车间、厂房、管理和科研场所、矿区等生产储备设施，以及与之相关的生活设施和生产工具、机器设备、产品、档案等；非物质遗存包括生产工艺知识、管

① 文物保发〔2006〕10号。
② 查询未见正式版本；阐释与本节下文的《北京市工业遗产保护与再利用工作导则》相近。
③ 工信部产业〔2018〕232号。

理制度、企业文化等。国家工业遗存需工业特色鲜明，并具备5个条件：一是在中国历史或行业历史上有标志性意义，见证了本行业在世界或中国的发端，对中国历史或世界历史有重要影响，于中国社会变革或重要历史事件及人物密切相关；二是工业生产技术重大变革具有代表性，反映某行业、地域或某个历史时期的技术创新、技术突破，对后续科技发展产生重要影响；三是具备丰富的工业文化内涵，对当时社会经济和文化发展有较强影响力，反映了同时期社会风貌，在社会公众中拥有广泛认同；四是其规划、设计、工程代表特定历史时期或地域的风貌特色，对工业美学产生重要影响；五是具备良好的保护和利用工作基础。

2019年12月，第三批国家工业遗产名单公布①，位于上海市普陀区、建于1920年的上海造币厂作为首个上海遗产名列其中，入选国家工业遗产的核心物项，主要包括办公楼、国民政府时期财政部部库旧址、蓄水塔，以及万两天平、轧机、冲床、光边机、美式压印机、仿法雕刻机、翻模机等早期造币设备。另外，其办公楼于1994年获评为上海市优秀近代建筑；2007年"钱币生产中的手工雕刻技艺"进入上海市非物质文化遗产名录；2014年，厂区建筑群以"原中央造币厂旧址"之名，成为上海市文物保护单位。

该办法明确对国家文化遗产的利用，包括支持有条件的地区和企业依托国家工业遗产建设工业博物馆，发掘整理各类遗存，完善工业博物馆的收藏、保护、研究、展示和教育功能；支持利用国家工业遗产资源，开发具有生产流程体验、历史人文与科普教育、特色产品推广等功能的工业旅游项目，完善基础设施和配套服务，打造具有地域和行业特色的工业旅游路线；鼓励利用国家工业遗产资源，建设工业文化产业园区、特色小镇（街区）、创新创业基地等，培育工业设计、工艺美术、工业创意等业态。

表6.5　　单体设施工业遗产功能转化模式

模　式	特　　征	案　　例
博物馆模式	工业建筑及其室内设施本体//展品；工业建筑内部空间//博物馆展陈载体；室外工业设施//露天博物馆	美国马萨诸塞州沃尔瑟姆纺织厂//查尔斯河博物馆；法国巴黎奥赛火车站//奥赛博物馆；无锡茂新面粉厂//民族工商业博物馆；杭州通益公纱厂旧址//中国扇博物馆；成都宏明厂//东郊工业博物馆；德国弗尔克林根炼铁厂设备装置//室外博物馆

① 工信部产业函〔2019〕403号。

续　表

模　式	特　　征	案　　例
展览设施模式	工业建筑遗产的内部空间、内部设施，或场地环境中的工业构筑物、露天设备装置等，可以再利用为展览设施，作为展品、艺术品布设的载体	英国伦敦巴特西发电厂//泰特现代美术馆；德国奥伯豪森煤气储罐//主题展馆；德国埃森关税同盟 12 号炼焦厂露天装置//布展载体；北京 798 佩斯北京画廊
商业设施模式	工业建筑遗产//综合商场、书店、专卖店、超市、餐饮店、酒吧等灵活布设和独特品质的商业设施	美国波士顿昆西市场//休闲商业广场；美国巴尔的摩港电厂厂房//餐饮设施；瑞典哥德堡造船厂//餐饮、会议、娱乐场所；北京手表厂厂房//双安商场
办公设施模式	工业建筑//创意设计、策划咨询等商务办公模式，与展示、销售相结合的艺术创作工作室模式	美国明尼阿波利斯农具厂库房//艺术家工作室；德国埃森关税同盟 12 号煤矿锅炉房//设计中心；上钢十厂 B 区车间厂房//创意办公
文教设施模式	旧工业建筑的围护结构和内部空间改造再利用为学校、文化活动中心、图书馆等文教设施	德国兰道市屠宰场//图书馆；瑞士伯尔尼三角巧克力厂/伯尔尼大学的图书馆；卢森堡旧工业建筑//卢森堡欧洲学校；呼和浩特内蒙古工业大学机械厂铸工车间//建筑系馆
体育健身设施模式	工业建构筑物、大型设备等大跨度结构、大尺度空间等//体育俱乐部或体育休闲活动设施	德国杜伊斯堡蒂森钢铁厂煤气储罐//潜水设施；上海理工大学旧厂房//体育活动中心；昆明云南机床厂旧厂房//长丰羽毛球馆
观演设施模式	利用大跨度、大空间的工业建、构筑物或设备装置可以满足观演设施的空间尺度要求	德国波鸿西园原鼓风机房、发电站//国际音乐厅；德国诺因基兴水塔//电影院；上海新安电机厂//时尚秀场
住宅	旧工业建筑根据转化功能要求进行内部空间重构或空间的外向拓展	美国劳伦斯市华盛顿工厂 1 号建筑//住宅
公寓模式		德国柏林施潘道舒特海斯啤酒厂//高级老年公寓；美国纽约奥斯汀尼克尔斯公司配送仓库//出租公寓
酒店旅馆模式		日本冈山县仓敷纺织厂//观光旅馆；瑞典哥德堡船体车间//六层旅馆；杭州国家厂丝储备仓库//旅游酒店
景观空间标志模式	工业构筑物、设备装置等单体//室外空间的景观标志要素	英国峡谷铁桥；德国埃森关税同盟煤矿Ⅻ号矿井井架；德国利希特费尔德 F60 矿场采矿设备；上海南市发电厂大烟囱

续 表

模 式	特 征	案 例
综合模式	综合应用了上述两种或两种以上功能转化模式，多应用于大型综合性工业建筑遗产的保护与再利用	意大利都灵菲亚特林格图汽车厂//会议、办公、科研、展览、商业、酒店等多功能综合体；美国纽约市立沥青厂//体育艺术中心；荷兰阿姆斯特丹城西煤气厂//文化、办公、餐饮综合体

资料来源：刘抚英：《工业遗产保护与再利用模式谱系研究——基于尺度层级结构视角》，《城市规划》2016年第9期，第84—96页。

二、北京市的工业遗产利用政策

自2007年起，北京市就有了利用工业遗产发展文化创意产业的相关政策文件，延续下来共有3个政策文件值得关注。

第一个政策文件是2007年9月北京工业促进局、市规划委员会和市文物局联合发布的《北京市保护利用工业资源、发展文化创意产业指导意见》①，旨在推动保护利用工业资源发展文化创意产业，借以传承北京工业发展历史，挖掘工业遗产的新价值，为文化创意产业的发展提供空间，促进传统制造业转型升级。其推进举措以原则性为主，着力点在于认定一批工业文物保护单位及建筑和设施，培育一批利用工业资源发展文化创意产业的优秀示范项目，以及要求各有关审批部门及施工单位简化改造施工审批手续，鼓励短期内为文化创意产业的发展营造出广阔空间。

第二个政策文件是2009年2月印发的《北京市工业遗产保护与再利用工作导则》，其将工业遗产定义为“与工业发展密切相联的，具有历史价值、社会文化价值、艺术美学价值、科学技术价值和经济再利用价值的遗存，是文化遗产的重要组成部分”，并规定：市工业、规划和文物行政主管部门是工业遗产保护与再利用工作的行政主管部门，各相关工业遗产权属或使用单位和个人是工业遗产保护与再利用的责任主体。

第三个政策文件是2017年12月发布的《关于保护利用老旧厂房拓展文化空间的指导意见》②，其中明确“市推进全国文化中心建设领导小组办公室”

① 京工促发〔2007〕129号。
② 京政办发〔2017〕53号。

表6.6　《北京市工业遗产保护与再利用工作导则》内容摘录

项目	类　别	主　要　信　息
分类	不可移动物质遗产	与工业发展有关的厂房、仓库、码头、桥梁、办公建筑、附属生活服务设施及其他构筑物等
	可移动物质遗产	机器设备、生产工具、办公用具、生活用具、历史档案、商标徽章及文献、手稿、影像录音、图书资料等
	非物质遗产	生产工艺流程、手工技能、原料配方、商号、经营管理、企业文化、企业精神等
重点	中华人民共和国成立前	民族工业企业、官商合营、中外合办企业等遗存
	20世纪五六十年代	"一五"及"二五"期间建设的重要工业企业
	"文化大革命"期间	建设的具有较大影响力的企业
	改革开放后	建设的非常具有代表性的企业
评估条件	符合条件之一的，可列入工业遗产保护与再利用名录	在相应时期内具有稀缺性、唯一性，在全国或北京具有较高影响力
		企业在全国同行业内具有代表性或先进性，同一时期内开办最早、产量最多、质量最高、品牌影响最大、工艺先进，商标、商号全国著名
		企业建筑格局完整或建筑技术先进，并具有时代特征和工业风貌特色
		与北京著名工商实业家群体有关的工业企业及名人故居等遗存
		其他有较高价值的工业遗存
等级	文物保护单位	参照《文物保护法》《城乡规划法》和《历史文化名城名镇名村保护条例》规定的文物保护单位和历史文化街区的管理办法实施管理
	工业遗产保护区	
	优秀近现代建筑类工业遗产	符合优秀近现代建筑标准的工业遗产；可申报列入优秀近现代建筑保护名录，参照优秀近现代建筑的管理办法实施管理
	遗产价值突出的工业遗存	与北京工业发展密切相关的、具有突出的发展阶段标志性和行业代表性的遗存；充分尊重历史特征，对建筑原状、结构、式样进行整体保留，不得随意拆除，应在合理保护的前提下进行修缮、改造
	再利用价值突出的工业遗存	虽然遗产价值不突出，但可利用空间大、便于改造、再利用价值突出的工业遗存；可对原建筑物进行加层或立面装饰，尽可能保留建筑结构和式样的主要特征，实现工业特色风貌与现代生活的有机结合

负责统筹推进相关工作；市规划国土委、市文物局、市文资办负责提供可操作的规范；充分发挥企业主体作用，支持以厂房租赁、企业资产重组、托管经营等多种方式，实现市场化运作。

该意见要求将老旧厂房空间资源与公共文化和文化创意产业对接，着眼解决公共文化服务供需矛盾，使老旧厂房资源承载文化馆、图书馆、博物馆、美术馆、实体书店、艺术影院、非遗展示中心等文化设施功能，提升公共文化服务保障能力；聚焦文化创意产业创新发展，积极推动达到一定规模和符合建筑标准的老旧厂房资源向文化创意产业园区转型，实现经济效益和社会效益相统一；保护利用老旧厂房发展文化创意产业，且不改变原有土地性质、不变更原有产权关系、不涉及重新开发建设，可实行继续按原用途和原土地权利类型使用土地的5年过渡期政策，过渡期内暂不对划拨土地的经营行为征收土地收益，过渡期满或涉及转让需办理相关用地手续的，可按新用途、新权利类型、市场价，采取协议出让方式或长期租赁、先租后让、租让结合等方式办理相关用地手续。

第六节　案例十：锦和商业登陆上海证券交易所主板①

上海锦和商业经营管理股份有限公司（简称锦和商业）成立于2007年5月；2012年5月，整体变更为股份公司，注册资本为人民币3.78亿元，注册地上海市徐汇区。从2014年起，锦和商业开始上市申请之旅，直至2020年方得以在上海证券交易所主板挂牌。在此过程中披露的各种信息，一方面反映了在文化创意产业园区这一领域中划拨/工业用地等复杂政策背景，另一方面使得社会可以管窥文化创意产业园区的经营情况和经营模式。

表6.7　锦和商业合并财务报表的主要数据（2016—2019年）　单位：万元

年　份	2016	2017	2018	2019上半年
营业收入	53 045.31	64 428.03	79 993.59	40 689.22
营业利润	12 519.39	15 468.28	24 000.04	10 173.35

① 除非特别说明，本节的数据和资料均来自《上海锦和商业经营管理股份有限公司首次公开发行股票招股说明书（申报稿）》，以2019年8月13日版本为主。

续　表

年　份	2016	2017	2018	2019 上半年
利润总额	13 229.72	15 800.18	24 027.26	10 028.27
净利润	10 021.81	11 839.60	17 721.35	7 840.61
支付的各项税费	7 377.38	7 765.08	9 323.31	4 556.09

一、规划用途和划拨使用权问题

2014 年 6 月 20 日和 2015 年 6 月 17 日，锦和商业两次报送《招股说明书申报稿》，[①]其中特别提醒投资者注意的“风险因素”，包括公司及其下属公司已承租运营的 13 家园区由原工业、科研建筑改建而成，土地使用权实际情况和规划用途不一致，主要依据的政策系国办发〔2008〕11 号、沪经规〔2008〕452 号、沪府办发〔2008〕37 号、《关于加快本市产业结构调整，盘活存量资源的若干意见》[②]，以及杭州、苏州、南京市等地加快发展文化创意产业的意见。土地性质的复杂问题可能引起合约风险，包括出租方违约、城市规划的不可抗力，以及使用权的规范性，比如越界・X2 创意空间业主方未办妥房地产权证、越界・智汇园物业持有人上海古梅食品厂已被吊销营业执照、越界・X2 创意街区的房屋已被上海市公安局查封等，截至 2015 年 3 月末，存在租赁权利瑕疵的园区面积占公司可供出租面积的 17.36%，2014 年收入占公司营业收入的 13.86%。

2016 年 4 月 13 日公示的《关于不予核准上海锦和商业经营管理股份有限公司首次公开发行股票申请的决定》[③]直指规划/实际用途不一致和划拨使用权两个根本问题。其特别关注到：公司将承租的划拨土地用于向第三方客户租赁经营，且部分园区项目的土地使用权实际使用情况与规划用途不一致，上述情形不符合我国《土地管理法》第 56 条关于“改变土地建设用途的，应当经有关人民政府土地行政主管部门同意，报原批准用地的人民政府批准”和《划拨土地使用权管理暂行办法》第 5 条关于“未经市、县人民政府土地管理部门批准并办理土地使用权出让手续，交付土地使用权出让金的土地使用者，不得

① 证监会 40000895X/。

② 沪府办发〔2006〕38 号。

③ 证监许可〔2016〕774 号。

转让、出租、抵押土地使用权”的规定。

公司根据国办发〔2008〕11 号、国发〔2014〕10 号中关于“支持以划拨方式取得土地的单位利用存量房产、原有土地兴办文化创意和设计服务，在符合城乡规划前提下土地用途和使用权人可暂不变更”的规定，主张其承租划拨土地用于园区经营的行为应当得到政策支持。但是，在有关申报材料和聆讯中，公司和保荐机构均未提出充足依据证实符合“以划拨方式取得土地的单位”的主体资格，以及承租划拨土地向第三方出租行为符合“兴办文化创意和设计服务”的行为要件，因此公司的主张不能采信。另外，国发〔2014〕10 号规定：“连续经营一年以上，符合划拨用地目录的，可按划拨土地办理用地手续；不符合划拨用地目录的，可采取协议出让方式办理用地手续。”公司承租有关划拨土地用于向第三方客户租赁经营的期限均在一年以上，但未提出充分依据证明其用地手续符合上述规定，上述情形可能对公司持续盈利能力构成重大不利影响。

锦和商业于 2016 年 12 月 20 日和 2017 年 10 月 27 日再度报送《说明书申报稿》。公司提到其所运营的涉及划拨使用权和规划/实际用途不一致的园区，均已被相关主管部门认定为创意产业园区；《说明书申报稿》另外援引了两个政策，即国办发〔2014〕9 号、《国务院关于积极发挥新消费引领作用加快培育形成新供给新动力的指导意见》[①]。另有一个过渡期政策[②]被援引，即“传统工业企业转为先进制造业企业，以及利用存量房产进行制造业与文化创意、科技服务业融合发展的，可实行继续按原用途和土地权利类型使用土地的过渡期政策”。2017 年 11 月 7 日第十七届发审委第 36 次会议审核结果公告，发行人已承租运营的 21 个园区项目中，10 个园区的土地为物业产权方以划拨方式取得、14 个园区土地使用权实际使用情况与规划用途不一致。公告要求发行人代表说明三个问题：上次否决意见的落实情况；发行人承租运营园区的土地为划拨土地或土地使用权实际使用情况和规划用途不一致的合法性；有关土地“过渡期政策”对发行人持续经营的影响。

2019 年 12 月 12 日，第十八届发审委 2019 年第 198 次会议审核结果公告，锦和商业 2019 年 8 月 13 日报送的《说明书申报稿》获通过。但公告提出发行人承租运营的园区项目中，部分园区承租的建筑物所在土地是以划拨方式取得、部分园区承租的建筑物所在的土地使用权实际用途与规划用途不一

---

① 国发〔2015〕66 号。

② 《关于支持新产业新业态发展促进大众创业万众创新用地的意见》(国土资规〔2015〕5 号)。

致。公告要求发行人：第一，结合相关政策及有关部门的认定，说明发行人及其子公司改变土地用途营运的项目，是否符合《土地管理办法》第56条的规定，是否获得了自然资源主管部门及规划部门关于改变土地用途的批准，是否属于具体行政行为及其有效性；第二，说明租赁划拨土地营运的项目是否符合国家和地方关于划拨土地管理的规定，是否已经履行必要的审批程序，是否存在相关风险或瑕疵；第三，结合目前运营的项目园区的实际改造情况，说明该等改造是否履行了必要的审批程序。

2020年1月14日，中国证监会发函上海锦和商业经营管理股份有限公司，《上海锦和商业经营管理股份有限公司关于首次公开发行股票并上市的申请报告》(锦和商业〔2018〕014号)及相关文件收悉。根据《公司法》《证券法》和《首次公开发行股票并上市管理办法》(证监会令第141号)等有关规定，经审核，现批复如下：核准你公司公开发行不超过9 450万股新股……[①]。锦和商业股票代码603682，2020年4月9日登陆上海证券交易所主板，锦和商业拟募集资金7.09亿元。

二、几点争议与讨论

锦和商业本身是上海的一线文化创意产业园区开发和经营者，是行业的标杆之一；越界创意园和越界·田林坊是2015年和2019年授牌的“上海市文化创意产业示范园区”。锦和商业在上市过程中遇到的诸多困难，实际上反映的是行业的共性问题；由于锦和最早开启上市之路，最早披露经营和财务信息，才使社会上能够一窥行业发展历程中的种种原生和内生问题，以及这些问题与政出多门的政策文本之间的复杂关系。

表6.8　　锦和商业2016—2019年扶持资金和补贴情况　　单位：万元

项目＼年份	2016	2017	2018	2019年1—6月
收益类	666.31	830.94	757.32	537.57
分散就业岗位补贴		1.21		0.44
进项税加计抵减				51.16

① 证监许可〔2020〕95号。

续　表

项目＼年份	2016	2017	2018	2019年1—6月
职工职业培训补贴	2.4			
政府扶持资金	459.9	731.7	610	455.2
地方教育费附加补贴	16.37			
街道扶持资金	150			
文化创意产业发展专项资金	30			
财政贴息		44.09	30.05	30.42
失业保险支持企业稳定岗位补贴			13.15	
个税手续费返还	7.65	3.94	4.12	0.35
上海市产业转型升级发展(品牌经济发展)专项资金		50		
文化创意产业集聚发展平台扶持资金			100	
资产类	15		99.9	250
上海市信息化发展专项资金项目			60	
文化创意产业集聚发展平台扶持资金			39.9	
后世博创意文化集聚平台创建				250
越界文化创意与信息科技产业融合服务平台	15			
总计	681.31	830.94	857.22	787.57

资料来源：笔者整理。

其中最为关键的是文化创意产业园区所利用土地的划拨使用权问题。国办发〔2008〕11号、国发〔2014〕10号两个文本是利用闲置划拨土地发展文化创意产业园区的政策根基。除去划拨使用权土地本身带来的不稳定合约状态之外，政策措辞也有几个可商榷之处。

第一，“以划拨方式取得土地的单位”的主体资格。锦和商业对此的解释是，持有划拨土地使用权的往往是从事工业产品研发生产的国有企业或行政机关下属单位，不具备运营创意产业园区的经验、团队、客户等资源，其主业停滞、亏损甚至停业，缺乏资金，无法独立运营，需要与专业机构进行合作，相关政策也并未禁止。上海本地政策，如《文创五十条》，则并没有提及“以划拨方式取得土地的单位”。另外，《上海市人民政府办公厅关于同意〈上海市文化创意产业园区（创意产业集聚区）有关政策情况说明〉的通知》[①]明确：大力支持业主单位、专业园区运营机构、文化创意企业等社会各方发挥自身优势、综合利用资源，以开展创意产业集聚区（文化创意产业园区）建设的方式兴办文化创意产业，上述主体均为政策鼓励支持范围；实践表明，业主单位与专业的园区运营机构合作，通过将既有建筑（群）整体租赁或委托给园区运营机构管理、与园区运营机构成立合资公司等多种方式兴办文化创意产业园区，盘活了存量土地、房产资源，符合文化创意与相关产业融合发展政策的指导思想和支持内容。该通知同意将市经济和信息化委《上海市文化创意产业园区（创意产业集聚区）有关政策情况说明》作为本市对文化创意产业园区运营管理相关政策的解读，并支持符合条件的企业发行上市。这虽然是一项地方政策，但也是对锦和商业上市的强有力援手。

第二，“兴办文化创意和设计服务”的行为要件。锦和商业 2018 年租金收入超过 800 万元的客户包括：中国太平洋保险（集团）股份有限公司（2 521.12 万元）、上海航天汽车机电股份有限公司（1 345.39 万元）、法派集团有限公司（1 221.97 万元）、上海隆宝酒店管理有限公司（1 131.58 万元）、上海美兆喆源门诊部有限公司（1 083.11 万元）、雅高美华酒店管理有限公司（1 032.32 万元）、上海昕红影院管理有限公司（996.75 万元）、上海帛帛投资管理有限公司（964.49 万元）、丞家（上海）公寓管理有限公司（956.04 万元）、上海哈咖信息技术有限公司（924.97 万元）。就上述名单而言，很难将之与典型的文化创意产业紧密联系起来。对此的合理解释：其一，包含了咨询服务业和休闲娱乐服务业的文化创意产业，能够从细分产业归属上支持“兴办文化创意和设计服务”；其二，文化创意产业具有“发光易发热难”“叫好不叫座”的特征，其财务的“厚重”程度很难支撑大型商业物业的运营，所以“以商养文”在所难免；其三，这些行业可以纳入广义的服务业划拨土地政策绿灯的支持范畴。

第三，上缴土地收益。《城市房地产管理法》规定以营利为目的，将划拨使用权土地上的房屋出租的，应将租金中所含的土地收益上缴国家。按照国土

① 沪府办〔2017〕38 号，由于该文件并未公开，所以此处仅引用将锦和援引的部分。

资规〔2015〕5 号文，园区享受 5 年过渡期政策的话（并未特别注明适用划拨用地），则在过渡期满且国家和地方未出台新的用地政策的情况下，需要上缴土地收益。这将出现整个链条利益分配的调整。

第四，土地实际用途与规划用途不一致。从上海本地政策而言，支持盘活利用存量用地建设和运营文化创意产业园区，并没有“划拨使用权”的强制要求，比如沪府办发〔2008〕37 号和《文创五十条》都是如此措辞。国家层面的政策对利用存量用地发展文化创意产业一直有原则上的支持；锦和商业所引用的国土资规〔2015〕5 号文明确，传统工业企业转为先进制造业企业，以及利用存量房产进行制造业与文化创意、科技服务业融合发展的，可实行继续按原用途和土地权利类型使用土地的过渡期政策，但其中的“主语”再次暗示了可能存在的主体问题。

表 6.9　　锦和商业在沪主要园区信息（2018 年）

园　区	所在区	土地性质	可租面积（万 m^2）	单价 元/天（m^2）	营业收入（万元）	毛利润（万元）	投入运营/租期（年/月份数）	所有权人
越界创意园	徐汇	出让（工业）	8.2	4.92	18 408.32	10 843.82	2008,240	广电浦东
航天大厦	徐汇	划拨（办公）	2.9	2.67	3 277.9	107.46	2012,180	上海航天局
越界田林坊	徐汇	划拨（工业）	4.9	3.29	7 168.16	1 977.04	2017,120	上海航天控制技术研究所
越界菁英汇	徐汇	租赁（工业）	0.5	3.44	706.52	80.34	2017,120	
越界苏河汇	普陀	划拨（商住办）	1.0	4.18	1 723.17	820.03	2010,156	上海蔬菜（集团）有限公司
越界永嘉庭	徐汇	划拨（科研、设计）	0.8	8.2	2 616.41	1 151.89	2010,172	上海航天局第八〇八研究所
越界 500 视觉园	徐汇	工厂	0.6	4.4	970.11	495.51	2011,271.5	上海塑料制品三厂
越界智造局Ⅱ	黄浦	划拨（工业、收储）	1.2	5.54	2 741.19	1 868.80	2011,142	卢湾区土地发展中心
越界 X2 创意空间	徐汇	工业	1.2	6.23	2 662.04	1 898.63	2011,166	上海电气（集团）总公司
越界 X2 创意空间二期	徐汇	划拨科研	0.8	4.96	1 369.09	746.15	2017,240	中科院声学所东海研究站
越界 X2 创意空间三期	徐汇		0.3	3.55	217.94	43.99	2018,183.5	上海南方企业有限公司

续　表

园　区	所在区	土地性质	可租面积(万 m^2)	单价元/天(m^2)	营业收入(万元)	毛利润(万元)	投入运营/租期(年/月份数)	所有权人
越界智汇园	宝山	划拨工厂	1.6	1.91	1 439.01	175.13	2013,186	上海古梅食品厂
大宁财智中心	静安		1.9	3.22	2 811.18	321.68	2013,243	上海彭浦实业公司
越界乐平方	静安	划拨/集体用地(工业)	1.6	3.51	2 368.49	1 076.12	2013,240	上海双乐服装有限公司
越界智造局Ⅰ	黄浦	出让(工业)	2.2	6.53	5 978.54	4 296.16	2012,226	上海紫光机械有限公司
南翔智地园三期	嘉定	划拨/集体用地(工业)	6.6	1.51	4 296.45	1 241.71	2014,245	上海华新电线电缆有限公司
越界X2智慧谷	徐汇	划拨仓储	0.5	4.06	872.73	355.52	2015,174	文汇新民联合报业集团
紫光大厦	静安		1.0	5.97	2 210.27	757.48	2016,141	上海市邮政公司
越界世博园	黄浦	出让(商业办公)	5.1	5.61	6 710.85	1 121.09	2017,240	上海世博(发展)有限公司
越界太保中心	徐汇	出让(工业)	1.9	2.84	2 521.12	775.12	2017,123	上海仪电(集团)有限公司

资料来源：笔者整理。

第七节　多元政策下的复合型文创园区

一、与科创/双创等政策对接

文化创意产业园区作为身份特殊的空间主体，必然兼容其他功能，以对接各种空间经济需求；也会对接科技、商务、旅游、信息化、文物保护、知识产权、人力资源等部门政策，以获得最多、最好的政策支持。对各政策部门而言，园区是其管理中小企业的行业平台和抓手，因而园区对接政策是园区发展和行业管理的共同要求。从这一时期的政策主题来看，双创和科创是文化创意产业园区适用度较高的政策体系。

2015 年 6 月,《国务院关于大力推进大众创业万众创新若干政策措施的意见》[①]发布,与之相关的主要空间和土地政策有两项:一是 2015 年 9 月发布的《关于支持新产业新业态发展促进大众创业万众创新用地的意见》[②],其在鼓励盘活利用现有用地方面有新的政策精神,特别提出传统工业企业转为先进制造业企业,以及利用存量房产进行制造业与文化创意、科技服务业融合发展的,可实行继续按原用途和土地权利类型使用土地的过渡期政策;过渡期支持政策以 5 年为限,5 年期满及涉及转让需办理相关用地手续的,可按新用途、新权利类型、市场价,以协议方式办理。二是 2015 年 3 月发布的《国务院办公厅关于发展众创空间推进大众创新创业的指导意见》[③],其要求加快构建众创空间,总结推广创客空间、创业咖啡、创新工场等新型孵化模式,构建一批低成本、便利化、全要素、开放式的众创空间,为广大创新创业者提供良好的工作空间、网络空间、社交空间和资源共享空间。2018 年 9 月发布的《国务院关于推动创新创业高质量发展打造"双创"升级版的意见》[④],要求积极落实产业用地政策,深入推进城镇低效用地再开发,健全建设用地"增存挂钩"机制,优化用地结构,盘活存量、闲置土地用于创新创业。

上海本地的双创政策,则更直接地与文化创意产业园区及既有相关政策联系起来。2015 年 8 月《关于本市发展众创空间推进大众创新创业的指导意见》[⑤],鼓励各区县、各产业园区、各大企业利用已有的商业商务楼宇、工业厂房、仓储用房等存量房产,在不改变建筑结构、不影响建筑安全的前提下,改建为孵化器等众创空间,土地用途和使用权人不变更。文化创意产业园区与众创空间土地政策的一致性,加之创意和创业多呈现扎根互联网平台、企业小型化、工作项目制等共同特征,使得文化创意产业园区能够自然兼容众创空间,典型案例如长阳创谷、弘基·创邑国际园等。

近几年来,以移动网络、人工智能、生物医药等为代表的科技创新领域成为全球竞争的焦点,上海也战略性地定位为具有全球影响力的科技创新中心城市。文化创意产业园区开始与创新政策框架相衔接,以求融入城市发展主

① 国发〔2015〕32 号。
② 国土资规〔2015〕5 号。
③ 国办发〔2015〕9 号。
④ 国发〔2018〕32 号。
⑤ 沪委办发〔2015〕37 号。

流，从科技创新政策和战略中受益。科创与文创既有区别，也有联系。两者之间的区别是文创围绕文化艺术，主要法律形式为版权，主体是艺术家、设计师、文化人；而科创围绕科学技术，主要法律形式为专利，主体是科学家、研发人员等。两者之间的主要联系有以下三点：近年来文创体系内最显著的变化，是作为主导介质的互联网兴起，及其对文化消费方式和文化生产方式的再组织，而科创也以网络技术革命为最显著的维度，两者共用技术平台；在线内容产业、文化科技融合等近年来快速成长的领域，无论是模式创新、内容创新、渠道创新还是微创新，都是科创与文创之间有机结合的产物；科创和文创具有区位共生关系[①]，科技类企业能够提供经济动能，艺术类企业能提供文化氛围，两者共同造就宜业宜居的城区环境[②]。

2015年5月《中共上海市委、上海市人民政府关于加快建设具有全球影响力的科技创新中心的意见》[③]、同年7月《上海市加快推进具有全球影响力科技创新中心建设的规划土地政策实施办法》(简称《实施办法》)[④]，在支持创新服务平台(包括众创空间)方面，提出新增标准厂房类工业用地、通用类研发用地出让给园区平台的，可按照产业项目类工业和研发用地供地方式供应，标准厂房类工业用地出让价格不得低于相同地段工业用地基准地价的70%，通用类研发用地出让价格不得低于相同地段产业项目类研发用地基准地价的70%。《实施办法》在支持科研创新和实体产业发展方面，鼓励各类企业和单位盘活利用自有存量工业、研发用地，根据规划建设研发中心等科研功能平台，转型发展"四新"经济、战略性新兴产业、现代服务业等；工业用地出让价格不得低于相同地段工业用地基准地价，产业项目类研发用地出让价格不得低于相同地段办公用地基准地价的20%—50%，通用类研发用地出让价格不得低于相同地段办公用地基准地价的70%；对低效的产业用地，要求结合土地出让合同约定，综合运用财政税收、环境保护、安全监管、信用惩戒等措施，推进低效产业用地盘活利用。

除了双创、科创政策外，一些文化创意产业园区还积极对接其他各部门政

---

① Markusen A, Schrock G, "The artistic dividend: Urban artistic specialisation and economic development implications", *Urban Studies*, 2006, 43(10): 1661-1686.

② Florida R, *The Rise of the Creative Class and How It's Transforming Work, Leisure, Community and Everyday Life*, New York: Basic Books, 2004.

③ 沪委发〔2015〕7号。

④ 沪府办〔2017〕69号。

策。比如,按照《关于加快推进本市智慧园区建设的指导意见》①,建设基础设施优化、园区管理精细化、功能服务专业化、产业发展智慧化的产业园区,对接智慧城市政策,越界、8 号桥、天地软件园、明珠创意园等文创园区在"智慧园区"之列;对接工业旅游政策,上海国际时尚中心、8 号桥、M50 等是全国工业旅游示范点,田子坊、M50、麦可将、半岛 1919 等是国家 AAA 级景区。文化创意产业园区还会兼容版权示范园区(上海市版权局)、知识产权试点园区(上海市知识产权局)、跨境电子商务示范园区(上海市商务委)、上海市创业孵化示范基地(上海市人力资源和社会保障局)等,在功能复合化的同时享受多渠道的政策资源。在一些一线文化创意产业园区的展示厅或展示角,访客或游客可以看到各个政策部门的授牌摆放在显眼的位置。

二、新一轮文化创意产业园区授牌

2019 年 2 月,依据《上海市文化创意产业园区管理办法》②和《上海市文化创意产业示范楼宇和空间管理办法(试行)》③,2019—2020 年度 137 家上海市文化创意产业园区(含 20 家示范园区)、10 家示范楼宇和 20 家示范空间开始公示。本轮授牌淘汰园区 32 家、新增 41 家;与此同时,示范楼宇和空间系首批评选。137 家文创园区总建筑面积近 687 万平方米,入驻文创企业 2 万多家,总营收额近 5 500 亿元④。2019 年,促进文化创意产业发展财政扶持资金增设了"成果资助类项目文创园区、楼宇和空间方向",共对 136 个项目资助了 2 631 万元。3 种认定和专项资助基本构成了稳定的文化创意产业园区专门政策框架。此时的文化创意园区虽然已经不在行业发展的聚光灯下,但也还是悄悄发生了很多变化。

表 6.10　　2019—2020 年的 20 家市级示范园区

上海张江文化创意产业园区	国家对外文化贸易基地(上海)
上海 8 号桥文化创意产业园区	德必易园

① 沪经信推〔2013〕410 号。
② 沪文创办〔2018〕16 号。
③ 沪文创办〔2018〕17 号,之前版本为沪文创办〔2017〕12 号。
④ 俞凯:《新时代新作为新篇章|上海认定 137 家市级文创园区》,[2020-06-25], https://www.thepaper.cn/newsDetail_forward_4001790。

续 表

800 秀创意产业集聚区	上海天地软件园
M50 艺术产业园	花园坊节能环保产业园
中国(上海)网络视听产业基地	中广国际
南翔智地	金山国家绿色创意印刷示范园
创异工房	中国梦谷上海西虹桥文化创意产业园
越界田林坊	城市概念软件信息服务园
中版创意设计产业基地(IF 如果)	智慧湾
海阔东岸文化创意园	术界创 e 园

第一,形式多样化。在城市更新阶段,能够容纳文化创意产业的新型空间层出不穷。购物中心顶楼、写字楼裙楼、办公楼宇的部分楼层、新型博物馆等多样化的空间,会选择向文化创意产业园区(楼宇、空间)靠拢,以展示自身文化定位、激活特殊空间结构、借鉴文创园区实践、对标要求并获取政策资源。示范楼宇和空间的引入等于在相当程度上认可了这些特定的文化创意空间形态。在 2018 年版《上海市文化创意产业示范楼宇和空间管理办法(试行)》中,"示范楼宇"依托楼宇作为物理载体,集聚了一定数量的文化创意企业,具有一定的产业规模(原则上建筑面积不少于 7 000 平方米),能够提供相应的基础设施保障和公共服务;"示范空间"依托相对集中的物理面积(建筑面积原则上不低于 2 000 平方米),集聚了一定数量的文化创意小微企业和创业者,提供低成本、便利化、全要素、开放式的综合服务空间。

第二,主体多元化。除了早期的部分单体园区之外,纺织系、德必系、锦和系、江南智造系、弘基系、科房系等集团或团组遍布公示名单,体现的是国有企业、专业集团、区级国资等各种力量;它们凭借划拨土地资源、介入行业时机等因素,成为行业核心。随着中心城区的土地变得高度稀缺,一些专业房产和投资集团也开始介入旧厂房改造。比如万科、复星等,其为行业带来了高标准的物业服务和高匹配度的入驻项目。笔者曾咨询过复地四季广场的一位负责人,复星集团介入老厂房改造,和行业其他力量相比有什么优势。他告诉笔者,复星集团的项目可以有新类型的落地场所供选择,园区空间也可以有更大的项目库来匹配,其中的魔术道具展厅、室内潜水等项目都是如此匹配的结果。

第三，用地问题的压力日增。在集约用地和公平用地的政策背景之下，文化创意产业园区产生了一定的社会争议。2018年版《上海市文化创意产业园区管理办法》，明确要求文化创意产业园区有鲜明的产业特色和定位，产业门类符合本市文化创意产业规划重点发展领域，拥有一个或若干个主导产业门类，主导产业门类的企业应占园区可出租面积（不包括园区内的商业配套）的70%以上。除此之外，该版本还添加了“土地性质为工业用地的，其主导产业应主要服务于实体经济发展”；这从行业自律角度，在土地使用方式上有了规范约束。

然而应该看到，转化为文化创意产业园区是现阶段政策体系之下实实在在的需求。2018年5月12日，笔者团队①曾经使用19组关键词②，通过ArcGIS软件和“八爪鱼”采集器搜集和确定文化创意产业园区总集合及其空间坐标，并按照地址比对筛选重复部分，又通过人工检查去除非园区部分，最终产生文化创意产业园区389家。比对当时的128家市级园区清单，我们发现仍然有26家名称非典型的园区未能包括在内；后又与2019—2020年度137家市级园区清单对照，由于新建的园区取名方式逐步脱离了传统模式，故发现了更多未包含在园区内。所以保守推断，上海文化创意产业园区数量超过400家。

第八节　“理想”文化创意产业园区

上海文化创意产业园区在演进历程中面临繁杂的政策体系，至少5种政策话语清晰可见：以经济部门（市经委、市经信委、市文创办）为代表的创意产业推进体系；以文化部门（市委宣传部、市文创办）为代表的文化发展和文化产业推进体系；以规划部门（市规划和自然资源局）为代表的规范用地和集约用地体系；以文物保护部门（市文物局、市住建委）为代表的工业遗产保护体系；以区级政府为代表的税收绩效体系。在政策实践中，有时会因为政出多门导

① 具体操作者为上海社会科学院2019届情报学专业硕士研究生仝雷雷，以及2018级应用经济学专业博士研究生赵嫚。

② 创意＋园区、创意＋集聚区、创意园、创意＋基地、创意产业园、文化＋园区、文化＋集聚区、文化园、文化＋基地、文化产业园、文化创意园、文化创意产业园区、设计＋园区、设计园、设计＋集聚区、时尚园、时尚产业园、艺术＋园区、艺术园。

致话语矛盾，但从较长的周期来看，多种话语体系相互补充和彼此修正，基本构架了上海文化创意产业园区的发展轨迹。从个体文化创意产业园区角度来看，哪些特征能够适应繁杂的政策，应该是立足政策、立足市场的多变量综合判断。如果以符合决策思维的方式来组织这些特征，可以提出一种系统的文化创意产业园区模型。在园区开发阶段、招商阶段和运营阶段，园区决策者拥有一揽子对应的优化工具。

表 6.11　“理想”文创园区的模式和特征

	变量	模式类别与解释	典型案例
开发阶段	区位特征	大学周边，知识和人才溢出效应	创智天地/环同济
		沿江沿河，开发治理的规划战略影响	湖丝栈/创邑·河
		旅游线路，易转化为旅游线路节点	田子坊
		内城，易于转化为休闲区	老码头
	土地性质	商业办公/研发总部，完全合规	越界世博园
		划拨土地(服务业/创意设计绿灯)，市/区国资	卓维700/800秀
		工业仓储(《文创五十条》)，出让土地	越界创意园
		198区域，模式存疑	
	先发优势	消费者认知积淀，消费场所	田子坊
		业内企业认知积淀，行业入驻吸引	8号桥/德必易园
		政府认知积淀，资助、授牌和官方推广	德必
		社会认知积淀，(网络)媒体美誉度	M50/张江文创
	建筑结构	厂区，大型户外空间	长阳创谷/城市概念
		高屋顶结构，LOFT工作格调	M50
		大体量“车间”“仓库”建筑，特殊展会空间	800秀/世博最佳实践区
		裙楼/购物中心顶层，空间设计感强	
	有形遗产	三级文物保护单位(点)	1933老场坊/上生新所
		优秀历史建筑	2577大院
		生产设备、材料遗存	麦可将/红坊
		建筑风貌，适宜艺术家和设计师的工作风格	文定生活

续 表

	变量	模式类别与解释	典型案例
开发阶段	无形遗产	历史符号沿革，强化文化身份	江南智造
		区域/空间品牌资源，匹配文化身份	世博最佳实践区
		史料挖掘，故事讲述	南苏河
		艺术建筑再利用，故事再发掘/创作	田子坊/1933老场坊
招商战略	经济量级	规模化企业集聚	张江文创
		高产税企业，地方政府要求	800秀
		税收资源高落地率，区政府要求	
	经济能级	引进明星企业，扩大行业知名度	8号桥
		引进高定位企业，提升园区定位	文定生活
		引进平台企业，带动周边产业	金桥网络文化
		引进龙头企业，形成行业产业链	婚纱产业园
		引进企业社会网络，匹配扎堆	南苏河
		引进资质型企业，许可共享	国家音乐产业基地
	机构资源	引入行业管理机构入驻，提升行业地位	800秀
		引进行业标准和交易机构，提升行业地位	花园坊
	文化能级	引进艺术家/画廊，艺术氛围和形象	M50
		引进活跃型文创企业	华鑫
		引进国外设计师，增加文化多元特征	安垦绿色
		引进展示型企业，提升文化氛围	上升新所
		引进活跃创业创新群体	长阳创谷
		创意工作生活氛围和形象	幸福里
		提升空间和企业文化适配度	复地四季
运营战略	公共关系	领导视察，提高决策和媒体关注度	8号桥/长阳创谷
		文化产业基地等国家级授牌	张江文创
		文化创意产业园区等市级授牌	锦和/德必
		自贸区等资源落地、联席会议等机制	国家文化贸易基地
		与政府协议合作的政策税收合作平台	紫竹视听产业基地
		土地性质、运营模式突破，寻求政府合作与理解	田子坊/老码头

续　表

	变量	模式类别与解释	典型案例
运营战略	文化形象	专业型园区,行业集聚	天地软件园
		专业型园区,主题定位	麦可将
		专业型园区,文化飞地	安垦绿色
		专业园区管理品牌	德必/弘基
	品牌输出	品牌连锁输出	德必/锦和
		周边扩张输出,与地域相联系	8号桥
		区域品牌,建立战略联盟	江南智造
	复合经营	AAA景区旅游或工业旅游基地	半岛1919
		双创基地	长阳创谷
		智慧园区	天地软件园
		版权、知识产权等	中版创意

资料来源：王兴全、王慧敏：《破局“千园一面”的文创园区品牌化升级模式》,《中国软科学》2017年第5期,第78—91页,并在其基础上进行了较大范围的增补调整。

一、园区开发战略

在文化创意产业园区开发阶段,可以重点考虑园区的区位特征、土地性质、先发优势、建筑结构、有形和无形文化遗产6个基本变量。

其一,区位特征。位于大学周边会享受建筑设计、时尚设计、电影制作、舞台美术等专业的强溢出效应;位于苏州河或黄浦江沿岸,可能会借力沿河治理和沿江开发所腾出的空间、建筑和规划;位于中心城区、旅游线路等人流量集中区,可能会通过人流量和/或购买转化率来提升市场空间,转化为休闲、旅游场所。

其二,土地性质。商业办公用地性质只涉及园区的战略定位问题,并无土地问题羁绊;划拨用地用于文创园区,需援引现代服务业发展政策绿灯,以及文化创意和设计服务业发展政策绿灯;出让工业用地用于文创园区需援引《文创五十条》的相关规定;198区域土地用于文创园区则是权宜之计。

其三,先发优势。在建设等方面的模式创新,可能会帮助文创园区提高消费者、企业、政府、社会的认知度,进而会转化为消费场所、吸引行业企业入驻、得到政府资助和授牌、得到(网络)媒体美誉,从而提升园区品牌附加值。

其四,建筑结构。厂区型建筑结构适宜于改建成文创园区,且具有较大体量的户外空间,能够提供中心城区稀缺的开放工作环境;高屋顶的结构能够为艺术家和设计师提供 LOFT 工作格调,对行业从业人员具有工作环境吸引力;一些由宽阔车间或仓库改建而成的大型展示空间,因地理位置优越和建筑风格特殊而受到青睐;由购物中心顶楼、办公楼裙楼改建而成的文创园区,则因空间结构高挑宽阔,而显得颇具设计感。

其五,有形遗产。某些国家、市、区三级文物保护单位(点),以及一些优秀历史建筑,适于采用文创园区形式进行保留和封存,这提高了文创园区经营的稳定性和品牌价值;一些存留的机械设备、生产材料等,也作为园区建筑和装饰的一部分,在唤起建筑历史的同时,增加了园区的标识度;某些建筑风格与文创园区的产业结构高度匹配,这不仅提高了建筑的使用价值,也增强了园区的品牌价值。

其六,无形遗产。园区使用的名称,可能承载了百年乃至数百年的文化和工业历史,是对历史符号的一种商业激活;园区所在地的历史沿革,也会"物化"到园区和园区建筑之上,增加其文化积淀和品牌价值;对于一些具有热度但缺乏历史档案的园区,可以用历史挖掘和再创造的形式,构造虚拟的故事讲述,满足人群"受众"的认知填补需求。

二、园区招商战略

在文化创意产业园区招商阶段,可以重点考虑园区的经济量级、经济能级、机构资源和文化能级 4 个基本变量。

其一,经济量级。文创园区本身并不过多涉及环保、安全等问题,所以规模化的企业集聚带来的产业量级,是园区贡献度的重要指标;在"以亩产论英雄"的集约用地时期,园区入驻企业的税收贡献,是对土地政策和文创产业政策的重要支持;税收落地的"属地化"要求,是区级政府对园区及其入驻企业进行各种政策扶持的经济基础。

其二,经济能级。在招商阶段引进行业明星企业、高定位企业、平台企业、龙头企业,是对园区产业结构进行的战略设计,可以采用招商补引进、后入补先入、周边补核心等方式,提升产业集群整体能级;引入行业的资质型企业,会对有资质需求的相关企业产生入驻吸引，形成市场化的资质共享；如果空间体量适宜，也可采用整体引入某个或某些商业网络的做法。

其三，机构资源。文创园区引进行业管理、行业标准制定、行业交易平台等公共或商业服务机构，能强化园区的行业地位和品牌价值，增加园区和园区企业的"露出"效应。

其四，文化能级。引进画廊、艺术工作室、展示型企业，能够从视觉角度提升园区的文化氛围；引进活跃型文化企业或创新创业群体，能够提升园区创造力氛围；借力园区招商者的项目投资组合，能够优化园区空间的文化适配度；引进海外企业或综合各种业态，可以增强园区的文化多元性，提高文化创意氛围的能级。

三、园区运营战略

在文化创意产业园区运营阶段，可以重点考虑园区的公共关系、文化形象、品牌输出和复合经营4个基本变量。

其一，公共关系。领导视察、参观和访问能够增加园区的决策关注度和媒体曝光率；国家文化产业基地(园区)、上海市文化创意产业园区等授牌能够整固园区品牌，增加园区经营的稳定性；落地制度资源、政策特惠、政府支持等，会显著提升园区声誉和促进园区直接升级。

其二，文化形象。同类企业在园区的集聚，会形成细分行业专业型园区；围绕某一行业特征而集聚的企业群，会形成主题化专业型园区；特定人群和企业群的集聚，会形成文化飞地式的专业型园区；园区品牌的建设和拓展，会形成文创园区专业服务者的品牌形象。

其三，品牌输出。园区品牌发展具有可拓展性，已经建立良好品牌声誉的文创园区可以在其周边继续发展，进一步将品牌和区域结合起来；文创园区不限区域地实施品牌化扩张和集团化经营，这一方面使园区经营管理经验得到复制，另一方面避免使用权人违约或在契约谈判中利用园区品牌的依附劣势；如果区域具有文化标识度，那么区域内园区之间可以通过不同的联盟形式，共同建设区域品牌，共享品牌价值。

其四，复合经营。除了文化创意产业集聚的主功能之外，园区可以复合发展，这样既能对接相应的政策体系，也能优化空间组合，提升盈利能力，比如发展工业旅游、众创空间、智慧园区、版权保护等功能。

第九节 2018年前后主要政策及要点列表

表 6.12 2018年前后主要政策及要点

时 间	编 号	政 策	要 点
2006年5月	文物保发〔2006〕10号	《关于加强工业遗产保护的通知》	将工业遗产保护纳入当地经济、社会发展规划和城乡建设规划
2013年	沪经信推〔2013〕410号	《关于加快推进本市智慧园区建设的指导意见》	建设基础设施优化、园区管理精细化、功能服务专业化、产业发展智慧化
2015年3月	国办发〔2015〕9号	国务院办公厅《关于发展众创空间推进大众创新创业的指导意见》	加快构建众创空间，总结推广创客空间、创业咖啡、创新工场等新型孵化模式
2015年5月	沪府发〔2015〕20号	《上海市城市更新实施办法》	允许用地性质的兼容与转换；同一街坊内，符合要求地块可进行拆分合并等边界调整
2015年6月	国土资规〔2015〕5号	《关于支持新产业新业态发展促进大众创业万众创新用地的意见》	传统工业企业利用存量房产进行制造业与文化创意、科技服务业融合发展，可实行继续按原用途和土地权利类型使用土地的过渡期政策
2015年7月	沪府办〔2015〕69号，正式版沪府办〔2017〕69号	《上海市加快推进具有全球影响力科技创新中心建设的规划土地政策实施办法》	鼓励各类企业和单位盘活利用自有存量工业、研发用地，转型发展“四新”经济、战略性新兴产业、现代服务业等
2015年8月	沪委办发〔2015〕37号	《关于本市发展众创空间推进大众创新创业的指导意见》	鼓励业利用已有的商业商务楼宇、工业厂房、仓储用房等存量房产，改建为孵化器等众创空间，土地用途和使用权人不变更
2015年12月	沪规土资〔2015〕620号，正式版沪规土资详〔2017〕693号	《上海市城市更新规划土地实施细则》	涉及公共要素、持有要求、土地性质、风貌保护四个与创意空间改造相关联的问题
2016年1月	上海市十四届人大四次会议通过	《上海市国民经济和社会发展第十三个五年规划纲要》	推进195区域向非工业用地转型；推进虹桥时尚创意集聚区、环上大影视基地等建设

续　表

时　间	编　号	政　　策	要　　点
2016年3月	十二届全国人大四次会议通过	《国民经济和社会发展第十三个五年规划纲要》	加快发展新兴产业；推动传统产业转型升级；推进文化业态创新，大力发展创意文化产业
2016年5月		《上海市文化创意产业发展三年行动计划(2016—2018年)》	拓展“一轴”功能，形成“一带”新经济圈，丰富“两河”内涵，深化“多圈”层级
2016年11月	沪委办发〔2016〕38号	《上海市“十三五”时期文化改革发展规划》	两轴一廊双核多点的文化功能布局；2020年，上海文创产业增加值占本市GDP 13%以上
2017年	沪府办(2017)38号	上海市人民政府办公厅《关于同意上海市文化创意产业园区(创意产业集聚区)有关政策情况说明的通知》	大力支持业主单位、专业园区运营机构、文化创意企业等社会各方，以开展文化创意产业园区建设的方式兴办文化创意产业
2017年1月	沪经信都〔2017〕22号	《上海创意与设计产业发展“十三五”规划》	一轴一带两河多圈；鼓励上海文化创意园区向集团化、品牌化方向发展
2017年2月		《文化部“十三五”时期文化发展改革规划》	加强文化产业园区(基地)的规划建设和管理，完善国家级文化产业示范园区创建工作
2017年4月	文化部文化产业司	《文化部“十三五”时期文化产业发展规划》	严格规范并发挥文化产业园区的示范作用；落实5年内继续按原用途和土地权利类型使用的过渡期政策
2017年5月	中共中央办公厅、国务院办公厅	《国家“十三五”时期文化发展改革规划纲要》	文化和科技融合；重大文化产业工程；鼓励将城市转型的工业用地优先用于文化产业
2017年10月		《中国共产党第十九次全国代表大会报告》	健全现代文化产业体系和市场体系，创新生产经营机制，完善文化经济政策，培育新型文化业态
2017年12月	国务院批复函〔2017〕147号	《上海市城市总体规划(2017—2035年)》	工业用地减量；文创产业成为城市泛在功能；文创园区兼具特色空间、产业园区、工业遗产和文化发展等功能
2017年12月	沪委发〔2017〕33号	《关于加快上海市文化创意产业创新发展的若干意见》	与上海的“创新”城市主题相结合，是本地文化创意产业系统和完整的政策论述

续 表

时 间	编 号	政 策	要 点
2018年		《文物保护利用规范——工业遗产》(WW/T 0091—2018)	工业遗产保护的规范要求
2018年4月	中共上海市委、上海市人民政府	《关于全力打响上海"四大品牌"率先推动高质量发展的若干意见》	充分利用上海丰富的红色文化、海派文化、江南文化资源
2018年5月		《促进上海创意与设计产业发展的实施办法》	沿袭《文创五十条》对土地问题的政策措辞
2018年7月	沪文创办〔2018〕16号	《上海市文化创意产业园区管理办法》	文化创意产业园区的特色、定位、体量、结构等要求;土地性质为工业用地的,其主导产业应主要服务于实体经济发展
2018年7月	沪文创办〔2018〕17号	《上海市文化创意产业示范楼宇和空间管理办法(试行)》	示范楼宇和空间的引入在相当程度上认可了某些特定的文化创意空间形态
2018年9月	国发〔2018〕32号	国务院《关于推动创新创业高质量发展打造"双创"升级版的意见》	积极落实产业用地政策,深入推进城镇低效用地再开发,优化用地结构,盘活存量、闲置土地用于创新创业
2018年11月		《国家工业遗产管理暂行办法》	国家工业遗产的定义、分类、5个基本条件、利用
2018年11月	沪府规〔2018〕21号	《本市全面推进土地资源高质量利用的若干意见》	加大国资企业用地腾退力度,收储、转型、节余转让、低效退出等存量土地盘活路径
2018年12月	第四版	国务院办公厅《关于印发文化体制改革中经营性文化事业单位转制为企业和进一步支持文化企业发展两个规定的通知》	企业利用历史建筑、旧厂房、仓库等存量房产、土地,或生产装备、设施发展文化产业,可实行继续按原用途和土地权利类型使用土地的过渡期政策
2019年12月	全国人民代表大会官方网站公示	《中华人民共和国文化产业促进法(草案送审稿)》	支持多种文化艺术题材、体裁、形式、风格、流派的探索和创新;在园区用地问题上,规划引导、用地支持、盘活存量、复合使用等

附　录

1. 2019—2020 年上海市文化创意产业园区（含示范园区）、示范楼宇和示范空间

序号	文化创意产业园区名称	申 报 单 位	所属区
1	上海张江文化创意产业园区＃	上海张江文化控股有限公司	浦东
2	国家对外文化贸易基地（上海）＃	上海东方汇文国际文化服务贸易有限公司	浦东
3	中国移动互联网视听产业基地	上海金桥出口加工区开发股份有限公司	浦东
4	康桥创智良仓	复邦文化创意发展（上海）有限公司	浦东
5	上海证大喜玛拉雅艺术中心	上海证大喜玛拉雅有限公司	浦东
6	上海翡翠滨江文化艺术中心	上海翡翠滨江艺术发展有限公司	浦东
7	天纳创意产业园	上海天纳企业发展有限公司	浦东
8	创智空间·张江信息园	上海创智空间创业孵化器管理有限公司	浦东
9	上海华飞文化创意园	上海东郊实业发展有限公司	浦东
10	波特营文化创意园区	上海圣博锦康投资发展有限公司	浦东
11	上海双创产业园	上海双创产业园创意发展有限公司	浦东
12	张江创星园	上海都市工业设计中心有限公司	浦东
13	上海 8 号桥文化创意产业园区＃	上海八号桥房屋租赁有限公司	黄浦
14	江南智造上海 8 号桥文化创意产业园区（二期）	上海尚义房屋租赁有限公司	黄浦
15	江南智造上海 8 号桥文化创意产业园区（三期）	上海尚乐房屋租赁有限公司	黄浦
16	江南智造上海 8 号桥文化创意产业园区（四期）	上海尚禧房屋租赁有限公司	黄浦

续 表

序号	文化创意产业园区名称	申 报 单 位	所属区
17	江南智造 SOHO 丽园文化产业园	上海八号桥投资管理(集团)有限公司	黄浦
18	江南智造越界智造局二期	上海和矩商务发展有限公司	黄浦
19	南苏河创意产业集聚区	上海南苏荷资产管理有限公司	黄浦
20	幸福码头创意产业园	上海幸福坊创意产业管理有限公司	黄浦
21	江南智造红双喜研发中心	上海红双喜股份有限公司	黄浦
22	老码头 by CREATE	上海璞邑文化发展有限公司	黄浦
23	卓维 700 文化创意产业园区	上海卓维 700 文化创意产业发展有限公司	黄浦
24	江南智造龙之苑	上海龙头(集团)股份有限公司	黄浦
25	上海世博城市最佳实践区	上海世博城市最佳实践区商务有限公司	黄浦
26	田子坊	田子坊地区管理办公室	黄浦
27	江南智造宏慧盟智园	上海宏慧创意产业投资管理有限公司	黄浦
28	江南智造越界智造局一期	上海史坦舍商务服务有限公司	黄浦
29	汇智创意园	上海星海时尚物业经营管理有限公司	静安
30	H671 园区(原上海名仕街创意产业园)	上海申畅物业管理有限公司	静安
31	四行天地	上海河岸商业开发有限公司	静安
32	98 创意园	上海共鑫投资管理有限公司	静安
33	上海多媒体谷	上海欧亚多媒体产业发展有限公司	静安
34	800 秀创意产业集聚区#	上海八佰秀企业管理有限公司	静安
35	源创创意园	上海全华资产管理有限公司	静安
36	同乐坊	上海同乐坊文化发展有限公司	静安
37	新华文化创新科技园	上海新华文化创新科技产业有限公司	静安
38	大宁德必易园	上海大宁德必创意产业发展有限公司	静安

续　表

序号	文化创意产业园区名称	申报单位	所属区
39	珠江创意中心	广东珠江商业地产物业服务有限公司上海分公司	静安
40	大宁中心广场二期	上海大宁商业资产管理有限公司	静安
41	健康智谷	上海天亿弘方企业管理有限公司	静安
42	秀 709 媒体园	上海电气集团置业有限公司	静安
43	创邑 SPACE 愚园	上海计邑文化创意发展有限公司	静安
44	越界乐平方	上海锦灵企业管理有限公司	静安
45	新慧谷	上海新慧谷科技产业园有限公司	静安
46	越界 X2 创意空间	上海数娱产业管理有限公司	徐汇
47	越界田林坊#	上海锦和商业经营管理股份有限公司	徐汇
48	越界文化创意产业园	上海锦和商业经营管理股份有限公司	徐汇
49	西岸创意园	上海西岸投资发展有限公司	徐汇
50	徐汇软件园	上海徐汇软件发展有限公司	徐汇
51	慧谷软件园	上海慧谷高科技创业中心	徐汇
52	浦原科技园	上海浦原实业有限公司	徐汇
53	上海普天信息产业园	上海普天科创电子有限公司	徐汇
54	尚街 LOFT 时尚生活园区	上海尚界投资有限公司	徐汇
55	上海影视文化产业园	上海电影艺术发展有限公司	徐汇
56	徐汇德必易园	上海徐汇德必文化创意服务有限公司	徐汇
57	华鑫中心	上海华鑫资产管理有限公司	徐汇
58	华鑫天地	上海华鑫资产管理有限公司	徐汇
59	上海文定生活文化创意产业园	上海文定生活企业管理有限公司	徐汇
60	德必易园#	上海德必易园多媒体发展有限公司	长宁
61	法华 525	上海德必创意产业发展有限公司	长宁
62	创邑 SPACE 弘基	上海创邑实业股份有限公司	长宁

续　表

序号	文化创意产业园区名称	申 报 单 位	所属区
63	上生新所	上海万宁文化创意产业发展有限公司	长宁
64	幸福里	上海幸福里文化创意产业发展有限公司	长宁
65	上海东方虹桥国际创意出版产业基地	东方出版中心有限公司	长宁
66	时尚园	上海时尚园企业发展有限公司	长宁
67	昭化德必易园	上海德必昭航文化创意产业发展有限公司	长宁
68	华联创意园	上海联冠置业发展有限公司	长宁
69	嘉春 753	上海嘉春投资管理有限公司	长宁
70	倍格老船坞	上海蓝倍商务咨询有限公司	长宁
71	上海天地软件园#	上海天地软件创业园有限公司	普陀
72	谈家 28 文化信息商务港	上海盛泉实业(集团)有限公司	普陀
73	M50 艺术产业园#	上海 M50 文化创意产业发展有限公司	普陀
74	景源时尚产业园	上海辛垣实业有限公司	普陀
75	加减乘除创意园	甲简呈初文化发展(上海)有限公司	普陀
76	空间 188 创意产业园	上海加华置业有限公司	虹口
77	优族 173 创意产业园	上海旭捷事业投资有限公司	虹口
78	音乐谷产业园区一期	上海音乐谷(集团)有限公司	虹口
79	1876 老站	上海建饰建筑装饰工程有限公司	虹口
80	半岛湾时尚文化创意产业园	上海半岛湾创意产业投资有限公司	虹口
81	明珠创意产业园	上海明珠创意产业园有限公司	虹口
82	花园坊节能环保产业园#	上海花园坊节能技术有限公司	虹口
83	1933 老场坊创意产业园	上海众桁企业管理咨询有限公司	虹口
84	上海智慧桥创意产业园	上海智慧桥创意产业园有限公司	虹口
85	绿地创客/上海虹口	上海云峰(集团)警虹经济发展有限公司	虹口

续　表

序号	文化创意产业园区名称	申报单位	所属区
86	中图蓝桥创意产业园	上海中图文化创意产业管理投资有限公司	虹口
87	大柏树“930”科技创意园	上海新丰投资管理有限公司	虹口
88	上海长阳谷创意产业园	上海杨科实业有限公司	杨浦
89	城市概念软件信息服务园 #	上海睿置投资管理有限公司	杨浦
90	复地四季广场	复地商务管理(上海)有限公司	杨浦
91	上海同和创意产业园(一期、二期)	上海同和文化创意产业投资有限公司	杨浦
92	东纺谷创意园	上海东纺科技发展有限公司	杨浦
93	上海国际时尚中心	上海国际时尚中心园区管理有限公司	杨浦
94	中环滨江 128	上海理工科技园有限公司	杨浦
95	上海国际设计交流中心	上海国际设计交流中心企业管理有限公司	杨浦
96	尚街 LOFT 上海婚纱艺术产业园	上海五维婚纱艺术产业发展有限公司	杨浦
97	昂立设计创意园	上海昂立同科经济发展有限公司	杨浦
98	上海创意联盟产业园	上海奇才纺织科技发展有限公司	杨浦
99	63 号设计创意工场	上海同研投资管理有限公司	杨浦
100	上海同和创意产业园(三期)	上海同和文化创意产业投资有限公司	杨浦
101	半岛 1919 文化创意产业园	上海吾灵创意文化艺术发展有限公司	宝山
102	上海木文化博览园	上海福人林产品批发市场经营管理有限公司	宝山
103	长江软件园	上海乾劲投资管理有限公司	宝山
104	上海国际工业设计中心	上海国际工业设计中心管理有限公司	宝山
105	上海宝山科技园(动漫衍生产业园)	上海宝山科技控股有限公司	宝山

续 表

序号	文化创意产业园区名称	申 报 单 位	所属区
106	中成智谷	上海中成智谷文化创意有限公司	宝山
107	智慧湾#	上海智慧湾投资管理有限公司	宝山
108	上海玻璃博物馆园区	上海集佳文化创意发展有限公司	宝山
109	黎安展示产业园	上海黎安实业公司	闵行
110	中国(上海)网络视听产业基地#	上海紫竹数字创意港有限公司	闵行
111	七宝老街民俗文化产业基地	上海七宝古镇实业发展有限公司	闵行
112	上海云部落 TMT 产业园	上海云越投资管理有限公司	闵行
113	M50 西郊文化休闲园	上海鑫桥文化创意产业发展有限公司	闵行
114	麦可将文创园	上海麦可将工业有限公司	闵行
115	大树下新媒体创意产业园	上海大树下创意服务有限公司	闵行
116	得丘礼享谷文化创意园	上海得丘礼享谷企业管理有限公司	闵行
117	中版创意设计产业基地(IF 如果)#	上海昇禾水润文化投资有限公司	闵行
118	南翔智地#	上海南翔智地企业投资管理有限公司	嘉定
119	e3131 电子商务创新园	上海智耀谷投资管理有限公司	嘉定
120	汽车・创新港	上海国际汽车城发展有限公司	嘉定
121	中广国际#	中广国际广告创意产业基地发展有限公司	嘉定
122	东方慧谷	上海东方文信科技有限公司	嘉定
123	金山国家绿色创意印刷示范园#	上海金山绿色创意印刷示范园发展有限公司	金山
124	中国农民画村文化创意产业园区	上海枫泾古镇旅游发展有限公司	金山
125	海阔东岸文化创意产业园#	上海林泉高致文化发展有限公司	金山
126	金山嘴渔村文化创意园	上海金山嘴渔村投资管理有限公司	金山
127	时尚谷创意园	上海华汇流行面料工程发展有限公司	松江
128	叁零・SHANGHAI 文化创意产业园	叁零(上海)文化创意有限公司	松江

续 表

序号	文化创意产业园区名称	申 报 单 位	所属区
129	上海仓城影视文化园区	上海仓城文化创意发展有限公司	松江
130	创异工房＃	上海佳利特实业有限公司	松江
131	中国梦谷上海西虹桥文化创意产业园＃	上海五天实业有限公司	青浦
132	中国北斗产业技术创新西虹桥基地	上海西虹桥导航产业发展有限公司	青浦
133	上海尚之坊文化创意园	上海法诗图投资集团有限公司	青浦
134	微格文化创意园	微格(上海)物业管理有限公司	青浦
135	移动智地文化创意产业园	上海锐嘉科实业有限公司	青浦
136	南上海文化创意产业园	上海庄发企业管理有限公司	奉贤
137	术界创 e 园＃	上海术界文化发展有限公司	奉贤

	楼 宇 名 称	申 报 单 位
1	台青创客家	台菁创业孵化器管理(上海)有限公司
2	恒润文化创意园综合楼	上海恒润数字科技有限公司
3	环东华智尚源	上海环东华智尚源投资管理有限公司
4	德必外滩 WE″	上海德必经典创意发展有限公司
5	越界大宁财智	上海锦灵企业管理有限公司
6	上海主角	上海恒地仓物业管理有限公司
7	中国电子·贝岭大厦	上海贝岭股份有限公司
8	中暨文化楼	上海中暨科技发展有限公司
9	宝山卓越 E＋创业社区	上海卓邑加投资管理有限公司
10	世贸商城	上海世界贸易商城有限公司

	空 间 名 称	申 报 单 位
1	宝库中国艺术中心	上海宝库文化发展股份有限公司
2	方糖小镇	上海优社群众创空间管理有限公司
3	MOE TOWN 影视二次元产业孵化基地	上海翠湖文化发展有限公司
4	虹桥德必易园	上海易必创文化创意服务有限公司

续 表

	空间名称	申报单位
5	创意产品实验试制平台	上海复旦科技园高新技术创业服务有限公司
6	汉光国匠创意空间	上海汉光陶瓷制造有限公司
7	小马创业村	小马创业村(上海)投资管理有限公司
8	创邑源	上海创邑实业股份有限公司
9	鼎创汇创客空间	上海鼎创汇创客空间管理有限公司
10	瑞空间	上海义侠网络科技有限公司
11	创邑河	上海中科新微信息科技园有限公司
12	愢家乐波国际创客营	上海慧珊文化发展有限公司
13	上海(金山)海峡两岸青年创业基地	上海金山高科技园区发展有限公司
14	越界永嘉庭	上海锦翌企业管理有限公司
15	氪空间延安东路社区	上海联氪信息技术有限公司
16	轻客众创空间	轻客(上海)众创空间管理有限公司
17	上戏华山创意产业园	上海上戏华山创意发展有限公司
18	上海同和创意产业园(四期)	上海同和文化创意产业投资有限公司
19	愚园里	上海真宁企业管理有限公司
20	张江云立方文创中心	上海紫软投资有限公司

注:#为示范园区。
资料来源:公示信息。

2. 2016年的128家上海市文化创意产业园区(含示范园区)

<table>
<tr><td colspan="2">浦东新区</td><td colspan="2">上海张江文化创意产业园区#</td></tr>
<tr><td colspan="2">中国移动互联网视听产业基地</td><td colspan="2">上海证大喜玛拉雅艺术中心</td></tr>
<tr><td colspan="2">国家对外文化贸易基地(上海)</td><td>张江创星园</td><td>上海双创产业园</td></tr>
<tr><td>博大汽车公园</td><td>波特营文化创意园</td><td>唐镇文化创艺中心</td><td>金领之都</td></tr>
</table>

续　表

黄浦区	田子坊	江南智造龙之苑	幸福码头
老码头创意园区	江南智造越界·智造局一期		8 号桥 #
江南智造上海 8 号桥创意产业园(二期)		江南智造红双喜研发中心	
江南智造上海 8 号桥创意产业园(三期)		江南智造 SOHO 丽园	
江南智造越界智造局二期		旅游纪念品设计中心	
卓维 700	南苏河创意产业集聚区	上海世博城市最佳实践区	
静安区	800 秀创意产业集聚区 #	同乐坊	汇智创意园
静安现代产业园	98 创意园	传媒文化园	源创创意园
3 乐空间	安垦绿色仓库	大宁中心广场二期	越界乐平方
大宁德必易园	珠江创意中心	上海名仕街创意产业园	上海多媒体谷
新华文化创新科技园	创意仓库	新慧谷文化创意产业园	
徐汇区	浦原科技园	慧谷软件园	越界创意园 #
尚街 LOFT 时尚生活园区	文定生活创意产业园	西岸创意园	D1 国际创意空间
徐汇软件基地	2577 创意大院	尚街 LOFT 滨江时尚服饰园	
越界 X2 创意空间	上海普天信息产业园		
长宁区		新十钢红坊文化创意园	
长宁多媒体产业园	上海慧谷白猫软件园	长宁德必易园 #	上海时尚园
华联创意广场	德必法华 525 创意树林	周家桥文化创意产业园	映巷创意工场
创邑河	聚为园	湖丝栈创意产业园	
普陀区	上海天地软件园 #	M50 艺术产业园 #	景源时尚产业园
创邑金沙谷		中华 1912 文化创意产业园	
SHANGHAI TOP 桃浦文化创意产业园		谈家 28 文化·信息商务港	
E 仓文化创意产业园	加减乘除创意园		
虹口区	花园坊	1933 老场坊	空间 188
中国出版蓝桥创意产业园		优族 173 文化创意产业园区	

续　表

大柏树“930”科技创意园		上海明珠创意产业园	绿地阳光园
渡边物华园	上海智慧桥创意产业园	国家音乐产业基地上海虹口园区	
半岛湾时尚文化创意产业园			
杨浦区	环同济设计创意集聚区	东纺谷创意园	中环滨江 128
上海国际设计交流中心	昂立设计创意园	尚街 LOFT 上海婚纱艺术产业园	
63 号设计创意工场	上海创意联盟产业园	海上海	创智天地#
上海国际时尚中心	上海同和创意产业园	上海长阳谷创意产业园	
宝山区	上海国际工业设计中心	上海宝山科技园（动漫衍生产业园）	
M50 半岛 1919 文化创意产业园		上海木文化博览园	长江软件园
闵行区		中国（上海）网络视听产业基地	
七宝老街民俗文化产业基地		M50 西郊文化休闲园	
上海云部落 TMT 产业园		黎安展示产业园	
嘉定区	e3131 电子商务创新园	上海南翔智地文化产业园	
东方慧谷上海文化信息产业园		中广国际广告创意产业园#	
金山区		中国农民画村文化创意产业园区	
金山国家绿色创意印刷示范园			
松江区	时尚谷创意园	创异工房	
泰晤士文化创意产业园		上海仓城影视文化产业园区	
上海影视文化产业园		叁零·SHANGHAI 文化创意产业园	
青浦区		中国青园文化创意产业园区	
中国梦谷上海西虹桥文化产业园		尚之坊时尚文化创意园	
中国北斗产业技术创新西虹桥基地			
奉贤区	南上海文化创意产业园		

注：#为示范园区。

资料来源：王慧敏、王兴全、曹祎遐：《上海文化创意产业发展报告 2017—2018》，社会科学文献出版社 2018 年版。

参 考 文 献

1. 褚劲风，高峰. 上海苏州河沿岸创意活动的地理空间及其集聚研究[J]. 经济地理，2011(10)：1674－1679.
2. 范婉莹. 利益还原视角下上海中心城区工业用地更新研究——兼论工业用地更新的规划博弈[J]. 规划师，2018(1)：30－36.
3. 方田红，曾刚. 上海创意产业园区空间分布特征及空间影响[J]. 社会科学家，2011(8)：59－63.
4. 冯立，唐子来. 产权制度视角下的划拨工业用地更新：以上海市虹口区为例[J]. 城市规划学刊，2013(5)：23－29.
5. 胡映洁. 开发区工业用地更新的利益还原机制研究[M]. 上海：上海社会科学院出版社，2016.
6. 厉无畏. 文化创意产业集聚区建设——以中国文化创意产业先行区上海为例[J]. 甘肃社会科学，2014(3)：1－6.
7. 李彦伯，诸大建. 城市历史街区发展中的“回应性决策主体”模型——以上海市田子坊为例[J]. 城市规划，2014(6)：66－72.
8. 刘抚英. 工业遗产保护与再利用模式谱系研究——基于尺度层级结构视角[J]. 城市规划，2016(9)：84－96.
9. 栾峰，王怀，安悦. 上海市属创意产业园区的发展历程与总体空间分布特征[J]. 城市规划学刊，2013(2)：70－78.
10. 阮建青，石琦，张晓波. 产业集群动态演化规律与地方政府政策[J]. 管理世界，2014(12)：79－91.
11. 上海市经济委员会. 都市型工业园区楼宇管理规范[M]. 上海：东华大学出版社，2004.
12. 孙洁. 文化创意产业集聚动力机制研究[M]. 上海：上海人民出版社，2013.
13. 孙洁. 创意产业空间集聚的演化：升级趋势与固化、耗散——来自上海百家园区的观察[J]. 社会科学，2014(11)：50－58.
14. 孙施文，周宇. 上海田子坊地区更新机制研究[J]. 城市规划学刊，2015(1)：39－45.
15. 王慧敏. 文化创意产业集聚区发展的3.0理论模型与能级提升——以上海文化创意产业集聚区为例[J]. 社会科学，2012(7)：33－41.
16. 王慧敏，王兴全，曹祎遐，孙洁. 上海文化创意产业发展报告2015—2016[M]. 北京：社会科学文献出版社，2016.
17. 王慧敏，王兴全，曹祎遐. 上海文化创意产业发展报告2017—2018[M]. 北京：社会科学文献出版社，2018.
18. 王谡萍，潘瑾. 上海创意产业园区的发展现状与战略研究[J]. 中国市场，2009(40)：54－57.
19. 王兴全. 解读"国际文化大都市"[C]//上海文化发展报告——转型发展与上海文化建设. 北京：社会科学文献出版社，2012：220－234.
20. 于海. 旧城更新叙事的权力维度和理念维度——以上海"田子坊"为例[J]. 南京社会科学，2011(4)：23－29.
21. 于海，钟晓华，陈向明. 旧城更新中基于社区脉络的集体创业——以上海田子坊商街为例[J]. 南京社会科学，2013(8)：60－68＋82.
22. 张杰. 论"文化创意"躁动下城市遗产蝶变的尴尬——兼论遗产型创意产业园区规划制度创新[J]. 城市规划，2012(7)：53－59.
23. 张松，陈鹏. 上海工业建筑遗产保护与创意园区发展——基于虹口区的调查、分析及其思考[J]. 建筑学报，2010(12)：12－16.
24. 赵崇新. 1933老场坊改造[J]. 建筑创作，2008(3)：50－57.
25. 郑德高，卢弘旻. 上海工业用地更新的制度变迁与经济学逻辑[J]. 上海城市规划，2015(3)：25－32.
26. 郑祖安. 上海历史上的苏州河[M]. 上海：上海社会科学院出版社，2006.
27. 仲丹丹，徐苏斌，王琳等. 划拨土地使用权制度影响下的工业遗产保护再利用——以北京、上海为例[J]. 建筑学报，2016(3)：24－28.
28. 朱介鸣. 模糊产权下的中国城市发展[J]. 城市规划学刊，2001(6)：22－25.
29. 大卫·赫斯蒙德夫. 文化产业[M]. 北京：中国人民大学出版社，2007.
30. 吉姆·麦圭根. 重新思考文化政策[M]. 北京：中国人民大学出版社，2010.
31. 阿尔弗雷德·马歇尔. 经济学原理[M]. 北京：商务印书馆，2011.
32. 理查德·凯夫斯. 创意产业经济学[M]. 北京：新华出版社，2004.
33. 沙朗·佐金. 城市文化[M]. 上海：上海教育出版社，2006.
34. Abrahamson M. Global cities[M]. Oxford University Press, 2005.
35. Eade J, Mele C. Understanding the city[C]//Understanding the city. Oxford-Malden: Blackwell, 2002: 3－23.
36. Florida R. Bohemia and economic geography[J]. Journal of Economic Geography, 2002, 2(1): 55－71.
37. Florida R. The rise of the creative class and how it's transforming work, leisure, community and everyday life[M]. New York: Basic Books, 2004.
38. Horkheimer M, Adorno T W. The culture industry: Enlightenment as mass deception[C]//Media and cultural studies: keyworks. Blackwell, 2006: 41－72.
39. Howkins J. The creative economy: How people make money from ideas[M]. Penguin UK, 2002.
40. Hutton T A. Reconstructed production landscapes in the postmodern city: applied design and creative services in the metropolitan core[J]. Urban Geography, 2000, 21(4): 285－317.
41. Landry C. The Creative City: A Toolkit for Urban Innovators[M]. London: Earthscan

Publications, 2000.
42. Lloyd R. Neo - bohemia: Art and neighborhood redevelopment in Chicago[J]. Journal of urban affairs, 2002, 24(5): 517 - 532.
43. Markusen A, Schrock G. The artistic dividend: Urban artistic specialisation and economic development implications[J]. Urban Studies, 2006, 43(10): 1661 - 1686.
44. Miège B. The logics at work in the new cultural industries[J]. Media, Culture & Society, 1987, 9(3): 273 - 289.
45. Miège B, Garnham N. The cultural commodity[J]. Media, culture & society, 1979, 1(3): 297 - 311.
46. Miles S, Miles M. Consuming cities[M]. New York: Palgrave Macmillan, 2004.
47. Moretti E. The new geography of jobs[M]. Houghton Mifflin Harcourt, 2012.
48. Noel J. Left Bank vs. Right: A tale of two cities[N]. Chicago Tribune, 2009 - 04 - 12.
49. O'Connor J. The cultural and creative industries: a literature review (2010) [EB/OL]. [2020 - 07 - 02]. https://eprints.qut.edu.au/43835/1/Literature_review_second_edition.pdf.
50. O'Connor J, Gu X. Creative industry clusters in Shanghai: a success story? [J]. International journal of cultural policy, 2014, 20(1): 1 - 20.
51. Peck J. Struggling with the creative class[J]. International Journal of Urban and Regional Research, 2005, 29(4): 740 - 770.
52. Porter M E. Clusters and the new economics of competition[J]. Harvard Business Review, 1998, 76: 77 - 90.
53. Pratt A C. The cultural contradictions of the creative city[J]. City, culture and society, 2011, 2(3): 123 - 130.
54. Scott A J. From Silicon Valley to Hollywood[C]// Regional Innovation Systems: the role of governances in a globalized world. Psychology Press, 1998: 136 - 162.
55. Scott A J. Capitalism, cities, and the production of symbolic forms[J]. Transactions of the Institute of British Geographers, 2001, 26(1): 11 - 23.
56. Scott A J. Creative cities: Conceptual issues and policy questions[J]. Journal of Urban Affairs, 2006, 28(1): 1 - 17.
57. Storper M, Christopherson S. Flexible specialization and regional industrial agglomerations: the case of the US motion picture industry[J]. Annals of the Association of American Geographers, 1987, 77(1): 104 - 117.
58. Williams R. Culture and society[M]. London: Chatto and Windus, 1958.
59. Zukin S, Braslow L. The life cycle of New York's creative districts: Reflections on the unanticipated consequences of unplanned cultural zones[J]. City, Culture and Society, 2011, 2(3): 131 - 140.

后　记

《上海文化创意产业园区政策发展史》系笔者研究上海文化创意产业12年后，对“上海文化创意产业园区”这一主题的系统实践总结和理论架构提炼。其中不仅包含了大量散落于各个领域的行业政策和繁杂资料，而且包含了笔者对上海文化创意产业园区发展20余年所涉及的复杂多元政策体系的个人认识。

在研究和撰写过程中，笔者得到了各方的大力支持和帮助。感谢本人工作单位上海社会科学院信息研究所，为相关研究提供了优良的研究环境和课题支持；感谢上海社会科学院创意产业研究中心长期以来提供的研究平台，这包括近20项与上海文化创意产业园区相关的研究课题；感谢上海市文化创意产业领导小组办公室（市文创办）提供的课题评审和调研机会；同时感谢杨浦、徐汇、松江、静安、黄浦等区文创办，以及上海市工业设计协会、中国工业设计研究院等提供的课题讨论和调研机会，使本人能够近距离接触行业实践，得到案例和经验的启示；感谢上海社会科学院信息研究所、中国国民党革命委员会上海市委员会、上海戏剧学院创意学院等提供的海外调研、外地调研支持，使本人能够开阔视野，增加见闻。

真心希望本书能够成为上海文化创意产业相关领域的资料性读本，并能为处于十字路口的文化创意产业园区发展提供理论上的借鉴和政策上的启示。书中的分析、解读和观点仅代表笔者个人看法，由于本人水平有限，一些认识上的不足在所难免，欢迎读者不吝批评指正。

图书在版编目(CIP)数据

上海文化创意产业园区政策发展史 / 王兴全著 .—上海 ：上海社会科学院出版社，2020
ISBN 978－7－5520－3330－4

Ⅰ.①上… Ⅱ.①王… Ⅲ.①文化产业—产业政策—研究—上海 Ⅳ.①G127.51

中国版本图书馆 CIP 数据核字(2020)第 206186 号

上海文化创意产业园区政策发展史

著　　者：王兴全
责任编辑：应韶荃
封面设计：右序设计
出版发行：上海社会科学院出版社
　　　　　上海顺昌路 622 号　邮编 200025
　　　　　电话总机 021－63315947　销售热线 021－53063735
　　　　　http://www.sassp.cn　E-mail:sassp@sassp.cn
排　　版：南京展望文化发展有限公司
印　　刷：镇江文苑制版印刷有限责任公司
开　　本：720 毫米×1000 毫米　1/16
印　　张：14.25
字　　数：236 千字
版　　次：2020 年 11 月第 1 版　　2020 年 11 月第 1 次印刷

ISBN 978－7－5520－3330－4/G・1026　　定价：70.00 元